ALFRED,

ou

LE JEUNE VOYAGEUR

EN FRANCE.

IMP. DE FÉLIX LOCQUIN,
rue N.-D.-des-Victoires, n° 16.

Bourse de Paris.

ALFRED

ou

LE JEUNE VOYAGEUR

EN FRANCE,

OUVRAGE DÉDIÉ A LA JEUNESSE

PAR M. DE MARLÈS.

Auteur des Merveilles de la nature et de l'art dans les cinq parties du monde, de l'Histoire des Arabes en Espagne, de l'Histoire générale de l'Inde, etc.

PARIS

DIDIER, LIBRAIRE-ÉDITEUR

DE LA BIBLIOTHÈQUE DES JEUNES VOYAGEURS,

QUAI DES AUGUSTINS, 47.

1835

INTRODUCTION.

En bien! mon cher Dorville, vous voilà décidé, m'a-t-on dit, à commencer ce grand voyage qui ne doit s'arrêter qu'aux lieux *où la terre vous manquera?* Est-il vrai surtout que vous n'allez l'entreprendre que pour servir de mentor à votre jeune frère, à qui vous pensez qu'il sera très-utile?

— Oui, Monsieur, cela est vrai.

— Ma foi, tant pis pour vous et tant pis pour lui.

— Je ne vois pas les choses tout-à-fait comme vous, Monsieur.

— Je le sais bien, et Dieu sait si je vous ai reproché souvent vos opinions!

— Mais, ces opinions que vous me reprochez sont celles de tout le monde.

— Eh! oui, de tout le monde : route large et commode qui presque toujours conduit à faire des sottises.

— Croyez-vous qu'on les évite, en pensant autrement que les autres? Et lorsque tous s'accordent sur un point, lorsqu'une opinion est le fruit de l'expérience commune, est-on à blâmer de l'adopter pour soi-même? Qui ne dit, par exemple, que les voyages instruisent et forment la jeunesse?

— Souvent la corrompent, ou du moins lui apprennent à perdre un temps qu'elle pourrait employer beaucoup mieux.

— Ce ne sont point les voyages qui peuvent corrompre; dites plutôt les mauvais exemples, les mauvais conseils, les distractions trop frivoles qui accoutument à l'oisiveté, l'abus qu'on peut faire de ses moyens, de ses facultés, de tous les dons qu'on tient de la nature ou de la fortune; et c'est précisément pour que mon jeune frère ne se corrompe pas, comme vous avez l'air de le craindre, que j'ai pris le parti de l'accompagner. Il ne peut avoir encore l'expérience dont on a besoin pour marcher seul dans le monde, mais il a tout ce qu'il faut pour l'acquérir : bonne volonté, jugement, mémoire. Nous mettrons en commun ses ressources et les miennes, et il arrivera plus aisément, je pense, au point où voulait tant le voir mon respectable père.

— C'est fort bien. Je sais que votre père en mourant vous l'a recommandé, et que vous lui avez promis, bien que vous fussiez issu d'un premier lit, que vous le regarderiez comme votre fils; mais enfin, dans tout cela, qu'y a-t-il de commun avec vos projets de voyage? Votre frère ne peut-il apprendre chez vous ce que vous désirez qu'il apprenne? Ne saurait-on cultiver son esprit, l'orner même de connaissances variées, qu'en parcourant les mers et les terres? Est-ce en visitant les Malais ou les Caraïbes, les Chinois ou les Lapons, les Nègres ou les Samoyèdes, que vous l'initierez à la première de toutes les sciences, la connaissance de soi-même, et l'art d'être heureux sur la terre? Croyez-moi: vous êtes riche, votre frère le sera aussi par sa mère : restez chez vous, à Paris; les sujets d'observation ne vous manqueront pas.

— Non, sans doute, et votre conseil me paraîtrait excellent, s'il ne s'agissait pour mon frère que d'un simple cours de morale; mais si je veux remplir les intentions de mon père, il faut que je le mette en état de juger des hommes et des choses par ses propres lumières, non par les yeux des autres. Paris, me direz-vous encore, renferme assez de choses et d'hommes, et le talent d'observation y trouvera sans peine de quoi s'exercer. Je n'en disconviens pas, mais ce sont moins des caractères divers que cette réunion d'hommes pourra offrir à l'observateur, que d'innombrables nuances du même caractère, modifié de mille manières par des circonstances de position. Or, si c'est en France qu'il faut étudier le français, c'est à Londres, à Madrid, à Vienne qu'on doit étudier l'Anglais, l'Espagnol, l'Allemand. Pour atteindre ce but, on n'a qu'une voie : celle des voyages. Ne croyez pas au reste que je veuille dès aujourd'hui attacher sur des matières trop abstraites la jeune et vive imagination de mon frère. La science qui a pour but la connaissance des hommes n'est point facile; le plus souvent même elle n'est point gaie; elle effaroucherait un adepte de quinze ans. Ce que je veux maintenant, c'est que mon frère s'instruise en s'amusant, je veux qu'en voyageant il apprenne à connaître les contrées qu'il parcourra, leurs villes et leurs habitans, les principaux traits de leur histoire, les monumens des arts, ceux de la nature. C'est ainsi qu'il peut utilement préluder à des études plus approfondies ou plus sérieuses. Les connaissances qu'il aura d'abord acquises lui applaniront la route, et l'expérience qui sera le premier résultat de ses voyages, le conduira peut-être dans la suite plus sûrement que ne sauraient le faire des conseils qui ne seraient pas immédiatement appuyés sur des faits.

— J'aurais mille choses à répondre, si je le voulais : ce serait peine perdue, car c'est chez vous un parti pris, je le vois, et je ne vous convaincrais pas mieux que vous ne m'avez convaincu. Pour moi, si j'avais un fils, un pupille, un élève, je lui dirais : mon ami, ce que tu pourras voir, observer, entendre en voyageant, d'autres l'ont vu, observé, entendu ; profite de leurs travaux, lis avec attention le récit de leurs voyages, cela te suffira. Non, certes, je ne voudrais pas qu'il souffrît le froid, le chaud, les orages, les diligences, les mauvais chemins, les pires auberges, les petites villes, la fatigue, l'ennui, les contrariétés de toute sorte, et cela pourquoi faire, après tout? pour apprendre à grand frais ce qu'il apprendrait aussi bien, mieux peut-être, sans sortir de sa chambre. Mais chacun a sa manière, et la vôtre, ne vous déplaise....

N'est pas la meilleure? reprit Dorville en interrompant son interlocuteur. Cela se peut; mais si je me trompe, c'est de bonne foi, car je crois ma méthode fort sage, et féconde en bons résultats.

Dorville achevait à peine ces mots, que madame Dorville entra dans le salon. Elle essuyait d'une main ses yeux encore tout gonflés de larmes, de l'autre elle tenait son fils Alfred qui, par ses regards où se peignaient tour à tour l'impatience du désir et l'attendrissement, semblait dire à sa mère : calmez cette douleur qui m'afflige ; à son frère : hâte-toi de remplir la promesse que tu m'as faite.

Alfred venait d'entrer dans sa seizième année, et à sa haute stature, à son maintien, à l'expression de sa physionomie, on lui aurait donné deux ou trois ans de plus ; ses traits nobles et réguliers, son air de franchise, son gracieux sourire annonçaient une belle ame. Sa mère était fière de lui, et on ne trouvait pas qu'elle eût tort. A l'extérieur prévenant, aux qualités du cœur, à l'heureux naturel qui le portait sans effort à se rendre aimable aux autres afin d'en être aimé, Alfred joignait un fonds solide d'instruction ; et tout ce qu'on peut ou plutôt ce qu'on doit savoir à son âge, il l'avait appris sans peine, parce qu'accoutumé de bonne heure à un utile emploi de son temps, il avait contracté un goût très vif pour l'étude, goût qui tous les jours se fortifiait par le désir d'acquérir les connaissances auxquelles il se trouvait lui-même étranger, à chaque pas qu'il faisait dans le monde.

Son frère aîné, qui avait pour lui la tendresse d'un père, s'était attaché à diriger vers l'étude ses penchans naissans ; il lui avait donné les meilleurs maîtres; souvent même il lui en avait servi. Peu satisfait des nouvelles méthodes qui font des savans dans six mois, prenant dans les anciennes ce qu'elles offrent d'avantageux, persuadé d'ailleurs qu'on ne sait bien que ce qu'on apprend de même, il n'avait épargné ni le temps, ni les soins, ni la peine, pour cultiver l'esprit de son élève. Il avait voulu même qu'Alfred apprît le latin et le grec, malgré l'opposition du vieux chevalier, qui, en sa qualité d'ancien ami de la maison, donnait librement son avis en toutes choses, et croyait fermement, en jugeant d'après lui, qu'on pouvait très-bien vivre sans grec, sans latin, et même sans beaucoup de science. Madame Dorville aurait volontiers adopté cette manière de voir. La longue absence de son fils qui venait de passer trois ans dans un collége, l'avait soumise à une si pénible épreuve qu'elle ne se croyait pas capable de supporter une absence nouvelle; et lorsque Alfred, que le projet de son frère avait comblé de joie, voulut parler de son prochain départ, il donna lieu à une violente explosion de plaintes et de murmures, auxquels il était loin de s'attendre, et dont il ne s'expliquait pas bien le motif; il sentait que cette affliction de sa mère venait de sa tendresse pour lui; mais ne l'aimait-il pas lui-même de tout son cœur ? Était-ce une raison pour se priver d'un voyage qui lui promettait amusement, plaisir, instruction ?

Dorville parut peu surpris à l'aspect de sa belle-mère en pleurs : il s'attendait à ce débordement d'affections maternelles. Le chevalier pensait en lui-même : Voici un puissant auxiliaire : les larmes d'une femme, d'une mère, sont éloquentes ; que pourra-t-il répondre à cet argument ?

Monsieur, dit madame Dorville après un moment de silence, dois-je m'en rapporter à ce que Alfred vient de me dire ? vous partez et vous l'emmenez ?

— Oui, Madame.

— Sans m'avoir seulement prévenue ?

— Oh ! non ; nous ne partons que dans trois jours, et je me proposais demain ou après-demain...

— Demain ! après-demain ! c'est de la tyrannie !

— Ah ! Madame, ce mot ne sort point de votre cœur !

— Pardonnez-moi, Monsieur; pardonnez-moi; et depuis long-temps je me suis aperçue que, s'il s'agit de mon fils, je ne suis comptée pour rien.

Ces mots pouvaient amener une explication un peu vive. Dorville renvoya son jeune frère sous prétexte de donner quelque ordre à Bourguignon, qui devait les accompagner. Se tournant ensuite vers sa belle-mère : maintenant, Madame, dit-il, je vais répondre à l'imputation très-injuste de tyrannie dont vous me chargez.

Vous croyez donc l'un et l'autre, dit le chevalier en interrompant Dorville, que je souffrirai une querelle entre vous? On sait bien, mon ami, que vous n'êtes point un tyran, que vous aimez tendrement votre frère et que vous n'entendez agir que dans son intérêt. Mais il faut passer quelque chose à la douleur de cette pauvre mère. Comment voulez-vous aussi qu'elle s'arrange d'être toujours séparée de son enfant?

Il n'y a pas deux mois encore qu'il m'est rendu, s'écria madame Dorville en pleurant, et déjà l'on cherche à l'arracher de mes bras! Non, cela ne sera pas. Je suis sa mère, et je ne consentirai jamais à ce voyage.

Je suis fâché de voir, Madame, répondit Dorville, qu'une douleur exagérée pour un événement qui n'en devrait point causer, puisqu'il n'est ni fâcheux ni alarmant, l'emporte ici sur votre propre raison. Vous aimez votre fils, Madame; mais est-ce pour lui ou pour vous seule que vous l'aimez? Voudriez-vous que votre affection fût un obstacle à l'accomplissement des vœux que vous formez vous-même pour son avenir ? Rappelez-vous celui qu'exprima mon respectable père, votre époux, Madame, l'homme dont les dernières volontés doivent se retracer à votre esprit, avec le caractère sacré que la mort leur imprima.

— Si votre père vivait encore, il n'aurait point la cruauté de me séparer de mon fils ! Mais encore une fois, je suis sa mère, et j'userai de mes droits.

— Madame oublie que je suis tuteur d'Alfred; et que mon père daigna présumer assez de ma loyauté pour ne donner de droits qu'à moi seul.

Ces paroles prononcées d'un ton ferme laissèrent à madame Dorville peu d'espoir de l'emporter. Restée seule avec le chevalier, elle exhala d'abord son chagrin par des plaintes amères ; ensuite elle tint conseil avec lui. On considéra que Dorville jouissait d'une très-belle fortune, qu'il avait constamment repoussé toutes les propositions de mariage qu'on lui avait faites, et rejeté les partis les plus avantageux; qu'il montrait pour Alfred l'attachement le plus vif et le plus sincère, et qu'Alfred serait probablement son unique héritier; qu'il y avait donc de fort bonnes raisons pour le ménager; qu'au fond on n'est pas bien à plaindre pour faire un voyage dans une bonne chaise de poste, avec tous les agrémens que peut donner la richesse; qu'aujourd'hui surtout que tant de gens font des voyages autour du monde, on pouvait bien tenter un petit voyage autour de Paris; qu'enfin Dorville étant tuteur, il n'y avait aucun moyen de résister à ses volontés, et qu'il convenait de faire de bonne grace le sacrifice d'une résistance inutile.

Ce fut le chevalier qui se chargea de rétablir l'harmonie, ce qui n'était pas chose bien difficile, dès que madame Dorville, faisant de nécessité vertu, eut déclaré qu'elle consentait au départ de son fils; mais il ne manqua pas de se faire un grand mérite auprès de Dorville de la résignation de cette dame, en la peignant comme son ouvrage; et Dorville, pour ne point le désobliger, fit semblant de le croire. De son côté, madame Dorville fut dédommagée par les tendres caresses d'Alfred de la peine qu'elle avait eue à surmonter ses répugnances, qui ne venaient, au fond, que de son amour pour lui, et de la violence qu'elle avait dû se faire pour aider de sa propre main aux préparatifs du voyage.

ALFRED,
OU
LE JEUNE VOYAGEUR EN FRANCE.

CHAPITRE PREMIER.

COUP D'OEIL SUR PARIS.

Les voyages plaisent aux jeunes gens. Ce mouvement continuel, cette vie presque nomade, cette multitude d'objets qui passent rapidement sous les yeux, la curiosité sans cesse excitée par la variété des tableaux, les idées qui se succèdent, la nature qui se montre toujours inépuisable dans ses œuvres, les hommes qu'on trouve le soir, si différens de ceux qu'on a vus le matin, un sentiment vague d'indépendance et de liberté qui remplit le cœur à mesure qu'on s'éloigne des villes où la société s'emprisonne, le soleil qui se montre dans tout son éclat, la verdure dans sa fraîcheur, la plaine dans sa parure, la montagne dans son austère majesté : tout émeut, ravit, intéresse ; tout parle aux sens, au cœur, à l'imagination du jeune voyageur brûlant d'enthousiasme.

La joie brillait dans les yeux d'Alfred; il appelait de ses vœux l'instant du départ. Ah ! pourquoi ne peut-il le hâter ! mais deux jours encore, deux jours entiers le séparent de l'heure propice ; qu'elle sera lente à sonner ! Deux jours ! oh ! quel long intervalle, quel supplice pour l'impatience ! Dorville lit sans peine dans l'ame de son frère, et il n'est point fâché d'y trouver ce désir de voir qui annonce le désir de s'instruire ; mais il veut abréger ces deux jours d'épreuve.

— Mon ami, lui dit il, car je suis ton ami plus encore que ton frère, s'il est naturel de commencer par la France nos voyages d'Europe, il ne l'est pas moins de commencer par Paris notre voyage en France. Paris n'est pas seulement la première ville du premier peuple de la terre ; c'est encore celle qui t'a vu naître. Qu'irions-nous chercher en Italie, en Angleterre, en Espagne, si la France nous était inconnue ? Quel intérêt réel nous offriraient Lyon, Bordeaux, Nantes, Marseille, si nous ignorions ce que Paris renferme ? C'est donc à travers cette vaste capitale que je veux diriger tes premiers pas ; non que je prétende entrer maintenant en de longs détails, car nous aurions trop à dire : j'entends seulement que tu emportes de Paris, de ses monumens, de ses édifices, de ses manufactures, une idée générale qui puisse t'offrir des points de comparaison quand nous visiterons d'autres villes.

— Mon frère, répondit le jeune Alfred, je n'aurai jamais d'autre volonté que la tienne ; car je sais que tu m'aimes, et tu as plus de raison et d'expérience que moi : je serai ton élève docile ; mais explique-moi, je te prie, une chose. Tu as nommé les Français le premier peuple de la terre, et je pense bien comme toi. Je suis Français, et le beau nom de France fait battre mon cœur. Je ne sais encore si d'autres pays valent mieux que le mien; mais quelle nation peut se placer au-dessus de la nation française? Il me semble que c'est-là une chose impossible. D'où vient donc que le chevalier d'Ormessan met toujours en première ligne les Anglais et les Russes, et que c'est à grand'peine, on le croirait du moins, qu'il accorde aux Français la troisième place?

— C'est que le chevalier est un de ces hommes qui, pour se donner l'air profond d'observateur, se piquent souvent de penser autrement que les autres. Il y a d'ailleurs des gens si malheureusement organisés, que la gloire de leur pays semble les fatiguer; ils désapprouvent, ils frondent, ils blâment tout ce qui est ou se fait chez eux; en revanche, ils admirent tout chez les autres. En exaltant les Anglais, ou les modernes Scythes, aux dépens de leurs propres compatriotes, ils se donnent les airs de connaisseurs, de juges sévères et surtout impartiaux; et à cela, ils attachent une sorte de gloire, puisqu'ils font ostentation de leurs opinions anti-nationales; mais en vérité, tel parle de Milton, de Shakespeare, de Pope, de Newton, de Sheridan, etc., qui n'a jamais lu un seul de leurs vers, ni une ligne de leur prose.

Assurément personne, plus que moi, n'est disposé à rendre justice à nos voisins; et les trois royaumes ont produit un grand nombre d'hommes, poètes, orateurs, historiens, astronomes, savans, que pour la gloire de ma patrie je voudrais compter parmi ses enfans : ajoutons qu'ils excellent dans beaucoup d'arts mécaniques ; avouons même que, malgré les progrès de l'industrie française, progrès bien constatés par la dernière exposition et par celle qui l'a précédée, les Anglais nous surpassent sur quelques points : ce n'est point assez pour leur accorder sur nous aucune prééminence.

Que l'on consulte tour-à-tour sur cette grande question, un Allemand, un Russe, un Autrichien, un Espagnol même : tous diront que le premier peuple du monde, c'est celui dont ils font partie. Si c'est là une erreur, je conviens qu'elle est excusable ; mais en fait de titres, il ne suffit pas d'y prétendre, il faut prouver qu'ils nous sont dus. Eh ! quel peuple, je n'excepte pas même le peuple romain au milieu de sa plus grande gloire, bien qu'Horace et Virgile soient, à mon gré, les deux plus beaux génies qu'aient produits les siècles, quel peuple vit jamais sortir de son sein un plus grand nombre d'hommes célèbres dans tous les genres : administrateurs, financiers, magistrats, orateurs sacrés et profanes, poètes, prosateurs, généraux, marins, tels que ceux qui firent donner à leur âge le nom de grand siècle, ou ceux qui cent ans plus tard reculèrent à l'infini les limites de toutes les sciences ? Parlerai-je de cette révolution surprenante qui, malgré les excès qui en ont flétri quelques époques, triomphant de la ligue des nations européennes, enseigna aux hommes à connaître leurs droits et la liberté, et fit jaillir du sol français des généraux consommés, des orateurs gloire de la tribune, des savans qui n'ont pas eu de rivaux et dont le nom est devenu l'honneur de l'Europe?

Oh! combien j'aurais aimé à t'entendre parler ainsi, mon cher frère, s'écria le jeune Alfred, en présence de M. d'Ormessan. Devant ma mère ou moi, il a beau jeu; car ma mère sans doute ne veut pas lui répondre, et moi je ne l'ose pas. Il ne paraît content que lorsqu'il trouve l'occasion de vanter ses Anglais et ses Russes. Hier encore, en entrant au salon, il n'eut pas plus tôt vu sur la cheminée ce joli buste de l'empereur que tu as acheté pour notre oncle, qu'il se prit à déclamer pendant une heure : Napoléon n'était, suivant lui, qu'un général médiocre, qui n'a pu tenir contre Wellington; Wellington, au contraire, est le premier de tous les généraux, anciens et modernes.

Je ne sais, mon frère, mais il me semble que cela n'est pas juste. Ce que je puis dire, c'est que les paroles de M. d'Ormessan me firent peine, et je sentis que le rouge me montait à la figure. Il a beau crier que Napoléon a perdu la bataille de Waterloo ; il en a gagné tant d'autres ! Voici ce que je me dis : Quand j'étais au collége, j'avais une grande supériorité sur tous ceux de ma classe. Je ne dis cela qu'à toi, mon frère, et je te prie encore de croire que ce n'est point par vanité, mais seulement pour exprimer mieux ma pensée....

Très-bien, répondit Dorville en riant, j'entrevois même, si je ne me trompe, où tu veux en venir, mais continue.

— Eh bien! quoique je fusse à peu près sûr de faire mieux que les autres, il m'est arrivé quelquefois de voir que d'autres l'emportaient sur moi. Dans ces occasions pourtant j'étais peu disposé à me croire inférieur à celui qui m'avait surpassé, et au fond du cœur je restais convaincu que je valais mieux que lui, tout vaincu que j'étais. Après le désastre de Waterloo, l'empereur ne pouvait-il pas dire à peu près comme moi?

— Oui, à peu près; car si l'on t'a vaincu, c'est ta faute peut-être : trop de confiance en tes forces, un peu de négligence dans l'exécution, c'était assez pour amener un mauvais résultat. L'empereur avait tout fait pour la victoire : ce ne furent ni les Anglais ni les Prussiens qui la lui ravirent, ce fut l'infâme trahison. Non, les cyprès de Waterloo ne prévaudront point sur les palmes guerrières. Placer au-dessus de Napoléon, comme capitaine, celui qui l'a vaincu, parce qu'il l'a vaincu, c'est comme si l'on disait que le meurtrier d'Achille fut plus vaillant guerrier que le héros grec.

Mais c'est assez discourir; profitons du temps qui nous reste pour commencer dans Paris la petite tournée que je t'ai promise.

— Et les Russes, mon frère, les bons amis de M. d'Ormessan?

— Que pourrais-je en dire aujourd'hui? Nous trouverons peut-être, un autre jour, l'occasion d'en parler; contentons-nous d'un mot. Le peuple russe serait le plus puissant de tous les peuples de la terre, qu'il serait encore bien loin d'en être le premier; mais il n'est point aussi puissant que certaines gens le pensent, gens qui en ont peur, comme les enfans ont peur du loup-garou. Pour moi, je ne les crains nullement; ils n'ont pas eu trop de toutes leurs forces pour subjuguer la malheureuse Pologne. L'idée qu'on s'est formée de l'empire russe n'a aucun fondement réel; elle ne se compose que de préventions et d'aperçus pris à travers un prisme.

Tout en s'entretenant de la sorte, les deux frères arrivèrent au pied de ce coteau fameux qui portait, il n'y a guère plus d'un siècle, le nom de Mont-Louis, remplacé par celui de *Père-Lachaize*. Autrefois son front se couronnait de jardins et de verdure; une maison de campagne plus commode que vaste, plus élégante que riche, semblait se cacher au milieu des arbres; maintenant les lieux sont bien changés. La maison de campagne a disparu: une chapelle lourde et massive s'est élevée sur le faîte de la colline; des monumens funèbres érigés par la vanité des vivans à l'orgueil des morts couvrent ses flancs; d'humbles croix de bois, plantées par l'indigence loin des tombes fastueuses, semblent vouloir indiquer que la mort a plusieurs degrés comme la société humaine. Vains subterfuges de l'amour-propre! la dissolution atteint le riche sous le jaspe et l'albâtre, comme elle dévore le pauvre dans la fosse commune.

Je n'ai jamais pu concevoir, dit Dorville à son frère, que lorsqu'on entre en ce lieu, on ne dépose pas sur le seuil tout amour des pompes mondaines, toute idée surtout de supériorité d'un homme sur un autre homme. Qu'y a-t-il sous ce monument tout chargé de sculptures et de trophées, où de longues inscriptions adulatrices nous disent ce qui fut, non ce qui est? Un peu de poussière; c'est à cela que tout se réduit. Le monument lui-même aura un jour le sort des restes qu'il renferme; sur quoi donc se fonde la vanité?

Que signifient ces mots que je remarque sur plusieurs tombes, dit Alfred : *Concession à perpétuité?*

— Cela veut dire que la famille de celui que recouvrent ces pierres, a fait l'acquisition du terrain afin d'en jouir exclusivement et perpétuellement, comme s'il était au pouvoir des hommes de stipuler la durée. Ce peut être une consolation pour bien des gens, que de penser que leurs cendres ne seront point troublées, ou qu'elles ne se mêleront point à des cendres vulgaires. D'autres ont moins d'exigence; ils se contentent d'une concession temporaire, qui s'étend à cinq ans. Au bout de ce terme, si la concession n'est pas renouvelée, le privilége s'éteint, le terrain est rendu au service public et les débris humains, s'il en existe encore, vont subir la loi commune, un peu plus tard que les uns, un peu plus tôt que les autres.

— Et ces beaux lauriers-roses, ces hortensias, ces jolies fleurs, ces arbres qui donnent un si frais ombrage, qui les a plantés?

— Je voudrais pouvoir répondre : l'amour, l'affection des parens pour ceux qu'ils ont perdus; mais j'en dirais trop sans doute. La coutume, l'usage, le désir de se montrer égal ou supérieur aux autres, voilà, je pense, les motifs déterminans pour bien des personnes, qui ne se doutent pas que cette manière d'honorer les morts n'est qu'une imitation des pratiques du paganisme. Ces fleurs, au reste, cette verdure me plaisent; elles rendent moins sombre la demeure des morts, et des tombeaux sous l'ombrage des lilas et des chèvrefeuilles n'effraient pas l'imagination.

Oh! le superbe coup-d'œil, s'écria tout à coup Alfred; il arrivait alors à la chapelle, d'où la vue s'étend sans obstacle sur la plus grande partie de Paris. Ces maisons entassées, ces clochers, ces tours, ces dômes qui s'élèvent par-dessus tout, la rivière qu'on voit au loin et dont on peut presque suivre le cours à travers les masses d'édifices; les collines verdoyantes qui semblent toucher l'horizon, les hauteurs de Montmartre, leurs grands moulins ailés, tout concourt à former un vaste tableau magique que l'on ne se lasse pas d'admirer. C'est dommage, ajouta le jeune

Dorville, que ce brouillard blanchâtre qui paraît suspendu sur tous ces édifices, empêche de les distinguer clairement.

Ce dôme entouré de colonnes, n'est-ce pas celui de Sainte-Geneviève?

— Oui; voilà bien Sainte-Geneviève, construite sur les dessins de Soufflot. Ce superbe édifice, dont la coupole, peinte par Gros, représente l'apothéose de la sainte, fut d'abord destiné au service du culte catholique. La révolution en voulut faire un panthéon où l'on devait inhumer tous ceux qui auraient dignement servi leur patrie; aussi avait-on inscrit sur le frontispice ces mots significatifs: *Aux grands hommes la patrie reconnaissante*. Il est fâcheux d'être obligé de dire que sous le règne de la terreur, le Panthéon fut plus d'une fois profané; il le fut surtout par le dépôt des restes impurs de Marat. Les mânes des grands hommes dont on y avait transporté les cendres durent s'indigner d'une semblable association. A la chute de l'empire, on se hâta d'effacer l'inscription et de rendre le Panthéon à l'église catholique; la révolution de 1830 reprit à son tour Sainte-Geneviève qui redevint Panthéon.

Ce monument a été élevé sur les ruines d'une ancienne église dédiée à la même sainte, comme patrone de Paris. Le roi Clovis en avait posé les fondemens; sa femme Clotilde acheva de la construire, et saint Remi en fit la consécration. Cette église, d'une architecture lourde et gros-

Reliure serrée

ière, paraissait peu faite pour conserver dignement le titre d'église patronale; on voulut la remplacer par une superbe basilique, et Soufflot fut chargé de fournir le plan et de présider aux travaux. On a beaucoup cherché de notre temps à rabaisser le mérite de cet architecte; on a dit qu'il avait copié à la fois le panthéon de Rome, Saint-Paul de Londres, Saint-Pierre de Genève, Notre-Dame de Dijon, et même la vieille église de Saint-Étienne-du-Mont. Il est possible qu'il y ait dans le plan de Soufflot quelques imitations partielles; mais ce qui est bien à lui, c'est l'ordonnance de l'ensemble, l'accord parfait de la sculpture et de l'architecture, la beauté des voûtes et l'harmonie qui règne entre elles; et l'on ne saurait justement contester à l'auteur du panthéon français l'une des premières places parmi les plus grands architectes. Au surplus, nous ne devons comparer Sainte-Geneviève ni à Saint-Pierre de Rome, ni même à Saint-Paul de Londres. Saint-Pierre est le temple le plus vaste, le plus magnifique que jamais la main des hommes ait élevé à la divinité; Saint-Paul n'a point de rival en étendue ni en beauté parmi tous les temples protestans de l'Europe.

Ces deux églises sont donc bien vastes et bien belles? dit Alfred à son frère; pour moi, je n'en saurais juger, car je ne les ai point vues; le Panthéon me semblait pourtant bien beau et bien grand!

Le Panthéon, reprit Dorville, a une longueur

de 276 pieds; c'est moins que la moitié de la longueur de Saint-Pierre, qui, le vestibule compris, en a 660. Saint-Paul de Londres en a 500. La même différence existe dans la largeur et dans la hauteur. Le Panthéon est large de 215 pieds, et sa hauteur totale est de 230. Saint-Pierre, large de 468 pieds, s'élève, en comptant la hauteur de la croix qui surmonte le dôme, à 408 pieds. Les deux tours de Notre-Dame de Paris, si elles se trouvaient l'une sur l'autre n'auraient pas ensemble plus de hauteur. Saint-Paul n'a de largeur que 250 pieds, mais son élévation est de 340.

Ce clocher gothique que nous apercevons non loin du dôme de Sainte-Geneviève appartient à Saint-Etienne-du-Mont, que les apologistes du moyen âge, je dirais presque détracteurs du temps présent, ne manqueraient pas de citer comme une merveille. Plus loin se fait voir le dôme du Val-de-Grace, qu'Anne d'Autriche fit élever pour marquer par un monument l'époque de la naissance de son fils. Cet édifice parut long-temps l'un des plus beaux de Paris; aussi Molière en faisait-il dans ses vers le plus pompeux éloge; mais le Panthéon, dont nous venons de parler, les Invalides, et surtout les modernes édifices que nous voyons s'élever de toutes parts pour embellir la capitale, n'existaient pas encore.

Ces deux tours que nous découvrons à peine, à la droite du Val-de-Grace, témoignent par leurs sommets arrondis qu'elles n'ont pas été terminées. Ce sont les tours de l'église de Saint-Sulpice, dont la façade se compose d'une double colonnade l'une sur l'autre. J'ai entendu certaines gens se récrier sur cette double colonnade, par la raison, disent-ils, que deux rangs de colonnes indiquent deux étages, et que dans un temple il ne peut y en avoir qu'un. Ils trouvent là opposition manifeste entre la forme extérieure de l'édifice et sa destination. Cela se peut; mais en vérité, si c'est là un défaut, c'est un de ces défauts que peu de gens sont en état de remarquer. Quant à moi, je l'avoue, la façade de St.-Sulpice m'a toujours paru noble, grave, majestueuse, annonçant dignement une église chrétienne.

Ces deux autres tours appartiennent à l'église archiépiscopale, beau monument d'architecture gothique, dont on ne voyait, il y a quatre ans, que la façade et le côté du nord. Aujourd'hui le vaisseau entier se développe librement sous les yeux du spectateur. L'archevêché et les bâtimens qui en dépendaient ont été démolis, et l'emplacement qu'ils occupaient avec les jardins, a été converti en une place publique.

Nous voyons encore d'ici, continua Dorville, Saint-Roch, où l'on monte par un escalier d'environ vingt marches, sur lesquelles coula le sang parisien, il y a quarante ans; Saint-Gervais, dont la masse et le beau portail sont cachés par les maisons pressées à l'entour; le joli dôme de l'Assomption. A quelque distance de cette dernière église, un peu plus sur ta droite, aperçois-tu la superbe colonne de la place Vendôme? Ces bas-reliefs de bronze qui la couvrent de la base au sommet, et dont les canons ennemis ont fourni la matière, précieux trophée de la valeur de nos armées, furent respectés par les vaincus eux-mêmes, lorsque la fortune et, plus que tout, la désunion des Français, leur eurent ouvert les portes de Paris. Peut-être ne faut-il leur en tenir compte. En touchant à l'honorable colonne, que j'appellerais presque le palladium sacré de nos gloires militaires, ils craignirent l'explosion fâcheuse de l'esprit national; car j'aime à croire que, lorsqu'il s'agit de l'honneur français, il n'y a plus de partis en France. Eh! quel Français, l'oreille et le cœur fermés au devoir, déserterait une cause sainte?

Explique-moi donc, mon frère, dit alors Alfred, une chose qui m'embarrasse. Comment se fait-il que les alliés ont laissé sur pied la colonne et qu'ils ont abattu la statue de Napoléon qui la surmontait.

— Quand les alliés entrèrent en France, ils n'ignoraient pas que les Français étaient divisés par l'opinion en plusieurs partis; mais ils savaient aussi que tous ces partis se seraient réunis pour sauver l'honneur national. Ce fut pour ménager cette grande susceptibilité française, qu'ils eurent soin de publier de vive voix et par écrit que ce n'était pas à la nation qu'ils faisaient la guerre, mais seulement à un homme, et cet homme était l'empereur. Maîtres de Paris, ils craignaient encore ses habitans; en respectant la colonne et en abattant la statue, ils prouvaient aux Parisiens qu'ils séparaient *l'homme* de la *nation*. Le gouvernement de Louis-Philippe nous a rendu la statue; le vœu national la lui demandait; car Napoléon, quoi qu'on en dise, appartient à l'histoire de France, et l'époque de son règne ne sera ni la moins féconde ni la moins brillante.

Tout-à-fait dans le fond du magnifique tableau qui se déroule sous nos yeux, nous découvrons l'arc de triomphe de l'Étoile ; cet ouvrage a été souvent repris et abandonné, nous pouvons espérer maintenant qu'il sera terminé dans peu. Il faut convenir que l'entrée de Paris de ce côté sera d'une grande magnificence ; peu d'avenues égalent en beauté celle de Neuilly, et rien n'est plus capable d'annoncer dignement la capitale d'un puissant empire que cet arc de triomphe qui la termine. En traversant les Champs-Elysées, l'admiration de l'étranger ne se refroidira point; il verra de loin l'obélisque fameux apporté de Luxor, qui lui rappellera le fabuleux Sésostris et ses conquêtes.

Lorsqu'il arrivera sur la place de la Concorde et qu'il pourra contempler de près le monument égyptien, vieux de trois mille ans, il s'écriera peut-être que les anciens l'emportaient de beaucoup sur les modernes. S'il vient pourtant à réfléchir que ce qu'il y a de merveilleux dans cet obélisque ce n'est pas de l'avoir taillé d'un seul bloc, mais de l'avoir transporté des carrières de Silsilis à Thèbes, et de l'avoir dressé sur sa base ; il dira sans doute que les modernes qui l'ont détaché du sol, renversé sans le rompre, transporté à douze cents lieues, relevé sur des bases nouvelles, ne sont pas trop au-dessous des anciens. Pour moi, je pense qu'on n'est pas bien à plaindre d'appartenir au peuple dont les architectes ont construit le Louvre, la Bourse et la Madeleine.

Et si cet étranger sait qu'il y avait là, depuis cinq ou six ans, un piédestal en beau marbre blanc, destiné à supporter la statue de Louis XVI, il conviendra que ce monument, sous le rapport de l'art, sortant des mains d'un de nos sculpteurs les plus habiles, aurait mieux valu que l'obélisque avec ses hiéroglyphes ; mais ensuite il applaudira au bon sens qui a remplacé par l'obélisque le *monument expiatoire*, parce qu'un monument prétendu expiatoire n'expie rien, ne fait que nourrir la haine dans les cœurs que sa présence ulcère, perpétue des souvenirs qu'il vaudrait mieux éteindre et punit les neveux du crime de leurs pères (1).

A sa droite, l'étranger aperçoit le palais Bourbon, où la chambre des députés s'assemble et tient ses séances ; et sa façade avec ses colonnes, sa plate-

(1) Il est question, dit-on, de placer l'obélisque au rond-point, vers le milieu de l'avenue des Champs-Élysée

forme et son portique, lui retrace les temples de l'ancienne Grèce. Plus loin, des hôtels modernes que suit le palais de la Légion-d'Honneur se présentent à ses regards. Il voit ensuite l'édifice destiné au ministère du Commerce et des Beaux-Arts. Commencé sous Napoléon, il paraissait tout-à-fait abandonné, du moins les travaux de construction avaient été complètement interrompus; on vient de les reprendre et on les pousse avec vigueur. Cet édifice, lorsqu'il sera terminé, sera l'un des plus beaux de Paris. Jamais ministre n'aura été mieux logé. Au fond, n'est-il pas juste que tous les arts se réunissent pour embellir la demeure de celui qui les prend sous son patronage?

Si au lieu de pénétrer dans Paris par le quai des Tuileries, l'étranger se dirige vers l'opulent quartier de la Chaussée-d'Antin, il porte d'abord les yeux sur les deux beaux édifices qui terminent au nord la place de la Concorde. Entre ces deux bâtimens, il voit en passant la rue Royale, au fond de laquelle se présente le superbe monument de la Madeleine; de là, il entre dans la magnifique rue de Rivoli, remonte par celle de Castiglione, passe au pied de la colonne d'airain, parcourt la rue de la Paix et arrive au boulevard où tout est réuni pour l'étonner, l'intéresser et lui plaire.

Dorville aurait long-temps continué sur ce ton, en décrivant Paris avec le seul secours de sa mémoire; car du lieu où il se trouvait, il ne pouvait voir aucun des édifices dont il parlait à son frère. Mais il avait le faible de bien des gens qui aiment à causer pourvu qu'ils fassent, eux, les frais de la conversation. Encore le mal n'est-il pas bien grand si, comme Dorville, ils connaissent les choses dont ils parlent; mais, par malheur, il n'en est pas toujours ainsi, et l'on ne rencontre que trop souvent en France des hommes qui parlent, ou même qui écrivent, sur des matières qu'ils ignorent complétement.

Alfred n'eût pas osé montrer de l'impatience ou de l'ennui en écoutant son frère ; mais il se mit à lire les inscriptions de plusieurs pierres sépulcrales, et, tout en lisant, il s'éloignait peu à peu de la chapelle; Dorville le suivait pour répondre à ses questions, quelquefois encore enfantines, mais le plus souvent pleines de sel et de gaîté. C'est singulier, s'écria-t-il en souriant, je ne vois ici que des saints et des saintes. Lis, mon frère, ces inscriptions : le meilleur des époux, la meilleure des femmes, des filles, des mères : toutes les vertus, toutes les qualités, tous les mérites.

Prodiguer aux morts, répliqua Dorville, l'éloge qu'on refuse aux vivans, c'est chose assez ordinaire. Au fond, ces inscriptions, la plupart si niaises et si peu françaises par le style, sont rarement l'ouvrage des parens ou des amis du défunt. Il y a des faiseurs de légendes monumentales en vers et en prose, comme il y a des marbriers, des jardiniers, des vendeurs d'immortelles tressées en couronne, et l'on commande une épitaphe, comme on commande la tombe, l'urne, le cippe, les vases et les corbeilles de fleurs. Il n'en est pas des inscriptions qui couvrent les tombes vulgaires, comme des inscriptions fastueuses qui décorent les mausolées ; ici c'est la vanité qui parle ; et il le faut bien, quand le nom du défunt ne suffit point pour le louer.

Avançons de ce côté. Jette les yeux sur ce monument. Il est simple : lis maintenant l'inscription : *Jacques Delille*. Que fallait-il dire de plus ? Qu'il a traduit *les Géorgiques* en poète ; qu'il fut habile versificateur en traduisant *l'Énéide* ? qu'il a fait *la Pitié*, *l'Imagination*, *l'Homme des champs* ? Tout cela est dans ces deux mots : Jacques Delille.

Poursuivons notre route, continua Dorville, et sans nous arrêter davantage aux inscriptions, qui, dans aucun cas, ne sont guère bonnes à consulter que pour les dates qu'elles renferment, examinons, en passant, quelques-uns de ces monumens où la sculpture a déployé toutes les richesses de son ciseau. Dirigeons-nous vers ces pyramides qui s'élèvent à 50 ou 60 pieds. En voilà qu'on construit. Leurs côtés dépolis semblent attendre un revêtement de marbre, comme l'eurent jadis les fameuses pyramides d'Égypte.

Plus bas, à droite, j'entrevois des colonnes qui supportent un dais élégant, un sarcophage sous le dais. Approchons; c'est une comtesse russe, du nom de Demidow, qui repose sous ce mausolée superbe. Examine la beauté de ces marbres, le fini de ces sculptures, la perfection de tous ces détails. Nous sommes dans le beau quartier du Père-Lachaise ; il n'est pas permis à une tombe modeste de s'y montrer. Tout ici, dans ces pompeux monumens, s'efforce de rappeler des grandeurs qui ne sont plus. Mais hélas ! le marbre, l'albâtre, le jaspe, brillent en vain à la surface du sol : la hideuse mort règne au-dessous.

Masséna ! Lefebvre ! ces mausolées de marbre blanc, ces trophées si richement sculptés ne préserveront pas leurs restes.

Ce tombeau qui se montre au-dessus des autres, dit Alfred à son frère, en le désignant de la main, pour qui l'a-t-on construit?

A sa forme, répondit Dorville, je conjecture que c'est le tombeau du général Foy, et faisant quelques pas : j'ai deviné, ajouta-t-il. Il fut grand orateur, et le monument funèbre est très-beau. Approche, mon frère, vois cette grande pierre plate qui recouvre une tombe très-ordinaire, ne lis-tu pas : Benjamin Constant ? Il fut grand orateur aussi, moins véhément sans doute, mais plus éclairé, plus précis et meilleur logicien. On a bien raison de dire que les circonstances font souvent la destinée des hommes.

Mais songeons à nous retirer ; je crains que le temps ne nous manque.

— Ah! laisse-moi voir, mon frère, ce monument gothique; il recouvre deux tombes.

— Et ces tombes, ouvrage du douzième siècle, renferment la fameuse Héloïse et son époux infortuné.

Les deux frères, rentrés dans leur cabriolet, avaient rapidement franchi par la rue de la Roquette, l'espace qui les séparait de la Bastille, ou plutôt de la place de la Bastille; ils examinèrent avec attention le canal qui a succédé aux fossés de la prison d'état, au lieu où il s'enfonce sous la large voie publique. Ils jetèrent ensuite les yeux sur l'éléphant colossal qui devait être une fontaine, et qui probablement sera détruit lorsqu'on aura élevé la colonne monumentale dont l'érection a été ordonnée en 1830, en l'honneur des combattans de juillet morts pour la défense des lois et de la liberté. Un crédit de 900,000 fr., ouvert par une loi, a permis d'en commencer les travaux, et cette colonne, abstraction faite de toute opinion politique, figurera mieux en ce lieu que la gothique forteresse détruite par le peuple, mieux même que l'éléphant, qui ne pouvait décorer à Paris une place publique, que par un contresens que rien ne semblait justifier.

Cette place de la Bastille est vaste, aérée, vivante; c'est là qu'aboutissent les rues St-Antoine, faubourg St-Antoine, de la Roquette, de Charenton, etc; le boulevard Bourdon, sur lequel s'élèvent l'arsenal et le grenier d'abondance; le boulevard Beaumarchais, ainsi nommé parce que ce fut là que demeura le spirituel auteur du *Mariage de Figaro*, qui n'est ni un drame, ni un opéra, ni une comédie, mais où l'esprit pétille et dont le succès fut prodigieux, ce qui marqua pour les uns la décadence du goût et parut aux autres le commencement d'une autre ère littéraire; ce qui même, depuis cette époque, a été regardé par bien des personnes, comme ayant opéré une révolution marquée dans les opinions politiques, révolution avant-courrière de celle qui, d'abord sage et modérée, finit par renverser le trône et mit l'autel en péril.

De la Bastille au superbe pont d'Austerlitz, la distance n'est pas grande; ce pont, sous lequel passe la Seine en entrant dans Paris, ouvrage admirable dont les alliés voulurent nous priver, unit le quartier de l'Arsenal et du faubourg St-Antoine au quartier du Jardin-des-Plantes. C'est dans ce jardin, l'un des plus magnifiques établissemens de ce genre, que Buffon, Daubenton, Lacépède et l'immortel Cuvier ont donné leurs leçons si savantes, si variées et d'un intérêt si réel. Il est peu de plantes exotiques, capables de supporter le climat de l'Europe, qu'on n'y trouve dans un état prospère, depuis le superbe cèdre du mont Liban jusqu'à l'humble arbrisseau, jusqu'à la fleur qui se cache sous l'herbe des prairies. La ménagerie d'animaux vivans y attire tous les jours un grand nombre de curieux; d'autres vont visiter le musée d'histoire naturelle, les galeries des minéraux, la bibliothèque, l'amphithéâtre d'anatomie, et les labyrinthes.

En sortant du Jardin des plantes et en descendant sur la rive gauche de la Seine, les deux frères passèrent devant la Halle aux vins, où la curiosité les fit entrer. Ils virent avec intérêt dans toutes ses parties ce vaste établissement, visitèrent les caves, les magasins où la solidité s'unit à la commodité et même à l'élégance ; mais avant de sortir, ils s'arrêtèrent plus d'une fois devant les modestes échoppes où se traitent souvent d'importantes affaires, où se font la plupart des marchés qui approvisionnent de vins la ville de Paris ; ils virent avec plaisir ces maisonnettes qui, presque toutes, sont ombragées d'arbres touffus, et le terrain sabloneux et aride qui les entourait converti, à force d'industrie, en petits jardins qui donnent des fruits, des fleurs et des berceaux de verdure.

Ils jetèrent un coup d'œil sur l'île Louvier, entrepôt immense de bois à brûler, et sur l'île Saint-Louis qui, du milieu de la rivière, montre de loin ses beaux quais, ses rues tirées au cordeau, son petit clocher pyramidal percé à jour, et les maisons qui bordent les quais, séjour paisible qui se ressent peu de l'agitation du bruyant Paris. La basilique de Notre-Dame et les tours massives qui la dominent, se présentent en face. On regrette que l'Hôtel-Dieu, qui s'élève à côté de Notre-Dame, embrasse de ses édifices les deux rives de la branche méridionale de la Seine. Là, le passage sur le quai est interrompu, ou plutôt il n'y a plus de quai, et l'on est obligé de traverser de petites rues tortueuses où les lourdes charrettes, les fiacres, les diligences, les cabriolets élégans se croisant et s'embarrassant dans leur marche, menacent à chaque instant les piétons de quelque catastrophe.

Nos deux voyageurs retrouvèrent la Seine en arrivant au Petit-Pont; ils la traversèrent pour aller visiter dans la vieille Cité le Palais de Justice.

L'Hôtel-Dieu, dit Dorville à son frère, est un asile immense ouvert à l'indigence; les plus habiles médecins y dirigent le traitement des maladies: les chirurgiens les plus exercés y font les opérations que ces maladies commandent, et les soins les plus attentifs sont donnés aux malheureux qu'on y reçoit. Pourquoi faut-il que la misère qui les y conduit les attende à la porte en sortant, pour les saisir de nouveau? D'un autre côté, ce vaste hospice, tant qu'il existera en ce lieu, sera un obstacle, non-seulement à l'embellissement de la ville, mais encore à la libre circulation, tant sur les quais de la rive gauche qu'autour de la Cité. Ce serait peut-être une idée heureuse que de transférer l'Hôtel-Dieu dans quelque édifice qu'on pourrait construire sur les terrains vacans de l'enclos Saint-Lazare, ou dans quelqu'autre lieu semblable. On y gagnerait du côté de la salubrité.

Nous voici arrivés au Palais-de-Justice. Je ne passe jamais devant cette superbe grille qui en décore la principale entrée, sans y attacher mes regards. Comme tout cela est changé, depuis que

Cherebert abandonna son palais des Thermes pour s'établir ici! Ce palais des Thermes, où l'on prétend que séjourna l'empereur Julien lorsqu'il vint visiter la boueuse Lutèce, occupait l'emplacement de l'hôtel de Cluny, rue des Mathurins. Quand les Normands brûlèrent les maisons du quartier de l'Université, ils n'épargnèrent pas la demeure royale; elle fut néanmoins restaurée, car plusieurs rois de la troisième race l'ont habitée, jusqu'à François Ier, qui jeta les fondemens du Louvre.

Ce qui m'a toujours choqué ici, continua Dorville, ce sont ces marchands qui encombrent la grande galerie et les escaliers. Passe encore pour les loueurs de journaux. Des plaideurs qui, en attendant qu'on les juge, trouvent fort longues les heures de relevée et les plaidoiries des avocats dans les causes des autres, ne sont pas fâchés d'avoir sous la main un journal; mais des marchands d'estampes, mais des marchands de souliers pour femmes, des bimbelotiers, des vendeurs de jouets d'enfans, et même, si je ne me trompe, des marchandes de merceries et de nouveautés! Il me semble que ce n'est point ainsi que doit s'annoncer le sanctuaire de la justice.

Faisons ici une halte, mon frère, devant la statue du bon roi, du brave béarnais, de Henri IV. Ce prince aima le peuple, aussi le peuple l'aima, et pour ma part j'ai été plus d'une fois tenté de faire comme Sterne, l'auteur du *Voyage sentimental*. Et que fit donc Sterne? demanda Alfred.

— Sterne, passant sur le Pont-Neuf, s'arrêta devant la statue, et pendant quelque temps il parut être en extase. Comme à son air étranger Sterne joignait une tournure fort originale, il se vit bientôt entouré d'une foule de ces curieux, si bien nommés les *badauds de Paris*. Tous le regardaient avec de grands yeux. Sterne s'en aperçut : Hé bien ! leur dit-il, que me voulez-vous ? Vous aimez votre bon Henri ? je l'aime aussi, moi ; moi, Yorick (1), que peut-être vous ne connaissez pas ; mais, qu'importe ? imitez-moi ; et en disant ces mots, il se mit à genoux, et il s'écria : reçois mon hommage, ô le meilleur des princes ! Cet Anglais-là, dit Alfred, méritait bien d'être français.

Parvenus à la place du Louvre, les deux frères firent une autre pause. N'en déplaise aux admirateurs exclusifs du moyen-âge et de l'architecture gothique, laquelle, j'en conviens, a bien son mérite, je trouve que ce palais moderne vaut un peu mieux que ces noirs édifices couronnés de tourelles, dont on n'a su faire qu'une prison. Certes, si Cherebert et ses successeurs revenaient au monde, je crois qu'ils ne se plaindraient pas qu'on leur donnât le Louvre, au lieu de leur rendre la Conciergerie. Qu'à l'aspect d'un monument bien conservé du douzième ou du treizième siècle, on éprouve de l'étonnement, de l'admiration même.

(1) C'était sous le nom de Yorick que Sterne avait publié ses sermons originaux.

si l'on veut, je le conçois très-bien. A l'opinion qu'on prend du talent de l'architecte et de la hardiesse de l'ouvrage se rattachent presque toujours des souvenirs qui réagissent sur l'imagination ; tout cela joint doit produire de l'effet, sur moi tout le premier; mais, quoi qu'il arrive, je ne dirai jamais que je préfère les tours de Notre-Dame au dôme des Invalides, ni la façade de l'Hôtel-de-Ville ou de Saint-Germain-l'Auxerrois à celle de la Madeleine.

François Ier, qui avait le goût des beaux arts et s'accommodait peu des palais de ses prédécesseurs, commença les constructions du Louvre; Henri II les continua. Les plus habiles architectes de l'époque y travaillèrent. Charles IX, Henri IV et Louis XIII ajoutèrent de nouveaux bâtimens à ceux qui déjà existaient; sous Louis XIV et son successeur, le Louvre reçut de grands accroissemens; il n'a été terminé réellement que dans le commencement du siècle actuel. Il ne reste plus rien à dire de la belle façade qui regarde l'Orient. Le cavalier Bernin, appelé de Naples par Louis XIV pour en donner les dessins, ayant vu ceux de Perrault, déclara hautement qu'il n'était pas possible de mieux faire que l'architecte français, et les plans de Perrault furent adoptés. On admire dans cette façade la hardiesse des architraves qui, sur toute la colonnade, forment des plafonds carrés de douze pieds, et le fronton triangulaire du corps avancé du milieu, terminé par deux pierres qui ont chacune cinquante-quatre pieds de long sur deux pieds d'épaisseur et huit de large. Les colonnes du péristyle, d'ordre corinthien, sont couplées et cannelées. On regrette que Napoléon, qui a fait tant de grandes choses, ait permis que ses architectes, avec la prétention de mieux faire que Perrault, aient gâté son ouvrage en changeant la forme de la porte principale qui, de cintrée qu'elle était comme les trois autres, est devenue carrée, et en supprimant la grande croisée du milieu, ce qui a rompu l'accord qui existait entre le milieu et les extrémités. La façade qui regarde la rivière est aussi fort belle ; une grille de fer en défend l'accès au public, la porte seule est libre. Il existe de même un terrain prohibé et clos de grilles devant la colonnade, la porte exceptée. Là, du côté de la rivière, reposent quelques combattans de juillet tombés sous les balles suisses.

La superbe galerie qui joint le Louvre au château des Tuileries, longue de deux cent vingt-sept toises, fut commencée par Henri IV ; elle est terminée depuis long-temps. Il n'en est pas de même de celle du côté opposé, où l'on ne travaille que lentement, et pour laquelle il faudra démolir bien des maisons. Encore est-il douteux, si nous la voyons achevée, que l'effet de ces deux galeries réponde à l'idée qu'on s'en forme. Les deux palais n'étant point sur le même axe, il en résultera dans la position respective de leurs façades, et dans celle même des deux galeries, un défaut de rapport qui sera très-sensible, à moins qu'on ne divise en deux parties l'espace qui les sépare, au moyen d'une galerie transversale, comme on en a eu le projet.

C'est dans cette galerie que se trouve le Musée des tableaux. La victoire l'avait enrichi d'une immense quantité de chefs-d'œuvre. Les alliés, vainqueurs à leur tour, on sait comment, ont usé de leurs droits : ils ont repris ce qu'ils avaient perdu. Ils ont fait plus : abusant de la force, ils ont ravi ce qu'ils avaient cédé par des traités. Tu es heureux, mon frère, de n'avoir point vu la spoliation de ce musée qui était l'orgueil de la capitale. J'étais jeune encore, ajouta Dorville en soupirant; mais je me souviens de la douleur que j'éprouvai, de l'indignation surtout que je ressentis lorsque je vis des Autrichiens et des Russes profaner de leur morgue insolente le sanctuaire des arts; que je vis des Cosaques, à l'œil impatient et farouche, attendre qu'on leur donnât le signal du pillage : je couvris ma tête de mon manteau et je me résignai au mal que je ne pouvais empêcher.

L'arc de triomphe du Carrousel partagea le sort du Musée; il fut dépouillé des quatre chevaux vénitiens qui le couronnaient. Il me semble, dit Alfred, en interrompant son frère, que cet arc de triomphe masque la vue des Tuileries. J'ai fait souvent cette réflexion, lui répondit Dorville; j'aimerais beaucoup mieux voir cet arc à toute autre place; par exemple à la porte extérieure du jardin, sur la place de la Concorde. J'ai entendu au reste des hommes de l'art prétendre que la façade des Tuileries qui donne sur le jardin devait être la principale, et que celle du Carrousel formait réellement les derrières du palais. S'il en est ainsi, et on ne peut guère en douter puisque la place du Carrousel fut d'abord jardin royal (1), l'arc de triomphe serait à sa véritable place s'il se trouvait du côté du jardin.

Le palais fut commencé en 1564, par Catherine de Médicis. Philibert de l'Orme et Jean Bullan dirigèrent les travaux. Il ne se composait primitivement que du pavillon carré du milieu, des deux corps de logis adjacens, ornés chacun d'une terrasse, et des deux pavillons qui les suivent. Les deux grands corps de bâtiment et les pavillons des extrémités furent ajoutés par Louis XIV, de sorte que la façade entière embrasse toute la largeur du jardin, laquelle est de 168 toises; mais afin que la hauteur de l'édifice répondît à l'accroissement d'étendue qu'il recevait, on exhaussa le pavillon du milieu d'un troisième ordre et d'un attique.

Les jardins furent construits sur les dessins de Lenôtre; dans la suite on y a fait plusieurs changemens qui, suivant les uns, les ont embellis et, suivant les autres, les ont gâtés. Lenôtre avait placé au-delà du parterre un massif d'arbres qui

(1) Ce fut Louis XIV qui fit arracher les arbres, et qui transforma le jardin en place, pour y donner le spectacle d'un carrousel ou tournois.

formait devant le château un vaste rideau de verdure; on a percé ce massif d'une grande allée en face du pavillon carré du centre. On y a gagné un très-beau coup-d'œil, mais on y a perdu de l'ombrage et de la fraîcheur. Un vaste tapis vert s'étendait sur le sol, tout le long de la terrasse des Feuillans. De ce boulingrin on a fait une large allée sablée qu'on décore, l'été, de deux rangs d'orangers en caisse. Il y a deux ans que de nouveaux changemens ont eu lieu. Deux petits parterres entourés de grilles et de fossés ont été formés sous les murs du château; mais le parterre de Lenôtre a perdu le tiers de son étendue, et la régularité de son ordonnance a été complétement détruite.

En sortant des Tuileries, Dorville et son frère s'acheminèrent vers le Palais-Royal. La distance n'est pas grande. Il s'y rendirent à pied. Dorville renvoya même son cabriolet, parce qu'il se proposait de terminer là son petit voyage dans la capitale. Ce palais, qui porta d'abord le nom de Palais-Cardinal, fut construit par le fameux Richelieu, qui en mourant en fit don au roi; mais la cour y ayant résidé pendant la minorité de Louis XIV, son nom fut changé en celui qu'il porte aujourd'hui. Il devint plus tard l'apanage de la branche d'Orléans, et depuis cette époque il a été reconstruit presque en entier; c'est principalement par les soins du dernier duc, aujourd'hui roi des Français, qu'il est devenu l'un des plus beaux édifices que Paris possède. Le bâtiment immense qui ceint le jardin est d'une belle architecture, malgré quelques défauts que les gens de l'art y reprennent. La galerie neuve qui sépare le jardin de la grande cour du palais, est magnifique; elle doit le paraître encore davantage à ceux qui se souviennent de la galerie de bois et de ses ignobles boutiques. Cette galerie, celles de pierre, l'intérieur du jardin, richement éclairés par le gaz, offrent, la nuit, le plus brillant coup-d'œil.

Le Palais-Royal est l'abrégé de Paris; près de trois cents magasins de bijouterie, d'orfèvrerie, de cristaux, de modes, d'ouvrages d'acier, de quincaillerie, de coutellerie, de nouveautés de tout genre, de librairie même, offrent réuni tout ce que l'opulence peut demander au goût et à l'industrie. On y trouve des restaurans fameux qui font payer leur nom très-cher, d'autres qui mettent leurs dîners à la portée des petites fortunes; des cafés superbes, des cabinets de lecture, des salons littéraires, et malheureusement aussi des maisons de jeu *autorisées*, où il est permis aux pères de famille, aux étrangers et aux citadins de se ruiner dans un jour.

Le théâtre Français est une dépendance du Palais-Royal. Oh! s'écria Dorville en soupirant, j'y ai vu Talma dans toute sa gloire, protégeant de son talent supérieur les chefs-d'œuvre de l'ancienne scène française contre l'invasion des romans dialogués qu'on appelle aujourd'hui comédies ou tragédies. Mademoiselle Mars était alors la première comédienne du monde; elle n'a pas trouvé que ce fût assez, elle a voulu être la première actrice de mélodrame, et, grace à son patronage, le mélodrame s'est emparé du théâtre Français.

L'ancienne salle Montansier a été long-temps un café, et ce café lui-même était, pour ainsi dire, la Courtille du Palais-Royal. La salle a été restaurée, et l'on y joue le vaudeville ou quelque chose qui lui ressemble; car, aujourd'hui que tous les genres sont confondus et mêlés, on ne peut jamais dire avec certitude si une pièce appartient à un genre plutôt qu'à un autre. L'Opéra, qu'on appelle Académie royale de musique, l'Opéra était, il y a quelques années, dans le voisinage du Théâtre-Français, vis-à-vis la grande Bibliothèque, qui, avec ses six ou sept cent mille volumes, ses nombreux manuscrits, ses collections d'estampes, de médailles, ses cours de langues orientales, offre, aux personnes studieuses, mille moyens de s'instruire.

L'attentat de Louvel fit porter contre la salle de l'Opéra un arrêt de proscription; elle fut détruite de fond en comble, et sur le lieu qu'elle occupait on éleva une chapelle expiatoire qui n'a pas été et ne sera pas terminée. Il serait à désirer que ce monument qui, d'après le texte formel d'une loi, ne peut pas exister; qui même, à cause de la lourdeur de ses formes, ne saurait recevoir aucune destination avantageuse, fût bientôt abattu, et remplacé par une place publique qu'on pourrait orner de fontaines; que la vieille façade de la Bibliothèque fût restaurée, et que dans l'un des plus beaux quartiers de Paris, on cessât bientôt d'avoir sous les yeux des décombres et des ruines neuves, en face d'un bâtiment dont les murs noirs et décrépits ressemblent à ceux d'une prison. Une salle nouvelle fut construite pour l'Opéra près des boulevarts; on prétend qu'elle n'est que provisoire.

L'Opéra n'est point déchu de l'état de prospérité où nous l'avons vu. C'est peut-être le seul de nos théâtres qui ne s'est pas ressenti de nos tourmentes politiques. Il le doit sans doute à la sage administration de ceux qui le dirigent, ainsi qu'à la grande réunion d'artistes du premier ordre qu'il possède. L'Opéra, d'ailleurs, n'est d'aucun parti, il n'éloigne personne de ses représentations, et sa musique, sa danse, ses machines sont de nature à charmer tous les yeux et toutes les oreilles. On lui reproche de s'embarrasser peu, dans le choix des poèmes, de la poésie, de l'intérêt, de la vraisemblance, et même du sens commun. La *Tentation*, *Robert-le-Diable*, sont là pour répondre.

Mais je ne sais quel accident funeste menace de tuer une seconde fois l'Opéra-Comique, opéra vraiment français, national, gai, amusant, qu'on a voulu flétrir du nom de comédie à ariettes, et que je voudrais voir encore tel que nous l'avaient fait Grétry, Méhul, Boïeldieu, Berton et quelques autres qui n'avaient point la prétention de faire de la musique italienne; tel que le jouaient Elleviou et Martin, qui ne croyaient pas qu'on fût dispensé d'être acteur parce qu'on savait chanter. La retraite de ces deux acteurs lui porta un coup funeste, et la construction d'une salle nouvelle, loin de la rue Feydeau, ne lui fut pas favorable. Il y eut des poursuites de créanciers, des syndics qui voulurent exploiter un théâtre comme on exploite une succession vacante. Il en résulta désertion totale du public et cessation forcée des représentations. Une société qui se forma un ou deux ans après sous les auspices de l'ancien chanteur Martin, remonta un opéra-comique, mais elle le transféra de la rue Ventadour à la place de la Bourse, où elle trouva vacant le joli théâtre des Nouveautés, construit trois ou quatre ans auparavant pour un genre qui déjà s'exploitait au Gymnase, au Vaudeville et aux Variétés. Là, l'Opéra-Comique se traîne, car on ne peut dire qu'il prospère, jusqu'à ce qu'il finisse, comme à la rue Ventadour, faute de spectateurs ou d'auditeurs; ce qui arrivera infailliblement s'il ne prend le parti de redevenir franchement opéra-comique, et de laisser le mélodrame aux théâtres qui en vivent, et qui pourtant, dans la louable intention de délasser leur public des coups de poignard, des empoisonnemens, des trahisons, des perfidies et de la morale un peu équivoque dont on les assaisonne, font de temps en temps des incursions plus ou moins heureuses dans le domaine du vaudeville ou de la petite comédie.

Je ne sais si la multiplicité des théâtres peut tourner au profit de l'art dramatique. L'empire et la restauration en avaient limité le nombre. Depuis 1830, plusieurs nouveaux théâtres se sont élevés à Paris et dans la banlieue ; mais à voir les pièces que ces théâtres, et même leurs aînés, nous donnent depuis quelques années, il est fort douteux que l'art ait rien gagné; il y a lieu de craindre au contraire que d'écarts en écarts et de chute en chute, nous ne retombions au bon temps où l'on jouait la passion et les mystères. Eh! pourquoi cela ne viendrait-il pas? La foule n'est-elle pas aux représentations du *Juif errant* de l'Ambigu-Comique?

Ainsi s'exprimait Dorville, lorsque, en arrivant sur la place de la Bourse, Alfred voulut revoir les peintures que, pendant long-temps, il avait prises pour des bas-reliefs, et qui même lui avaient fait perdre un pari. Ces dessins, dit Dorville, sont d'un très-bel effet et l'illusion qu'ils produisent est complète ; mais ce qui doit ici fixer l'attention, c'est de voir tant d'hommes servant la même idole, ou excités par le même mobile, courir après un mouvement de hausse ou de baisse dans les fonds publics, spéculer sur les événemens et s'enrichir des pertes des autres. Ce bâtiment, qu'entoure une superbe colonnade, a été construit aux frais des négocians de Paris. Le tribunal de commerce y tient ses séances; mais quelque grand que soit le nombre des jugemens que rend ce tribunal, la Bourse est moins importante sous ce rapport que par le jeu ruineux qui se fait avec les fonds publics, jeu qui a dévoré bien des millions, et souvent dépouillé des dupes pour enrichir des gens qu'on n'oserait nommer fripons.

Les deux frères arrivèrent au boulevard par la rue qui vient d'être percée, à la suite de la rue Vivienne, et ils admirèrent l'élégante richesse des maisons qu'on y a construites. Quelques années encore, s'écria Dorville, et Paris sera la plus belle ville du monde; mais il reste beaucoup à faire : bien des quartiers sont malsains, obscurs, surchargés de maisons de hideuse apparence; c'est principalement dans la partie qui s'étend sur la rive droite de la rivière, depuis le Louvre jusqu'à l'Arsenal, que de grands changemens sont nécessaires. Pour se rendre des bords de la Seine aux boulevards, on est condamné à passer par des rues étroites, sales, tortueuses, sans cesse obstruées par les charrettes, les voitures chargées, les fiacres, les diligences, les équipages. Les rues Montmartre, Montorgueil, Saint-Denis, Saint-Martin, Sainte-Avoye, du Temple, ne commencent à s'élargir que vers le milieu de leur longueur; l'entrée de la rue Saint-Antoine, au dessus et au-dessous de Saint-Gervais, est difficile et toujours embarrassée; la rue projetée du Louvre à l'Hôtel-de-Ville, pour laquelle il faudrait peut-être abattre le gothique St-Germain-l'Auxerrois, produirait de très-grands avantages, non-seulement parce qu'elle faciliterait les communications, mais encore parce qu'elle assainirait un quartier vaste et populeux qui manque d'air et de jour.

Mais en passant sur ces inconvéniens qui, bien que réels, peuvent disparaître à la longue, en grande partie au moins, quelle autre ville possède tant de monumens riches et somptueux, tant de places magnifiques, d'établissemens utiles, de superbes promenades, de ponts, de quais, de fontaines, de brillans passages?

Parmi les monumens qui offrent de l'intérêt, citons d'abord cette belle église de la Madeleine commencée sous l'empire. Ce devait être le *Temple de la Gloire.* Cette pensée de Napoléon était vraiment française : la restauration, qui avait moins besoin de gloire que de repos, voulut que ce monument devînt une église, et une église chrétienne remplacera le Temple de la Gloire. Ainsi, Rome aura St-Pierre, Londres St-Paul, Milan le Dôme, Paris la Madelaine. Il n'y aura point là de coupole, de dôme, de tour ambitieuse qui aille cacher sa tête dans les nues : ce sera un temple antique, bâti avec tout le goût des modernes, et la superbe colonnade qui en forme le péristyle sera justement admirée tant que les siècles la laisseront debout. Ce majestueux édifice terminera dignement à l'ouest le boulevard du nord, qui à son extrémité orientale aura la colonne dont l'érection vient d'être ordonnée, en mémoire des trois journées.

Après la Madeleine on peut encore nommer le beau palais du Luxembourg, où les amateurs de tableaux en trouvent une riche collection; l'Observatoire, illustré par les travaux de tant de savans; l'église St-Eustache, le théâtre de l'Odéon; celui des Italiens; l'ancienne École militaire, dominant sur le Champ-de-Mars, où Napoléon reçut deux fois l'hommage des troupes, aux acclamations de la population parisienne; le palais des Arts, autrefois hôtel ou collége Mazarin, où siègent les quatre sections de l'Institut; l'hôtel des Monnaies; la porte Saint-Martin et la porte Saint-Denis; l'hôtel semi-gothique de Soubise, où sont aujourd'hui les archives du royaume; l'Élysée Bourbon et les nombreux hôtels du faubourg Saint-Honoré; la halle aux farines avec sa coupole de métal qui a cent-vingt pieds de diamètre, etc., etc.

Aux places du Carrousel et de la Concorde, ajoutons la place circulaire où s'élève la colonne de Napoléon; la place des Victoires, où l'on voit sur un piédestal entouré d'une grille, la statue équestre de Louis XIV; la place Royale, plantée de beaux arbres, et fermée par quatre rangs de maisons uniformes, dont la façade, portée sur des arcades, forme une galerie couverte; la place du marché des Innocens, ornée d'un superbe château d'eau, ouvrage de Jean Goujon, de qui le nom seul est un éloge. Ce marché fut long-temps un cimetière; lorsqu'on voulut en changer la destination, on transporta les ossemens que le temps n'avait pas encore dévorés, aux catacombes de Vaugirard, vastes souterrains qui s'étendent sous la partie méridionale de Paris.

Au rang des établissemens utiles, nous trouverons d'abord les bibliothèques Royale, Mazarine, de l'Arsenal, de Sainte-Geneviève, de l'Hôtel-de-Ville, etc.; l'École de médecine et l'École de droit; le Cabinet des mines; le Conservatoire des arts et métiers; l'École des beaux arts; l'École polytechnique, fondée par la république, et qui a fourni à l'empire un grand nombre d'excellens officiers; plusieurs grands colléges royaux; la Sorbonne, qui n'a plus, comme autrefois, la prétention de régenter l'opinion, et qui s'est rendue beaucoup plus utile; des hospices, parmi lesquels on distingue St-Louis, St-Antoine, la Pitié, le Val-de-Grâce, etc.; des écoles gratuites et des écoles d'enseignement mutuel; des associations de secours réciproques; l'institution des sourds-muets; la superbe manufacture des tentures des Gobelins; celle des beaux tapis de la Savonnerie; des verreries, des manufactures de glaces; des abattoirs publics; des maisons de bains où l'élégance et la richesse sont réunies à la commodité et à l'agrément; les magnifiques bains Vigier sur la Seine.

Ajoutons qu'une vingtaine de ponts, dont quelques uns ont été faits depuis très-peu d'années, ouvrent autant de communications faciles entre les deux rives de la Seine; que deux autres ponts établis nouvellement hors barrières, l'un à Bercy au-dessus de Paris, l'autre à Grenelle, au-dessous, offrent au commerce la faculté de faire circuler autour de la capitale les marchandises ou les denrées qui ne sont point destinées pour elle; qu'outre les fontaines qui distribuent leurs eaux dans les principaux quartiers, il existe un nombre infini de bornes-fontaines, nombre qui augmente tous les jours; disons encore qu'il y a dans cette ville immense, dont la population s'élève à près de neuf cent mille âmes, mille autres objets intéressans dont la description ou même seulement la nomenclature exigerait un volume, et nous serons convaincus que tout ce que la science, l'industrie et le goût, soutenus par la richesse, ont pu créer d'utile, non-seulement pour satisfaire aux besoins de l'homme, mais encore pour augmenter le nombre de ses jouissances, se trouve renfermé dans Paris.

Les mets les plus exquis, les vins les plus délicats y couvrent la table du riche; les plus belles tentures ornent ses appartemens; de superbes tapis déploient sous ses pieds leurs brillantes couleurs; il s'habille d'étoffes précieuses; il a des meubles somptueux, l'argent et l'or brillent dans ses hôtels; pour servir son luxe ou sa vanité, il faut que Paris reçoive et mette en œuvre les produits des départemens et de l'étranger. Mais en payant le prix de ce qu'il consomme, Paris ne tarderait point à s'appauvrir, s'il ne trouvait dans l'active industrie de ses habitans le moyen de couvrir par ses propres exportations la valeur des matières qui lui sont fournies, et de faire pencher en sa faveur la balance de ce commerce, en rendant aux étrangers, pour les valeurs réelles qu'il en a tirées, des valeurs idéales qui ne représentent guère que le prix de la main-d'œuvre.

C'est donc par les produits de ses propres fabriques que Paris a étendu son commerce par tout l'univers. Ses tentures des Gobelins, ses tapis de la Savonnerie, ses porcelaines de Sèvres, ses magnifiques glaces, rivales des glaces de Saint-Ildefonse (1), renommées pour la grandeur de leurs dimensions, forment des articles essentiels d'exportation; d'autres objets d'échange sont fournis par l'orfévrerie, la joaillerie, la bijouterie, la coutellerie, l'ébénisterie, la tabletterie, l'horlogerie, la marqueterie. Il sort encore de ses ateliers des meubles précieux, élégans, commodes, des voitures de luxe, de brillans équipages, des galons d'or et d'argent, des rubans, des broderies, des gazes, des fleurs artificielles, toutes sortes d'articles de modes, des étoffes, des dessins les plus riches et les plus variés, des bas, des gants, des papiers peints, des sucreries, des liqueurs, etc.; de superbes instrumens de musique, de marine, d'optique, de physique,

―――――――
(1) Près de Madrid, en Espagne.

d'astronomie et de mathématiques. Le commerce tire aussi de Paris la plus belle céruse. Les opérations de banque y sont enfin très-nombreuses et très-importantes.

On parlait beaucoup, il y a peu d'années, de la construction d'un canal qui ferait communiquer Paris avec la mer; et, comme il fallait s'y attendre, certains journaux se sont égayés sur le compte de Paris port de mer. Pour moi, j'avoue que ce projet m'avait plu; et si la construction de ce canal est possible, s'il peut surtout recevoir assez de profondeur pour que les bâtimens d'un moyen portage le remontent aisément, il en résultera pour la capitale un surcroît d'importance et d'activité dans les opérations commerciales, et, par suite, un accroissement considérable de richesses.

Lorsque Dorville et son frère furent de retour chez eux, ils trouvèrent les préparatifs de leur départ terminés. Madame Dorville qui, au fond, avait d'excellentes qualités, avait voulu faire oublier à son beau fils les petites contrariétés de la veille. Elle avait profité de son absence avec Alfred pour lui épargner tout l'embarras qui d'ordinaire précède un voyage. Dorville la remercia de cette attention du ton le plus affectueux; et lorsqu'ils se séparèrent le surlendemain, elle demeura bien convaincue que c'était aux mains du plus tendre frère que son Alfred se trouvait confié.

CHAPITRE II.

Environs de Paris. — Seine-et-Oise.

On voyage commodément quand on est riche et qu'on a une voiture à soi. On part, on arrive, on s'arrête à l'heure qu'on veut et tant que l'on veut; on se couche, on dort, on prend ses repas, sans que la voix retentissante d'un conducteur impitoyable vienne vous arracher au sommeil, ou vous faire perdre la moitié ou les trois quarts de votre dîner. Une ville vous plaît-elle, vous y séjournez. L'ennui vient-il à vous saisir, vite les chevaux; vous partez: au bout de quelques heures un autre soleil vous éclaire.

Alfred n'avait pas toujours pensé ainsi. Il avait lu qu'un Anglais avait fait à pied, pour son plaisir, le tour de l'Europe : il lui sembla qu'il n'y avait pas de manière plus agréable de voyager. Il n'est pas de bel arbre sous lequel on n'aime à respirer le frais, pas de source où l'on ne veuille se désaltérer. Dès qu'on sent de la fatigue, on fait halte; dès qu'on se trouve dispos, on se remet en marche; et puis les repas champêtres, au bord d'une fontaine, à l'ombre des peupliers et des saules : tout cela n'est-il point délicieux? Alfred ne voulait qu'un petit cheval pour porter ses bagages et ses provisions; il voulait bien aussi avoir un domestique pour prendre soin du cheval.

— Eh bien! mon cher frère, lui dit Dorville en riant, je veux te donner le plaisir de voyager à ton gré. Nous allons d'abord visiter le département de la Seine, c'est-à-dire les environs de Paris, et ensuite nous pourrons parcourir celui de Seine-et-Oise qui renferme le premier, et l'entoure de toutes parts comme une large ceinture. Nous cheminerons à pied; Bourguignon conduira le cheval chargé de notre bagage, nous déjeûnerons, nous dînerons sur le gazon, sur l'herbe fraîche, sous un tilleul, sous un orme, sous les peupliers, au bruit des eaux de la fontaine ou du ruisseau: n'est-ce pas, mon cher Alfred? Oh! ce sera vraiment un plaisir extrême. Assis sur la terre, disputant aux fourmis notre pain, nous défendant contre les mouches, contre le vent, contre le soleil, nous jouirons de tous les charmes de la campagne, et nous rirons de ces voyageurs qui s'emprisonnent dans une bonne chaise de poste, qui prennent leur repas comme à la ville, enfermés dans un salon commode.

Alfred sentit bien que son frère s'égayait à ses dépens; il aurait bien voulu rétracter ce qu'il avait dit, mais il n'était plus temps : Dorville paraissait décidé à pousser la plaisanterie, et la petite vanité d'Alfred se révoltait à la seule idée d'un humble aveu d'étourderie ou d'irréflexion. Dorville, de son côté, lisait dans l'ame de son jeune frère; mais il n'avait pas l'air de remarquer son air un peu embarrassé, et prenant congé de sa belle-mère et du chevalier, il donna le signal du départ, et se mit gaîment en route, sa canne de voyage à la main.

Dorville avait l'intention de sortir de Paris par la barrière de la Gare, et de se rendre par Charenton à Vincennes. D'ici à la barrière, dit-il à son frère, nous avons une bonne lieue ou même davantage, et Dieu sait si nous cheminerons aujourd'hui. Voilà une Dame-Blanche (1) qui s'avance très à propos. N'es-tu point tenté comme moi d'en profiter? Nous arriverons à la Gare aussi frais qu'en sortant de chez nous. En finissant ces mots, il s'élance dans la lourde voiture, et Alfred le suit.

— Et Bourguignon? dit Alfred. Sois sans inquiétude, répliqua son frère. Les munitions ne nous manqueront pas, et nous trouverons Bourguignon là où, suivant mes ordres, il doit nous attendre. Il en sera de même de notre chaise que, malgré le plaisir de voyager à pied, nous ne serons pas fâchés de prendre un peu plus tard.

Oh! la maudite voiture qu'une Dame-Blanche! dit Alfred en arrivant à la Gare; j'ai manqué d'étouffer, et ce gros homme qui ne parlait que champagne et bourgogne me pressait si fort chaque fois qu'il voulait gesticuler, que j'en ai le corps brisé. — C'est là un des inconvéniens de

---

(1) Nom d'une voiture publique, avec laquelle on fait une lieue dans Paris pour trente centimes.

ces sortes de voitures, où l'on n'est pas fort à son aise quand on a le malheur d'être *complets*, c'est-à-dire de se trouver quinze là où il n'y a de place que pour dix ou douze : au fond, c'est un grand avantage pour les modestes piétons de pouvoir traverser Paris pour six sous. Mais ne pensons plus à la Dame-Blanche; te voilà maintenant libre de tes membres, et respirant en plein air; te sens-tu en train de cheminer? — Oui, mon frère, et sans désemparer jusqu'au soir. — Pas même pour le déjeuner champêtre? — Je ne dis pas cela, et je voudrais presque, je crois, que l'heure fût déjà arrivée. — Elle sonnera quand nous serons arrivés à Charenton.

Ils cotoyèrent la Seine pendant trois quarts d'heure, et après l'avoir traversée sur le pont d'Ivri, un peu au-dessus du confluent de la Marne, laissant à leur droite le village d'Alfort, renommé pour son école vétérinaire, ils s'acheminèrent vers Charenton-le-Pont, fameux pour son bedlam ou sa maison des fous. Ils avaient été obligés de demander leur chemin. En traversant le pont d'Ivri, ils apercevaient celui de Charenton; mais il leur semblait que la grande route, en se jetant sur la droite, les en éloignait, et ils avaient rencontré à propos un homme des environs, qui leur indiqua un chemin de traverse, et qui surtout les surprit par son érudition singulière.

Vous considérez, leur dit-il, ce pont que vous allez traverser; examinez-le bien : c'est celui sur lequel passa le roi Henri lorsqu'il vint, en 1590, livrer bataille aux ligueurs dans la plaine d'Ivri, que vous avez laissée derrière vous. Dorville sourit; Alfred se mordit les lèvres. Je ne crois pas, Monsieur, dit Dorville, qu'Henri IV ait passé sur ce pont, dont la construction toute moderne indique assez à quelle époque il appartient.—Vous ne croyez pas! vous ne croyez pas! cela est bientôt dit, Monsieur; mais ce que je vous dis, moi, n'en est pas moins certain. Il est possible que je me trompe, reprit Dorville sans s'émouvoir; il en sera du pont comme de cette plaine d'Ivri que je m'imaginais être à vingt lieues d'ici.—Ah! c'est trop fort, en vérité! Tournez-vous un peu, je vous prie; vous n'apercevez pas là bas des maisons, un clocher, des tourelles? Voilà Ivri.—Je le sais.—Eh bien! la plaine d'Ivri, la voilà aussi.

Dorville ne jugea point à propos de contester: il salua l'érudit d'Alfort ou de Charenton, et continua sa route avec son frère, qui ne cessait de lui demander pourquoi il n'avait pas cherché à tirer cet homme de son erreur. Cette erreur, répondit Dorville, lorsqu'ils eurent fait deux ou trois cents pas, m'a paru trop bien enracinée, pour que je pusse la combattre avec avantage. Elle a vieilli avec lui, et peut-être serait-il fâché qu'on la lui ôtât. Quand il parcourt, lui, cette plaine: Ce lieu où je marche, peut-il se dire, ce sol où je laisse l'empreinte de mes pieds, c'est le sol qu'Henri IV a foulé des siens; c'est le lieu sur lequel cet excellent prince a harangué ses troupes, combattu et vaincu avec elles ; et ces idées doivent le remplir de joie. Il n'est pas le seul, au reste, qui prenne ce village d'Ivri pour celui dont le nom s'est illustré par la victoire d'Henri sur Mayenne; et il n'y a pas long-temps encore qu'un Parisien soutint contre moi la même chose. J'eus beau lui dire que la bataille d'Ivri s'est livrée à dix-huit lieues de Paris, et à cinq ou six d'Évreux, dans cette partie de la Normandie qui forme aujourd'hui le département de l'Eure, il ne fit que rire de mes paroles, et prendre en pitié mon ignorance.

Tout en s'entretenant de la sorte, les deux frères arrivèrent au pont de la Marne. Oh ! le coup d'œil ravissant ! dit Alfred d'un ton ému ; que les bords de la Marne sont délicieux ! que cette petite île, toute couverte de verdure, est belle! et ce petit pont par lequel on y entre, et qui paraît suspendu aux arbres ! que tout cela m'enchante! — Je m'attendais à cette douce surprise; pour un amant de la nature, ce lieu est fécond en sensations et en jouissances. Pour prolonger les tiennes, c'est là que nous allons prendre notre premier repas, en face de cette île qui te plaît tant.—Nous allons donc retrouver ici Bourguignon?—Non ; mais il n'est pas défendu à des voyageurs à pied d'entrer dans un restaurant ou dans une auberge qu'ils rencontrent sur leur chemin.

Alfred mangea peu ; il était en extase; et pour

le satisfaire, Dorville fit avec lui une courte promenade sur le bord de l'eau, à travers les arbres dont le riche feuillage formait sur leur tête un dais de verdure que le soleil ne pouvait percer de ses rayons.

En sortant de Charenton, où ils virent une manufacture d'outils et de machines de fer, les deux frères remontèrent la rive droite de la Marne, pour gagner St-Maur, où l'on voit un beau château et des jardins dessinés par Le Nôtre. Ce qui appela surtout leur attention, ce fut le canal souterrain qu'on a creusé sous les collines voisines, pour rendre la navigation plus facile et plus courte. St-Maur possédait dans le moyen-âge une abbaye fameuse de bénédictins : elle fut sécularisée en 1533. St-Maur touche la forêt de Vincennes. Dorville et Alfred la traversèrent pour arriver au château, ancienne demeure de plusieurs rois de la troisième race. Sa vaste enceinte, flanquée de tours carrées, et défendue par des fossés revêtus, renferme aujourd'hui une prison d'état et un dépôt d'armes. Charles-le-Bel, Charles V, Charles IX et le cardinal Mazarin y ont terminé leur carrière. Louis XIV et son successeur y ont passé le temps de leur minorité.

Le soleil avait parcouru les deux tiers de sa carrière, lorsque nos voyageurs quittèrent le gothique château. Alfred, très fatigué, se repentait plus que jamais d'avoir vanté les voyages à pied. Dorville qui voulait lui donner une bonne leçon, lui annonça qu'ils allaient prendre la route de

St-Denis, où ils pourraient arriver en trois heures de marche. Alfred se contenta de hocher tristement la tête, et faisant de nécessité vertu, il se mit à cheminer, le mieux qu'il put, à côté de son frère.

Je conviens, lui disait celui-ci, en accompagnant ses paroles d'un malin sourire, que cette manière de voyager est charmante. Quand on est en voiture, tous les objets passent rapidement sous vos yeux : on n'a pas le temps de les voir ; ils fuient comme des ombres légères. Nous, au contraire, nous remarquons tout, nous observons tout ; nos jouissances sont aussi vives qu'elles sont multipliées. Ces belles campagnes que nous avons traversées entre Montreuil et Charonne, ce pré St-Gervais, ce joli bois de Romainville, ces hauteurs de Belleville couronnées de maisons, ce canal que nous avons passé dans un bateau qui heureusement s'est trouvé là, ce qui nous a épargné la peine d'aller chercher un pont, plus haut ou plus bas; cette vaste plaine que la Seine, après avoir fait le tour du bois de Boulogne, vient enlacer de ses ondes : aurions-nous rien vu, rien aperçu de tout cela? et ce dîner dans la forêt, que nous nous sommes fait servir sur l'herbe, sous un tilleul ; il valait presque le déjeuner de ce matin sur le bord de la Marne.

Alfred avait voulu d'abord faire croire à son frère qu'il n'éprouvait point de lassitude; et quand Dorville commença à parler, il se mit à marcher fort vite, à courir même et à sautiller, comme s'il n'eût fait que sortir de Paris. Dorville s'amusa intérieurement de ce dernier effort de vanité, et bien convaincu que la belle ardeur de son frère ne tarderait pas à s'éteindre, il le suivit sans rien dire. Le jour était près de finir lorsqu'ils arrivèrent à St-Denis. S'il était moins tard, dit Dorville, nous irions visiter l'église de l'ancienne abbaye, et les *augustes* caveaux qui renferment les cendres royales. Nous irions ensuite à l'abbaye même, transformée aujourd'hui en maison royale d'éducation en faveur des filles de légionnaires pauvres (1). Là nous verrions notre petite cousine, à qui j'ai à remettre une lettre de son père, et quelques bagatelles qu'il lui envoie. S'il nous restait du temps, nous irions voir les moulins qui approvisionnent de farines la halle de Paris, ou bien nous nous enfoncerions dans la belle vallée de Montmorency; nous chercherions la fraîcheur et l'ombrage dans ses jardins, dans ses vignes, sous ses verdoyans cerisiers. Nous verrions les ruines du château de Montmorency, son église gothique, et non loin de là, l'ermitage où Jean-Jacques Rousseau a fait quelque séjour, où l'auteur du *Sylvain*, de *l'Ami de la maison*, de la *Fausse magie*, le créateur en France de la musique dramatique, Grétry, a terminé sa carrière. Nous visiterions en passant les bains d'eaux thermales d'Enghien; nous ferions

---

(1) Cette institution, qui date du 29 mars 1809, est due à Napoléon.

sur l'étang une promenade en bateau, ou sur terre une course à âne, comme cela est presque de rigueur lorsqu'on est dans la vallée. Nous ne manquerions pas surtout d'aller voir à St-Gratien le château de Catinat, et l'arbre sous lequel ce grand homme aimait à se reposer, dans la cour du château. Nous arriverions jusqu'au bourg de Gonesse, où naquit Philippe-Auguste, et dont les habitans sont tous aujourd'hui meuniers ou boulangers. Mais encore une fois, il est trop tard, et nous laisserons pour demain cette promenade.

— Demain? dit Alfred, en rougissant un peu. Mon cher frère, avec la meilleure volonté du monde, je ne le pourrai point; du moins je le crains bien. Nous avons tant marché aujourd'hui ! Ce n'est pas au fond que je sois bien fatigué; mais je portais des bottes neuves, de plus fort justes; elles m'ont blessé au talon, et je ne sais si demain je pourrai marcher.

— Mon pauvre Alfred, répondit Dorville, te voilà bien à plaindre, car pour peu que ton mal dure, nous ne pouvons continuer nos courses à pied. — Assez, mon cher frère, assez, reprit Alfred ; tu m'as guéri pour toujours de mon goût pour de tels voyages ; et si tu veux bien m'en croire, nous nous en tiendrons dès demain à ta manière; car pour moi, je m'avoue vaincu. Ce n'est pas du moins sans qu'il t'en coûte aussi quelque chose, ajouta-t-il avec un malin sourire.—Ah! vous croyez cela, monsieur! Sachez que je ferais encore dix journées comme celle d'aujourd'hui ; et sinon, à l'épreuve. Mais voilà la cloche qui annonce le dîner. Je suis d'avis de ne point le manquer : un bon dîner, même à table d'hôte, vaudra mieux encore, je pense, que notre poulet froid du bois de Vincennes.

Dorville avait prévu ce dénouement ; il avait donné ordre à Bourguignon de l'attendre à St-Denis et d'y conduire sa chaise ; et Bourguignon avait rempli les intentions de son maître, ne se montrant même aux yeux d'Alfred qu'après que celui-ci eut demandé grâce. Le lendemain, tandis que l'intelligent valet de chambre faisait atteler, Dorville et Alfred allèrent voir l'église, dont ils admirèrent la construction hardie et tout à la fois délicate. La longueur de ce monument est de 355 pieds, et la voûte de la grande nef en a 90 de hauteur. Toutes les voûtes reposent sur des piliers contournés de colonnes très-déliées, dont les chapiteaux sont ornés d'une manière fort bizarre. Il y avait autrefois des vitraux magnifiques ; ils furent brisés au commencement de la révolution. Les plombs qui recouvraient la toiture furent enlevés ; ce qui laissa ce beau monument exposé à toute l'intempérie des saisons. Napoléon et après lui Louis XVIII l'ont restauré complétement.

Cette église fut fondée, dit-on, en 496, par sainte Geneviève. En 613, le roi Dagobert y établit une communauté de bénédictins qu'enrichirent plus tard les dons de Pépin et de Charlemagne. Toutefois l'église, celle du moins qui existe aujourd'hui, n'a été achevée que vers la fin du douzième siècle, sous le règne de Philippe-le-Bel. La salle du trésor, extrêmement riche, renfermait un grand nombre d'objets précieux : quelques-uns sont perdus, d'autres ont été transportés à la bibliothèque royale à Paris. Le maître-autel est formé d'un seul bloc de marbre vert, revêtu autrefois de bas-reliefs en vermeil. et surmonté d'une croix et de grands candelabres de même matière.

De St-Denis, on prit la route de Neuilly, où les bords de la Seine rivalisent de fraîcheur et de beauté avec ceux de la Marne; on traversa le bois de Boulogne; on passa par Auteuil, où l'auteur du *Lutrin*, que certains écrivains ont osé appeler *prosaïque*, avait une maison de campagne où se rassemblaient souvent Molière, La Fontaine, Chapelle; on franchit le beau pont de Grenelle; on se jeta dans la plaine d'Issy, gros bourg qui, dit-on, doit son nom à un ancien temple consacré à Isis, et l'on arriva vers le soir au bourg de Sceaux, siége de la seconde sous-préfecture du département de la Seine : la première est à St-Denis.

Sceaux est un gros bourg, qui dut la célébrité dont il jouit au commencement du dix-huitième siècle, à son parc et à son château, bâti par Colbert, devenu plus tard la propriété de la fameuse duchesse du Maine, qui se plaisait à y attirer les beaux esprits de son temps, et y donnait ces fêtes brillantes que décrivent les mémoires contemporains. Sceaux appartenait à l'époque de la révolution à la maison de Penthièvre : il fut complétement dévasté. Il ne reste aujourd'hui qu'une partie des jardins. Leur possesseur en a fait un lieu de réunion publique, où l'on donne des bals tous les dimanches dans la belle saison. Sceaux a des manufactures de faïence et de porcelaine, et il s'y tient un grand marché de bestiaux.

Le lendemain, les deux frères visitèrent le château de Bicêtre, dont la population nombreuse se compose d'indigens qu'on y reçoit, et de fous, de vagabonds, de condamnés qu'on y renferme. Ces derniers sont employés à divers travaux : ils fabriquent principalement des couvertures et de gros tissus de laine. Bicêtre tire son nom d'un évêque de Winchester qui avait acheté le château pour y résider. Il y a un puits dont la profondeur est de deux cent quatre pieds. De Bicêtre, nos voyageurs se rendirent à Choisy, qui n'est remarquable que par le grand nombre de maisons de campagne qu'on y voit, et l'abondance de ses eaux qui arrivent en partie à Paris par l'aqueduc d'Arcueil. Ils passèrent la journée chez un de leurs parens, qui voulut absolument les retenir, et qui prétendait même les garder plusieurs jours, car il fallait plusieurs jours, disait-il, pour voir en détail sa maison, son parc et son jardin anglais.

Dorville eut assez de peine à se défendre de ses

instances; mais rien n'avait pu l'engager à déranger le plan de voyage qu'il s'était formé. Il voulait employer ce qui restait de la semaine à parcourir le département de Seine-et-Oise, passer le dimanche à Versailles ou à Saint-Germain, et partir le jour suivant pour Rouen et le Havre, en passant par Évreux. Afin d'exécuter ce projet plus commodément, il résolut de garder ses propres chevaux jusqu'à Versailles; ce qui lui laissait la liberté de se diriger à son gré par toutes les routes.

Nos deux voyageurs se rendirent d'abord à Corbeil, petite ville de six mille âmes, située sur les deux rives de la Seine, et dont les habitans font un grand commerce de grains et de farines qui se consomment dans la capitale; ils lui fournissent aussi beaucoup de cuirs. De Corbeil ils se rendirent à Étampes qui, dit-on, a tiré son nom, par analogie, de l'antique Tempé, à cause de la beauté de la campagne qui l'entoure. Cette ville ne se compose au surplus que d'une grande rue longue d'une demi-lieue, et de quelques ruelles qui la coupent. Son commerce est du même genre que celui de Corbeil. Étampes fournit encore à Paris des grès pour le pavage. Les curieux vont y voir les restes du château qu'habita la reine Blanche, mère de Saint-Louis, le bassin d'eaux minérales de Bierville, et la maison du village de Dourdan où naquit le célèbre La Bruyère, ce peintre de mœurs si piquant, si concis, si original, que beaucoup après lui ont tenté d'imiter, qu'aucun n'a égalé, et qui lui-même se plaça au-dessus du grec Théophraste qui lui avait ouvert la carrière.

Les jours suivans, ils visitèrent Rambouillet, Mantes, Pontoise, Saint-Germain-en-Laye, Saint-Cloud et Sèvres.

Rambouillet est une petite ville dont le château fut acheté par Louis XVI du duc de Penthièvre. Il n'y a rien de bien remarquable, mais on y montre aux voyageurs la chambre où mourut François Ier (1), la salle où la duchesse du Maine transportait quelquefois de Sceaux ses brillantes fêtes et ses réunions littéraires, celle d'où Charles X et sa famille partirent pour l'exil, auquel le peuple les avait condamnés. Ce qui surtout est digne d'attention à Rambouillet, c'est sa bergerie où l'on élève avec soin une très belle race de moutons mérinos, et sa forêt de trente mille arpens. Les appartemens du château possèdent quelques bons tableaux de l'école française. Dorville et son jeune frère virent avec intérêt dans le parc une laiterie, dont l'intérieur, revêtu de marbre, est arrosé par plusieurs jets d'eau qui s'élancent d'un rocher, dont les flancs entr'ouverts offrent une grotte au milieu de laquelle est une nymphe dans un bassin.

Mantes est une petite ville située sur la Seine, et peuplée de quatre mille habitans. On y remarque la cathédrale construite sous Jeanne de

(1) En 1547.

France, et surtout son pont de trois arches surbaissées, dont l'une, celle du milieu, a cent vingt pieds d'ouverture. Ce pont est cité comme l'un des plus beaux qu'il y ait en France, malgré son peu de largeur. Cette ville commerce en grains, en toiles, en peaux et en bonneterie. Philippe-Auguste mourut et fut inhumé à Mantes en 1223.

Pontoise (Pont-sur-Oise) ne dédommagea point nos voyageurs de la peine qu'ils avaient prise de faire trois ou quatre lieues pour le voir. Cette ville n'est remarquable que par la qualité de ses veaux qui sont excellens, et par le château voisin d'Écouen, où Napoléon avait établi une maison d'éducation pour les jeunes personnes, comme celle de Saint-Denis. Poissy, qu'on rencontre en revenant vers Saint-Germain, est renommé pour son grand marché de bestiaux, qui a lieu chaque semaine. On y voit une machine en fer, servant à moudre les grains et pouvant rendre tous les ans jusqu'à vingt-cinq mille sacs. Louis IX était né à Poissy, et il se faisait souvent appeler Louis de Poissy; par une raison semblable, Philippe-Auguste prenait souvent le nom de Philippe de Gonesse.

Saint-Germain-en-Laye est une ville de médiocre étendue, agréablement située sur une côte, dont la Seine baigne le pied, mais triste et mal bâtie. Ce n'est qu'à la beauté de ses environs et de ses points de vue sur la vallée que parcourt la Seine, que cette ville doit le palais que nos anciens rois y ont fait construire. Elle est au reste peu ancienne, si comme le disent certains écrivains, elle tire son nom d'un monastère que le roi Robert y fit construire dans le onzième siècle. Le château, bâti par Louis VI, réparé ou reconstruit par François Ier, orné par Louis XIII, et augmenté, par son successeur, des cinq grands pavillons qui en flanquent les angles, a vu naître et mourir dans ses murs plusieurs rois de France. Henri IV en aima le séjour. Louis XIV l'habita quelque temps, il le quitta, dit-on, parce que de ses croisées il apercevait Saint-Denis, où le tombeau l'attendait. C'est un bâtiment antique, construit sur un plan très-irrégulier. Un fossé profond l'entoure encore : on n'y entrait autrefois que par un pont-levis. Les murs sont en briques sur un soubassement en pierre de taille. On a substitué une couverture d'ardoises à la terrasse qui terminait l'édifice.

Saint-Germain servit de retraite à Jacques II et à Marie-Stuart sa fille. Le premier y mourut en 1701, et la seconde onze ans plus tard. La fameuse Christine qui dans un moment d'exaltation, descendit volontairement du trône de Suède et qui ensuite s'en repentit, a pareillement habité ce château. La forêt est vaste et belle. La terrasse qui la limite du côté de la rivière, sur une longueur d'une demi-lieue, est belle, aérée, et offre aux promeneurs un coup d'œil vaste, mais un peu monotone. La ville a douze mille habitans, parmi lesquels on compte un bon nombre de Parisiens qui, retirés du commerce et des affaires, cherchent un lieu de repos pour y terminer leur carrière.

Saint-Cloud est situé sur un coteau que la Seine baigne de ses ondes. C'est aujourd'hui une résidence royale. Louis XIV acquit le château de François de Gondy, premier archevêque de Paris, pour son frère Philippe, duc d'Orléans. Toutefois, la seigneurie continua d'appartenir aux archevêques, en faveur desquels le même prince l'érigea en duché-pairie. Louis XVI en racheta le domaine du duc d'Orléans en 1784. Le parc, construit sur les dessins de Le Nôtre, renferme une magnifique cascade et un jet d'eau qui s'élance à une hauteur de cent pieds.

Ce fut à Saint-Cloud que Henri III reçut le coup mortel du dominicain Jacques Clément, armé contre son prince par le fanatisme. Ce fut aussi dans ce château qu'eut lieu la fameuse journée du 18 brumaire (9 novembre 1799), qui éleva le consulat sur les débris du pouvoir directorial. Le monastère qui a donné son nom au bourg de Saint-Cloud fut fondé vers le milieu du sixième siècle, par Clodoald, troisième fils de Clodomir, roi d'Orléans. Ce prince ayant vu égorger ses deux frères par ses oncles, et craignant de partager leur sort, se fit couper les cheveux, et se jeta dans un ordre monastique : ce qui le rendait incapable de porter la couronne, et ne permettait plus à ses oncles de le regarder comme un obstacle à leurs projets ambitieux. Clodoald fit construire ensuite à Nogent un monastère où il s'enferma. Le monastère reçut le nom du fondateur, et Nogent prit peu à peu celui du monastère. Clodoald y mourut en 560.

A l'extrémité du parc de Saint-Cloud, entre Paris et Versailles, est le village de Sèvres, sur la rive gauche de la Seine, qu'on traverse sur un très-beau pont. Ce village est remarquable par sa manufacture de porcelaine, la plus belle qui existe en Europe.

Alfred et son mentor avaient parcouru dans toutes les directions le département qu'ils voulaient visiter. Il ne leur restait à voir que Versailles. Ils y arrivèrent de grand matin. Alfred trouva belle la longue avenue qui conduit au château, belle la grande place qui se développe devant l'entrée de ce palais, belle encore la grille qui défend cette entrée; mais la façade du palais lui-même lui sembla sombre et mesquine, et jugeant de tout le reste par ce qu'il voyait, il se hâta de dire que le château de Versailles lui paraissait être bien au dessous de sa renommée. Dorville sans lui répondre, le prit par la main, et après l'avoir fait entrer dans les jardins, il lui dit de se retourner vers le palais. Alfred obéit, et à l'aspect de cette façade nouvelle, il fut saisi d'admiration. Il demanda pourquoi il existait entre les deux façades, une si grande disproportion. C'est que l'une, répondit Dorville, a été construite par Louis XIII qui n'avait commandé qu'un petit château, rendez-vous de chasse, et nullement une résidence royale; que tout le reste est l'ouvrage du fastueux Louis XIV, qui employa plus de trois cents millions à construire un palais et des jardins dans un lieu où, loin d'être secondé par la nature, il fallait triompher des difficultés qu'elle opposait. Et ce prince ne se contenta pas d'un palais magnifique : il voulut que tout, autour de ce palais, portât le caractère de la grandeur. Tous les hôtels qui s'élèvent sur la grande place, les ministères, les casernes, les écuries, jusqu'aux chenils, tout est beau, grand, vaste, magnifique.

Le château et ses dépendances sont de Mansard; les peintures des plafonds sont de Lebrun et de Coypel; les jardins, les bosquets, le parc, attestent le goût pur de Le Nôtre; les statues, les groupes sont nés sous le ciseau de Girardon, du Puget et d'autres sculpteurs célèbres : tous les grands talens se sont réunis pour produire et pour orner le château de Versailles.

La chapelle est un chef-d'œuvre d'architecture et un modèle de goût. On y arrive après avoir traversé *la cour de marbre*. L'intérieur est pavé en marbre, ses murs sont couverts de sculptures et de peintures; un superbe péristyle corinthien, formé de colonnes cannelées, lui sert de pourtour. Dans les travées ou entre-colonnemens, règne une superbe balustrade en bronze doré, avec des appuis de brèche violette, sorte de marbre très-rare et très-précieux.

La salle de spectacle est toute couverte de

dorures. Les loges étaient tapissées de velours, ornées d'une glace et d'un lustre. Plusieurs appartemens ont conservé leur plafond et leurs sculptures. Dans l'une des pièces de l'appartement du roi, on voit encore, pratiqué dans la frise, le fameux *œil de bœuf* si connu par les mémoires du temps. L'antichambre où se trouvait cet œil de bœuf était constamment encombrée par la foule des courtisans. Ceux que l'œil de bœuf ne pouvait recevoir, se répandaient dans la galerie que le roi traversait pour se rendre à la chapelle. Quant aux jardins, on peut dire que jamais l'Europe n'en eut de plus beaux, ni à Florence, ni à Tivoli, ni à Rome, ni en Suisse, ni en Allemagne, ni même en Angleterre. Lenôtre, en les construisant, s'est montré supérieur à lui-même. On y voit des statues de bronze et de marbre, ouvrage des meilleurs maîtres; des eaux plates, des eaux jaillissantes, des urnes, des termes, des labyrinthes, des jets d'eau, des terrasses, des colonnades, de superbes fontaines, des bosquets, d'immenses boulingrins.

L'enceinte du parc, dont on estime la circonférence à douze ou treize lieues, renferme deux palais élégans: le grand et le petit Trianon, qu'entourent des jardins et des parterres couverts de fleurs. C'est dans le petit Trianon que se plaisait surtout l'infortunée Marie-Antoinette. On voit encore dans le parc l'orangerie construite par Mansard, un canal, de grandes pièces d'eau ornées de groupes de figures. A l'une des extrémités de ce parc, madame de Maintenon avait fondé, sous le nom de Saint-Cyr, une maison d'éducation pour de jeunes personnes peu fortunées. Ce fut pour cette maison que Racine composa son *Esther* et son *Athalie*. La fondatrice s'y retira après la mort de Louis XIV, et elle y mourut. Ses restes furent déposés dans l'église. Saint-Cyr a été converti, en 1814, en école militaire (1).

La ville de Versailles, qui renfermait, au temps de sa prospérité, jusqu'à soixante-quinze ou quatre-vingt mille habitans, n'en a pas aujourd'hui plus de trente mille : ce qu'elle n'a point perdu, ce sont les superbes édifices dont l'orna la munificence royale. On y remarque l'église Saint-Louis et Notre-Dame, l'hôtel de la préfecture, celui de la mairie, le collége, le château-d'eau, la bibliothèque, la salle de spectacle. Les environs de la ville offrent des promenades délicieuses, de beaux sites, et un grand nombre de villages qui doivent leur importance à leur industrie. Tel est celui de Jouy, qui fabrique ces indiennes dont il se fait une si grande consommation sous le nom de toiles de Jouy. Versailles même a aujourd'hui des manufactures d'armes

---

(1) La machine de Marly, long-temps regardée, et avec justice, comme une merveille mécanique, a été détruite en 1817, et a été remplacée par une pompe à vapeur, qui fournit aux jardins et au parc toute l'eau qui leur est nécessaire.

et des filatures de coton. Le séjour du prince et des grands, en y répandant l'or, avait accoutumé les habitans à l'incurie et à la paresse; privés de cette source féconde de leur opulence, ils ont été forcés de s'en ouvrir d'autres, et leur industrie s'est éveillée.

Eh bien! mon frère, dit Dorville, quel fruit as-tu retiré de la tournée que nous venons de faire autour de Paris? Quelle remarque as-tu faite dont tu puisses tirer avantage pour ton instruction? Il m'a semblé, répondit Alfred, que je voyais beaucoup de châteaux, de maisons de plaisance, de parcs, d'enclos, et peu de terres cultivées. Ces parcs, ces châteaux, ai-je dit en moi-même, appartiennent sans doute à des hommes opulens; mais le peuple, qui n'a point ou presque point de terres, comment fait-il pour vivre? Il faut qu'il ait recours à l'industrie; et pourtant j'ai vu bien peu de fabriques, de manufactures et d'ateliers. J'ai pensé que ce peuple était malheureux.

Ce n'est pas mal raisonner, reprit Dorville en riant; et pour un économiste de ton âge, tu ne t'éloignes pas trop de la vérité. Il est bien certain que cette grande quantité de terres sacrifiées à l'agrément, et ce sont ordinairement les meilleures, sont perdues pour l'agriculture; et c'est pourtant à l'agriculture, source inépuisable de tous les produits, qu'un pays doit toujours sa plus grande prospérité. Mais il y a là un mal qu'il n'est pas facile de guérir. Les grandes fortunes sont communes à Paris; et pour leurs possesseurs, que sont quelques arpens de terre soustraits à l'exploitation? S'ils n'avaient pas un château et le jardin anglais de rigueur, ils en loueraient la jouissance, et ce serait là, pour eux, consacrer à leurs plaisirs une partie de leur revenu. Qu'importe donc au fond qu'ils diminuent leur revenu en diminuant la quantité de leurs terres en rapport, ou qu'ils prennent sur ce revenu le prix d'un fermage?

Te souvient-il, mon frère, de ces deux vers de La Fontaine?

> Tout prince a des ambassadeurs;
> Tout marquis veut avoir des pages.

Changeons quelques mots, et l'application est la même. Tout seigneur, tout homme opulent veut avoir un château et un parc; tout bourgeois veut avoir sa maison de campagne avec terrain clos; l'artisan même prétend plus d'une fois à la maisonnette, au petit jardin. Mon chapelier, fort honnête homme au fond, actif et laborieux, n'a-t-il pas eu comme un autre cette fantaisie! Il a acheté sous Montmartre six ou huit toises de terrain; il a fait construire là une maison de douze pieds carrés, rez-de-chaussée surmonté d'un étage que la mansarde couronne. Derrière la maisonnette est un jardin clos de murs, de vingt-quatre pieds sur douze: il y a planté des acacias, parce qu'ils viennent vite, du gazon, des fleurs, force plantes grimpantes à l'entour, quelques cercles disposés en voûte, et

destinés à supporter le futur berceau de verdure;
et il appelle tout cela ma campagne; et le dimanche, après midi, lorsqu'il a fermé sa boutique, il ne manque pas de se rendre à *sa campagne*, où sa femme et l'une de ses filles l'ont précédé, et il arrive tout joyeux avec l'autre pour faire un dîner champêtre auquel il manque toujours quelque chose, et il rentre le soir chez lui, très-satisfait de sa journée, et tout plein du bonheur d'avoir une campagne.

Ainsi les habitans des environs de Paris sont condamnés à se voir toujours enlever, pour satisfaire cette manie de campagne qui tourmente les Parisiens, la plus grande quantité de leurs meilleures terres. L'agriculture ne saurait donc leur offrir que de très-faibles ressources : ils l'abandonnent pour se livrer à des spéculations d'industrie. S'ils avaient chez eux des manufactures, ils pourraient encore s'occuper utilement: mais les manufactures sont rares, et souvent elles manquent tout-à-fait dans une contrée. Les arts mécaniques ne travaillent que jusqu'à concurrence de la consommation du pays. Pour tous ceux qui n'ont point de profession, quelle ressource s'offre-t-elle encore? Le commerce. Le commerce! Oh! ce serait donner à ce mot un sens qu'il n'a pas. Disons, un trafic général de toutes sortes d'objets qu'on achète pour les revendre à Paris, trafic dont les opérations sans cesse renouvelées, commencent le matin, finissent le soir, et d'où le plus souvent la bonne foi et la sincérité sont exclues.

Nous n'entrerons pas dans de plus longs détails; tu trouveras assez, dans la suite, matière à exercer ton esprit par la réflexion. Continue comme tu commences, et tu retireras, je pense, d'utiles lumières de ce voyage que nous venons d'entreprendre. Demain, ainsi que je te l'ai dit avant ce jour, nous séjournerons à Versailles; nous irons voir jouer les eaux; et, si je ne me trompe, soit avant, soit après, tu auras une surprise à laquelle tu ne t'attends guère.

— Une surprise? Ah! mon frère, dis-moi, je t'en prie, ce qui doit la causer.

— Ce serait t'en ôter le plaisir.

— Vaut-il mieux que je me tourmente à vouloir deviner, à me perdre en conjectures, à me livrer à mon impatience? Parle, je t'en conjure, ou sois bien certain que je ne fermerai pas l'œil de la nuit.

— Oh! que voilà bien un enfant curieux, déraisonnable! ne saurais-tu donc faire sur toi-même un effort généreux? Maîtrise ces mouvemens de curiosité; attends avec calme le moment où l'énigme s'expliquera.

— Je ne suis pas capable de tout cela. Je ne suis pas, comme toi, sensé, sage, résigné... Oh! oh! s'écria Dorville en riant. Oui, sans doute, reprit Alfred, tu gagnerais aisément sur toi de faire ce que tu voudrais que je fisse. Moi, cela m'est impossible. De grâce, mon cher frère, ajouta-t-il en lui serrant la main, ne me laisse pas ainsi dans l'incertitude, dans les tourmens de l'attente.

— Oh! comme tu prends la chose au vif! Allons, je vois que j'aurais mieux fait de ne rien dire; mais j'ai voulu voir si tu avais un peu de force, un peu de raison...

Dorville n'a pas le temps de finir; on marche dans la pièce voisine; une voix se fait entendre: Où sont-ils? où est-il? Alfred, mon Alfred! Au même instant la porte s'ouvre; madame Dorville a reçu dans ses bras son fils bien-aimé, et le chevalier d'Ormessan, qui la suit, s'est arrêté à la porte : O nature, dit-il, ô nature! rien hors de toi! c'est mon refrain. Dorville à son tour reçoit les plus doux témoignages de l'affection de sa belle-mère. Cette réunion de la mère et du fils était son ouvrage. On devine qu'il avait écrit à madame Dorville sans en rien dire à son frère, et qu'en lui annonçant qu'ils passeraient à Versailles la journée du dimanche, il l'avait invitée à s'y rendre, si elle ne craignait pas trop les fatigues du voyage.

Je parlais en ce moment à mon frère, dit enfin Dorville, quand les premiers momens d'émotion furent passés, de l'agréable surprise qu'il devait avoir demain; mais en vérité c'est moi qui l'ai eue, car je ne vous attendais pas aujourd'hui. Ah! monsieur, lui répondit madame Dorville, croyez-vous donc que quelques heures de plus ne sont rien pour une mère?

La journée du dimanche, comme on peut le croire, s'écoula au milieu du bonheur, mais beaucoup trop vite, au gré de madame Dorville et d'Alfred. Dorville partagea sincèrement tout ce qu'ils éprouvaient. M. d'Ormessan applaudissait à tout, et voulait aussi qu'on lui tînt compte de l'empressement qu'il avait mis à suivre madame Dorville. Le soir venu, on se sépara, comptant de part et d'autre se revoir encore le matin avant le départ. Mais Dorville n'avait communiqué son projet qu'à Bourguignon. A trois heures du matin, Alfred fut arraché de son lit, et lorsque madame Dorville se réveilla, son fils, entraîné par son frère, était parti depuis long-temps.

CHAPITRE III.

EURE, SEINE-INFÉRIEURE, CALVADOS, MANCHE, ORNE, OU ANCIENNE NORMANDIE.

La voiture qui emportait les deux frères traversa rapidement l'intervalle qui sépare Versailles de ces champs célèbres où succomba la Ligue sous la fortune et la valeur de Henri IV. En arrivant sur les frontières de l'Eure, ils saluèrent le Béarnais, et bénirent l'heureuse victoire qui lui aplanit les routes du trône. Ils laissèrent à leur droite Vernon sur la Seine, ville autrefois fortifiée, et qui ne conserve de son château qu'une tour où l'on garde aujourd'hui les archives. Ils virent au-dessous de Vernon le bourg de Gaillon où l'archevêque de Rouen possédait autrefois un château de plaisance, élevé par le fameux George d'Amboise, détruit au commencement de la révolution et transformé en maison centrale de correction. Ils aperçurent de loin le hameau d'Abbeville et la maison où mourut l'élégant et correct Marmontel, qui aurait mieux mérité de la littérature française, s'il ne s'était pas fait détracteur de Boileau, servant ainsi de précurseur aux doctrines nouvelles qui veulent déshériter la France de sa vieille gloire littéraire, sans, par malheur, rien mettre à la place de ce qu'elles nous ôtent : Racine et Voltaire n'ont point fait de tragédies, l'ancienne comédie avec ses unités n'est pas supportable. Est-ce par le monstrueux mélodrame, ou par les romans dialogués, où *l'enfant au premier acte, est barbon au dernier*, où sous le nom de tableaux on fait sans scrupule douze ou quinze actes d'une pièce qui devait n'en avoir que cinq, que l'on prétend remplacer la tragédie et la comédie classiques? Que l'on fasse mieux, si cela se peut, que nos vieux classiques, j'applaudirai de toutes mes forces, s'écriait Dorville ; mais en vérité qu'on cesse de prétendre que nos pères n'avaient ni goût, ni esprit, ni justesse dans les idées, et que nous valons mieux qu'eux, parce qu'incapables de les égaler, nous nous sommes ouvert d'autres routes où nous courons sans règle et sans frein, comme des insensés.

En s'entretenant de la sorte, ils arrivèrent à Évreux, chef-lieu du département de l'Eure. Le jour était près de finir : ils se firent conduire au meilleur hôtel, et donnèrent au repos le reste de la soirée. Ils visitèrent le lendemain un grand nombre de filatures et de fabriques de tissus de coton et de laine ; ils virent la cathédrale, qui serait l'un des plus beaux édifices gothiques de la France, si le vaisseau entier répondait à la magnificence du chœur ; remarquèrent la bibliothèque, le collége, l'hôtel de la préfecture ; parcoururent le parc, les jardins, les promenades, et se rendirent enfin au château de Navarre, situé à un quart de lieue de la ville, au-delà du faubourg de Caen. Ce château, beaucoup trop vanté, mais qui mérite pourtant d'être vu, fut construit par la reine Jeanne, épouse de Philippe, comte d'Évreux. Il avait beaucoup souffert par l'effet des guerres qui à diverses époques ont désolé la Normandie. Les ducs de Bouillon, après l'échange de leur principauté de Sédan contre le comté d'Évreux, le restaurèrent sur les dessins de Mansard ; mais ils n'y ajoutèrent point les pavillons qui, sur le plan de cet architecte, devaient accompagner le corps principal du bâtiment.

On remarque dans les jardins, au milieu d'une pièce d'eau, une île à laquelle on a donné le nom d'*Ile-d'Amour*. L'entrée en est fermée par un kiosque, dans lequel se trouve un siége mouvant, qui tourne au moyen d'un ressort, et vous transporte dans l'île. On y voit un temple consacré au Dieu dont elle porte le nom. Il est intérieurement tout revêtu de glaces; des glaces masquent de même les portes, que l'on ne saurait guère retrouver sans le secours du *cicérone*. Il est éclairé par la voûte qui est formée de verres de couleur rose et bleu céleste.

Du château de Navarre on va voir la carrière de Bapaume, creusée dans le flanc d'une montagne dont le sommet est tout couvert de beaux arbres. On remarque dans cette grotte, qui a servi longtemps de retraite à une bande de malfaiteurs, un bassin naturel formé par une source dont les eaux ont une espèce de flux ou d'accroissement périodique qui paraît répondre aux renouvellemens de la lune. Dans ces occasions, les eaux du bassin montent de quatre pieds au-dessus du niveau ordinaire; en sortant de ce réservoir, elles se perdent dans une fente du rocher. On dit qu'un des possesseurs du château fit descendre dans cette fente des morceaux de planche gravés, des plumes et des canards vivans, et que les planchettes furent retrouvées sur le bord de l'Iton, qui baigne les murs d'Évreux.

Près de la carrière de Bapaume, Dorville et Alfred virent plusieurs fosses construites en maçonnerie, et pleines d'ossemens en débris. Ces fosses ont été découvertes depuis peu de temps. On y a trouvé des restes d'armures; et des ruines reconnues non loin de là ont paru être celles d'un temple de Diane.

Dorville, en passant à Louviers, voulut y

faire une halte de deux ou trois heures : il désirait que son frère emportât de là une idée exacte de ces grandes manufactures de draps fins que les Anglais eux-mêmes ne peuvent ni surpasser, ni seulement égaler, malgré la belle qualité de leurs laines et la perfection de leurs machines. Ils allèrent voir les ateliers de M. Nouflard, qui, en 1823, exposa une pièce de drap de vingt aunes d'aunage, de quatre mille quatre cents fils de chaîne, et du poids de douze kilogrammes. Ils entrèrent en passant dans la salle de spectacle, à laquelle on faisait quelques réparations, et qu'ils trouvèrent assez jolie ; ce qui fit naître à Dorville la pensée d'aller voir les restes du vieux château de Neufbourg, où le marquis de Sourdiac fit l'essai du drame chanté avant de le transporter à Paris. Les habitans de Neufbourg font le commerce du gros bétail ; ce qui leur rapporte un peu plus que les opéras de leur ancien seigneur.

Louviers, de même qu'Évreux, a dix mille habitans. L'Eure, grossie des eaux de l'Iton, en arrose les murs. Cette rivière se décharge dans la Seine, à six ou sept lieues au-dessous de Louviers. En continuant leur route, nos deux voyageurs passèrent par Andely, ou les Andelys, petite ville assez commerçante, patrie du célèbre Poussin (1). De là, sans s'arrêter, ils gagnèrent

(1) D'autres prétendent qu'il naquit à Villers, village peu éloigné.

Pont-de-l'Arche, où ils traversèrent la Seine sur un beau pont de vingt-deux arches, un peu au-dessous de l'embouchure de l'Eure. Ils remarquèrent les restes du fort que Charles-le-Chauve fit bâtir à l'extrémité du pont pour arrêter les Normands dans leurs courses.

Près de Pont-de-l'Arche est la côte des Deux-Amans, qu'on distingue très-bien de la route. Pendant qu'on faisait à la voiture une réparation légère, le maître de l'hôtellerie où Dorville s'était arrêté, causeur par goût et par désœuvrement, entreprit de lui faire connaître les traditions des habitans sur cette côte fameuse. « Il y avait autrefois, leur dit-il, à Fleury-sur-Andelle, un château-fort appelé Pont-St-Pierre, aujourd'hui ruiné. La fille du seigneur de ce château aimait un vassal de son père, et le vassal, de son côté, n'aspirait qu'à devenir l'époux de la jeune fille. Le père, trop fier pour consentir à une telle union, ordonna au jeune homme de s'éloigner, et à sa fille de renoncer à celui qu'elle avait choisi; à la fin pourtant, vaincu par les larmes de celle-ci, il se laissa arracher son consentement; mais ce fut à une étrange condition. Il exigea que le vassal portât sa maîtresse sur son dos, depuis le château jusqu'au sommet de la colline qui domine sur la vallée de l'Andelle. La montée est longue et rapide; le jeune amant, soutenu par l'espérance, parvint au plus haut de la côte, chargé d'un fardeau que d'abord il avait trouvé bien doux, mais qui bientôt épuisa ses forces; à peine fut-il arrivé qu'il expira de fatigue ; sa tendre amie ne voulut pas lui survivre : elle mourut de douleur. Le père se repentit de sa dureté ; mais il n'était plus temps, et ne pouvant réparer le mal, il le pleura le reste de sa vie. Il fit bâtir sur la colline un monastère qu'on appela le *Prieuré des Deux-Amans*, et il s'y enferma. Le principal bâtiment du prieuré existe encore : on y jouit d'un des plus beaux coups d'œil qu'offre la Normandie. Les deux amans furent inhumés l'un auprès de l'autre dans une église qui existait alors au fond de la vallée, et dont il n'y a que des ruines. »

Dorville remercia l'obligeant narrateur ; et lorsque sa chaise eut été réparée, il se remit en route: mais il ne put arriver à Elbeuf que vers le soir. Il fallut se résoudre à passer la nuit dans cette ville, assez mal bâtie et plus mal pavée, mais fameuse par ses manufactures de draps, un peu moins chers que ceux de Louviers, parce qu'ils sont un peu moins fins. Cette ville n'a que dix ou onze mille habitans, mais avec ses douze mille métiers pour le tissage, elle occupe trente mille ouvriers, au moins, des communes voisines.

C'est ici, dit Dorville à son frère, le lendemain matin, après qu'ils furent sortis d'Elbeuf, qu'on apprend tout ce que vaut l'ancienne Normandie. Les Normands furent bien inspirés, lorsque, pour renoncer à leurs incursions qui portaient l'épouvante jusque dans Paris, et abandonnant sans regret les bords glacés de la Norwège pour les rives fleuries de la Seine, ils se firent céder cette riche contrée par Charles-le-Simple. Le département que nous venons de quitter a plus de quatre cent mille habitans; celui de la Seine-Inférieure, dans lequel nous entrons, en a sept cent mille. Les villes sont grandes, populeuses, les habitans industrieux, les campagnes naturellement fertiles, et leur fécondité aidée par la culture trompe rarement l'espérance du fermier normand. Vois de tous côtés ces moissons superbes, ces bosquets de pommiers, ces beaux arbres qui couronnent les coteaux et ombragent les vallées, ces pâturages tout couverts de chevaux et de gros bétail, ces fermes qui s'élèvent partout, non comme aux environs de Paris des lieux de plaisance où l'utile est immolé tout entier à l'agréable, mais grosses et bonnes fermes de campagne d'où sortent le beurre, le fromage, le cidre, les fruits, les grains. Ajoutons que le voisinage de la mer y rend le poisson commun, que la pêche dans les rivières est toujours abondante, et qu'éclairés par une bien longue expérience les habitans de la côte ne lancent jamais en vain leurs filets.

Si l'on considère que les anciens ducs de Normandie faisaient jadis des envois de harengs qu'on estimait alors chose très-précieuse, aux princes leurs voisins ou leurs alliés, on est presque tenté de croire que les habitans de ce beau pays sont les premiers de France qui se soient adonnés à la pêche en pleine mer ; et tu sais bien, Alfred, que c'est en mer seulement que le hareng se trouve.

L'industrie manufacturière a dû se ressentir de l'état prospère de l'agriculture. A mesure que celle-ci a procuré des objets d'échange et de vente, et que ce commerce primitif de tous les peuples a versé ici des capitaux, on a cherché à faire de ces capitaux superflus un emploi utile. On a converti en tissus le chanvre et la laine que le pays produisait; on a formé des ateliers, des manufactures; des rivières navigables, des ports commodes sur la côte ont procuré des moyens peu coûteux de transport, ont favorisé les communications, et augmenté la prospérité en étendant les rapports. On connaît cette belle réponse de Napoléon aux députés du commerce du Havre : « Paris, Rouen et le Havre sont une même ville; la Seine en est la grande rue. »

Il est fâcheux, ajouta Dorville, que cette grande rue ait une entrée difficile; des bancs de sable mobile encombrent l'embouchure de la Seine; la *Barre* surtout est redoutée des bateliers. C'est une espèce de flux qui remonte la rivière avec une grande vitesse; elle s'annonce de loin par les flots d'écume qui la couvrent ou qu'elle soulève, et l'on tâche de l'éviter.

Il était encore matin lorsque les deux frères arrivèrent à Rouen, ville peuplée de 90,000 âmes, située au milieu d'un vallon magnifique, et dont les dehors ravissans jettent dans l'âme du voyageur des sensations de plaisir qui par malheur ne tardent pas à se dissiper aussitôt qu'on entre dans la ville, où l'on trouve des rues étroites, sombres, malpropres, des édifices irréguliers, des maisons de bois, déparant par leur air de vétusté les maisons nouvelles qu'on construit à mesure que les anciennes s'écroulent. On y voit peu de bâtimens modernes dignes d'attention, mais il n'en est pas de même de ceux du moyen âge, tels que la cathédrale, la halle aux toiles et le palais de justice. Quelques rues pourtant sont belles, et les quais surtout sont dignes d'une grande ville.

C'est dans la cathédrale que gisent les restes de Raoul ou Rollon, premier duc de Normandie. Cette église renferme un grand nombre de statues, de tableaux et de beaux vitraux. La flèche qui surmontait cet édifice fut incendiée par la foudre en 1822; le toit du chœur et une partie de celui de la nef furent pareillement brûlés. Un architecte fut aussitôt envoyé sur les lieux par le gouvernement, afin de déterminer les travaux nécessaires pour la construction d'une flèche nouvelle, et le devis en fut arrêté; mais la chose en est restée là. Cette flèche devait être en fer de fonte, percée à jour, et s'élever à 436 pieds de hauteur.

St.-Ouen était autrefois une riche abbaye qui a été démolie, à l'exception de sa belle église gothique et du dortoir. Celui-ci a été converti en hôtel-de-ville et orné d'une façade moderne qui se compose de deux pavillons et d'un péristyle. Le second étage de ce bâtiment renferme la bibliothèque, où l'on compte 50,000 volumes, riche surtout en manuscrits précieux, et le musée où l'on voit plusieurs tableaux des plus grands maîtres. Derrière l'hôtel-de-ville est un beau jardin public. Vingt-trois églises sur trente-sept ont été démolies à Rouen; les Anglais ont acheté beaucoup de débris de ces édifices, principalement les vitraux curieux qui les décoraient.

La façade du Palais-de-Justice, large de 200 pieds, est ornée de statues, de piliers et d'autres objets de ce genre. La salle des Pas-Perdus a 170 pieds de long sur 50 de large. On voit sur la place du Vieux-Marché une statue d'une exécution très-médiocre, représentant Jeanne d'Arc, faible dédommagement du supplice qu'elle subit sur ce lieu même, en 1431, après avoir été condamnée par des Français qui s'étaient vendus à l'Angleterre.

Le collége, l'un des plus beaux qu'il y ait en France, l'église moderne de la Madeleine, l'escalier à jour du clocher de St.-Maclou, les vitraux de St.-Patrice, le cabinet d'histoire naturelle, le jardin des plantes, etc., offrirent successivement à Dorville et à son frère des objets dignes de remarque. Mais ce qui plus que tout excita leur intérêt et leur enthousiasme, ce fut de lire en passant par la rue de la Pie, l'inscription suivante sur la porte d'une maison : *Ici est né le 9 juin 1606 Pierre Corneille.* La maison où naquit Fontenelle (1), ce spirituel doyen des hommes de lettres, est aussi désignée par une inscription.

La ville de Rouen se gouvernait autrefois par des officiers pris parmi ses habitans notables, au nombre de trente-six, auxquels on donnait le nom de pairs. Trois candidats élus parmi ces pairs étaient présentés au roi qui choisissait l'un d'eux pour remplir les fonctions de maire. Ce dernier jouissait d'une grande autorité. Charles V, après une émeute des Rouennais, changea la constitution municipale et remplaça le maire par des échevins. Plus tard, la mairie fut rétablie, mais le maire n'eut plus la même autorité.

Le chapitre de la cathédrale de St.-Ouen jouissait autrefois du droit de délivrer un prisonnier à la fête de la Pentecôte. On ignore quelle était l'origine de ce droit ; on suppose que ce fut primitivement une concession obtenue du souverain, et qui, souvent renouvelée, acquit l'apparence d'un privilége. Comme il paraît que des abus se glissèrent dans l'exercice de ce privilége, il fut ordonné que le choix du chapitre serait soumis à l'approbation du parlement, qui ne serait tenu de ratifier qu'autant que, par les circonstances de la cause, le coupable semblerait digne d'indulgence.

Cette même abbaye percevait une rente sur

(1) Le 11 février 1657, rue des Bons-Enfans, 132 et 134.

les moulins de la ville ; mais elle était, de son côté, tenue de livrer chaque année au fermier de ces moulins un oison paré de rubans. Cette singulière prestation devait avoir lieu le dimanche qui suivait la Saint-Barthélemi, et il fallait que l'oison, précédé par deux ménétriers, fût conduit en grande pompe de l'abbaye au moulin. Au commencement du dix-septième siècle, les moines refusèrent de conduire ou faire conduire l'oison processionnellement. Il y eut procès : les juges ordonnèrent la continuation du service de cette prestation ; mais, ayant égard aux circonstances, ils exemptèrent l'abbé de l'obligation d'envoyer les ménétriers.

Les promenades de Rouen sont très-belles : les quais, les boulevards, le Cours de la Reine, le Champ-de-Mars, le Cours Dauphin, etc., offrent des points de vue magnifiques. Les environs de la ville n'ont pas moins d'attraits pour les amans de la belle nature ; et, soit qu'on s'éloigne par le faubourg *Saint-Sever*, soit qu'on traverse le faubourg *Cauchoise*, on est assuré de retrouver des sites admirables, non moins pittoresques que variés. Du haut de la montagne Sainte-Catherine, la vue s'étend sur la ville, sur le cours de la Seine, sur des champs de verdure, sur d'immenses forêts qui ne se terminent qu'à l'horizon. L'intérieur de la montagne paraît formé en partie de coquillages fossiles, entassés par larges couches.

Après avoir parcouru Rouen dans tous les

sens, Dorville était dans l'intention de se rendre directement au Havre; mais son frère montra le désir de connaître Dieppe, d'où l'on peut voir les côtes de l'Angleterre. Était-ce pour passer à Neufchâtel, dont il aimait beaucoup les bons fromages, et pouvoir en manger sur les lieux, comme en passant à Nanterre on est dans l'usage de s'arrêter pour y manger des gâteaux? Dorville fut tenté de le croire; mais, quel que fût le motif d'Alfred, comme il était aisé de le satisfaire, l'ordre de marche fut aussitôt changé, et l'on s'achemina vers Neufchâtel, où il fallut s'arrêter pour faire provision de petits fromages.

C'est dommage, dit Dorville, tandis que Bourguignon arrangeait proprement dans un panier tous les fromages qu'il pouvait y faire entrer, c'est dommage que nous ne passions pas à Gournay, nous y ferions emplette de beurre; car le beurre de Gournay n'est pas moins exquis que les fromages de Neufchâtel. Nous devons nous contenter de ce dernier article. Mais allons voir les vitraux de l'église, la bibliothèque publique, moins estimée peut-être que les fromages; et, si le temps ne nous manque pas, nous monterons au château de Mesnières, où l'on nous montrera la chambre qu'Henri IV habitait à l'époque de sa victoire d'Arques. Et comme ils ne purent voir ni la chambre, ni les vitraux, parce que le concierge du château était malade, et l'église fermée, ils remontèrent en voiture, et continuèrent leur route.

Eh bien! mon frère, es-tu content de la provision de fromages? Bourguignon en a fourré, dit-il, trois douzaines. — Ah! plaisante autant que tu voudras : il n'en est pas moins vrai que les fromages de Neufchâtel sont une excellente chose, qui te fera plaisir à toi tout le premier. — Je ne dis pas le contraire, car je les aime aussi; seulement je me félicite que notre provision ne soit pas aussi volumineuse que celle du magistrat dijonnais dont on m'a fait l'histoire. — Ah! raconte-la moi, je te prie. — Je le veux bien; mais je t'en préviens, c'est sans garantie. — N'importe, dis toujours.

Certain juge ou même président de la Cour royale de Dijon, se trouvant à Paris, eut occasion de manger au restaurant ou ailleurs du fromage de Neufchâtel, et il le trouva délicieux. Il en conserva même, à ce qu'il paraît, un souvenir agréable; car long-temps après, venant à penser que puisque ces fromages arrivaient tout frais à Paris, ils pourraient bien arriver de même à Dijon, un peu moins frais peut-être mais sans perdre beaucoup de leur qualité, il eut la fantaisie d'en faire venir quelques-uns. Il se rendit aussitôt chez un de ses voisins, commissionnaire de roulage, et lui demanda s'il serait possible d'avoir des fromages de Neufchâtel. Rien n'est plus aisé, répondit le commissionnaire; veuillez seulement écrire en note la quantité que vous désirez avoir, pour que je puisse remplir exactement votre commission; et le magistrat, prenant la plume qu'on lui présenta, écrivit sur un morceau de papier : trois douzaines de fromages de Neufchâtel. Quelque temps après, le président, qui probablement ne pensait plus à ses fromages, étant à table, on entendit une charrette de roulage entrer dans la cour de la maison. Le président s'informe, interroge, questionne; on finit par lui amener le roulier, une lettre de voiture à la main : c'étaient trois douzaines de fromages de Neufchâtel, mais de Neuchâtel en Suisse, grands comme des meules de moulin; car le commissionnaire, qui se piquait d'exactitude, avait eu soin de demander les plus beaux possible. Le président voulut d'abord se fâcher : les rieurs n'auraient pas été pour lui; il paya la lettre de voiture et les fromages qu'il eut assez de peine à revendre.

Vraie ou fausse, cette historiette amusa beaucoup Alfred qui protesta que si jamais il demandait du Neufchâtel, il aurait grand soin d'ajouter : *en Normandie.*

Ah! bon Dieu! la mer, la mer! s'écria-t-il tout à coup : Alfred ne l'avait jamais vue. O que cela est beau! que ce spectacle est imposant! La mer! Heureux sont ceux qui voguent sur ces flots azurés! — Tu crois cela, mon ami? Je pourrais bien te donner ce plaisir; mais, d'abord le mal de mer... — Le mal de mer? — Oui, un mal qui saisit ceux qui s'embarquent pour la première fois, qui les accable, les abat, leur fait presque éprouver les angoisses de l'agonie. A la vérité, tout cela passe au bout de quelques jours; d'ordinaire, trois ou quatre suffisent. En second lieu, le mauvais temps, les orages, les vents qui vous ballottent, les courans qui vous emportent, les pluies qui vous inondent. — Ah! ce n'est là que le mauvais côté. — Tu as raison ; voyons donc le bon côté : une chambre, quand on a une chambre, qui n'est pas plus grande que la moitié de notre chaise, où l'on ne tient ni debout ni couché, mais doublé en deux; des alimens salés qui vous donnent le scorbut; le plaisir de voir pendant un mois, trois mois, six mois de suite, le ciel et l'eau, rien que le ciel et l'eau. — Tu as beau dire, mon frère, la vie de marin doit avoir bien des charmes; ceux qui une fois l'ont menée n'en veulent point d'autre. — Sans doute, tout comme un vieux soldat préfère les armes à la charrue. L'habitude de faire une chose tourne vers cette chose nos goûts, nos penchans. Pour toi, cher Alfred, je craindrais bien, si nous allions faire un voyage par mer, qu'il ne t'arrivât comme pour le voyage à pied. — Tu pourrais bien avoir raison: je dois me méfier de moi-même; je m'abandonne trop promptement à mes premières sensations, et souvent j'en suis puni, je l'avoue. Allons, ne parlons plus de cela. Dis-moi plutôt quel est ce bâtiment, de si belle apparence, qui semble dominer sur la mer et sur la ville.

Cet édifice est tout récent, répondit Dorville, il n'existait pas, lorsque jeune encore comme tu l'es maintenant, j'accompagnai notre respectable père de Dieppe à Brighton; mais je conjecture que c'est l'établissement des bains, consistant en deux pavillons unis par une longue galerie. Vue du lieu où nous sommes, la ville de Dieppe se présente avec avantage; mais je crois que sa population, d'environ dix-huit mille individus, y est un peu resserrée. C'est la patrie de l'honnête Sigogne, qui osa résister aux ordres de la cour en 1572, et ne souilla point ses mains du sang des protestans. L'amiral Duquesne, le médecin Pequet, le géographe Bruzen de la Martinière, ont aussi reçu le jour à Dieppe.

Et ces enceintes circulaires formées par des claies, dit Alfred, à quoi servent-elles ? C'est là, répondit Dorville, que sont déposées les huîtres, destinées en grande partie à la consommation de Paris. Ces réservoirs qui peuvent contenir cinq ou six cent mille huîtres chacun, sont désignés par le nom de *parc*. Les huîtres de Dieppe sont très-estimées : on se sert, pour les détacher, de couteaux de bois ou d'ivoire.

Les deux frères ne furent pas plutôt descendus de voiture, qu'ils prirent le chemin du port. Alfred n'avait fait qu'entrevoir la mer; il voulait la voir de près, la toucher. Ils arrivèrent au moment où l'on débarquait les passagers du paquebot de Brighton; en même temps les bateaux pêcheurs revenaient de la pêche. Plusieurs bâtimens étaient à l'ancre; d'autres, amarrés au quai, chargeaient ou déchargeaient des marchandises. Les magasins du port renfermaient plusieurs milliers de barils de harengs salés; et des ouvriers s'occupaient par centaines à faire rouler des barils vers la mer : c'était un mouvement, une activité extraordinaires. La nouveauté du spectacle attachait et charmait le jeune voyageur.

Une chose qui le surprit beaucoup, ce fut le costume un peu étrange des polletais, c'est-à-dire des pêcheurs et des matelots, habitans du faubourg de Pollet, parlant à peine français, jurant sans cesse, de mœurs grossières, marins intrépides et dévoués.

Dorville ne fit à Dieppe qu'un séjour de quelques heures. Le lendemain d'assez grand matin, il était dans les murs de Fécamp, visitant avec son frère l'ancienne église des Bénédictins, monument encore existant de tout ce que l'architecture gothique a de plus délicat et de plus délié, de plus léger et de plus gracieux. Dans une de ses chapelles on voit un christ de bois, qu'on appelle le *Christ voilé*, d'autant plus admirable que c'est l'ouvrage d'un simple menuisier, qui a eu l'art de jeter sur le corps une espèce de voile qui a toute la transparence de la gaze. Il y a aussi un sépulcre taillé dans le bois, et décoré de plusieurs groupes de figures dont les têtes sont toutes très-belles et très-expressives.

Cette ville avait un château qui joua un grand rôle durant les guerres de religion. Les protestans en avaient fait une de leurs places d'armes. Les catholiques la leur avaient enlevée : l'heureuse témérité d'un chef calviniste nommé Bois-Rosé, la rendit à ses anciens possesseurs. Il gagna deux soldats de la garnison qui à un signal convenu lui jetèrent du haut des remparts une ficelle, au moyen de laquelle ils tirèrent à eux, en la remontant, une échelle de corde qu'il y avait attachée. Bois-Rosé, suivi de cinquante braves, monta par cette échelle, s'introduisit dans la place, et s'en rendit maître. Il ne reste de ce château qu'une tour.

De Fécamp nos voyageurs se rendirent à la petite, mais fameuse ville d'Yvetot, dont le seigneur avait le droit de battre monnaie, jouissait d'une autorité indépendante, et, suivant d'anciens chroniqueurs, prenait le titre de roi. D'autres nient cette dernière circonstance, tout en convenant que les étrangers y faisaient un grand commerce, parce qu'ils y étaient exempts des droits qu'ils payaient dans les ports de France. L'auteur de la *Chronique de France*, Gaguin, dit positivement que le possesseur d'Yvetot prenait sans contradiction le titre de roi. Il paraît, suivant cet ouvrage, que le seigneur d'Yvetot ayant été tué, le vendredi-saint, dans la chapelle même du palais de Soissons, par le roi Clotaire Ier, ce prince ne put éviter la sentence d'excommunication dont le pape Agapet le menaçait, qu'en dispensant à perpétuité les successeurs de la victime de toute prestation de foi et hommage, et en érigeant le fief en principauté entièrement indépendante.

Cette souveraineté a existé jusqu'à la révolution; elle était possédée par les comtes d'Albon, issus des anciens souverains du Dauphiné.

J'ai lu à ce sujet dans quelque recueil de pièces, dit Dorville, que le dauphin, fils de Louis XIV, passant un jour sur le Pont-Neuf, vit une voiture aux armes de Dauphiné, comme la sienne. Il fit demander par quelqu'un de sa suite à l'individu qu'on voyait dans la voiture, c'était le comte d'Albon, de quel droit il portait ses armes. Dites à Monseigneur, répondit le comte, que je ne porte point ses armes, mais que c'est Monseigneur qui a pris les miennes.

Yvetot est aujourd'hui le siége d'une sous-préfecture, compte huit ou neuf mille habitans, et fabrique des calicots et des velours de coton. A une lieue et demie d'Yvetot, plus célèbre par les chansons de Béranger que par l'histoire de ses princes, dans le territoire du village d'Alouville, on voit un vieux chêne qui, dit-on, a neuf siècles d'existence, et trente-deux pieds de circuit. Dans une cavité du tronc, de six ou sept pieds de diamètre, on a pratiqué un oratoire consacré à la Vierge.

Alfred était en extase devant cette production colossale de la nature. N'épuise pas ton admiration sur cet arbre, lui dit en riant Dorville; car tu auras souvent occasion d'admirer. Nous entrons maintenant dans le pays de Caux qui s'étend sur la rive droite de la Seine, depuis Caudebec jusqu'à la mer; la nature y semble encore plus féconde et plus belle que dans le reste de la Normandie. Ici l'agriculture est portée à un très-haut degré de perfection ; le paysage partout est si riche qu'on peut dire, sans crainte d'erreur, que depuis le Havre jusqu'à Rouen les bords de la Seine surpassent en beauté les rives tant vantées de la Loire. Caudebec, qui est le chef-lieu du pays Cauchois, a dû sa prospérité à ses diverses fabriques, principalement à celles de chapeaux. Elle aura peu de monumens à nous offrir; mais nous y verrons avec intérêt son église gothique, son beau portail du 15° siècle, et surtout son clocher pyramidal que, de distance en distance, des couronnes ou guirlandes ceignent et embrassent jusqu'à l'extrémité de la flèche. Mais c'est moins par ses propres monumens que cette ville pourra se recommander à notre attention, que par les ruines de l'ancienne abbaye de Jumiéges, que nous trouverons dans son voisinage. Caudebec renferme trois mille habitans.

Ce n'est pas seulement là, d'ailleurs, qu'on peut voir des ruines; nous en verrons encore au village de Lillebonne, le *Juliobona* de Ptolémée. On savait par des traditions vagues qu'une ville romaine avait existé en ce lieu, et les fouilles qu'on y a faites depuis très peu d'années ont confirmé les traditions. On a mis à découvert des pans de muraille qui ne sont point de construction gothique; et en poussant les fouilles, on a fini par trouver les restes d'un ancien théâtre romain, avec des escaliers et des arcades pour le service intérieur.

Voilà tout ce qui reste de la fameuse abbaye de Jumiéges, dont je te parlais hier, dit Dorville, en faisant remarquer à son frère deux tours encore debout, hautes de cent cinquante-cinq pieds. Elles flanquaient les côtés du grand portail. L'abbaye était située dans une presqu'île que forme la Seine; les terres que le fleuve ceint de ses eaux ont trois ou quatre lieues carrées : elles sont très-fertiles. Elles appartenaient à l'abbaye, qui était fort riche. Les anciens chroniqueurs assurent qu'on y comptait neuf cents religieux, sans parler d'un nombre encore plus grand de frères servans ou convers.

Ce fut dans cette abbaye que Charles VII, vainqueur des Anglais qu'il expulsa de la Normandie, alla passer quelques mois pour y jouir d'un repos acheté par des victoires. Il y fit construire une maison de plaisance, qui devint plus tard le dortoir des moines, et l'était encore à l'époque de la suppression des ordres monastiques en France. La fameuse Agnès Sorel avait fait plusieurs dons à l'abbaye : aussi eut-elle, après sa mort, une tombe à Jumiéges pour une partie de ses restes : le cœur et les entrailles; le corps fut porté à Loches (1), et placé dans le chœur de l'église collégiale. Le mausolée de Jumiéges occupait le milieu de la chapelle de la Vierge. Il était de marbre noir, et

---

(1) Petite ville dans la Touraine, sur l'Indre.

5.

avait plusieurs inscriptions, dont l'une était écrite en français, les autres en latin. L'inscription française était conçue en ces termes.

GÎT D. AGNÈS SORELLE,
DAME DE BEAUTÉ, D'ISSOUDUN ET DE VERNON,
DÉCÉDÉE LE 9 FÉVRIER 1449.
IL N'Y A QUE SES ENTRAILLES;
SON CORPS GÎT A N.-D.-DE-LOCHES.
ELLE DONNA A CETTE ABBAYE
LE MESNIL ET AUTRES TERRES.

Ce monument fut détruit aux premiers jours de la révolution : on oubliait que cette femme avait peut-être sauvé la France du joug étranger, en tirant Charles VII de sa molle apathie. Au reste, l'abbaye et l'église eurent le même sort. D'avides acquéreurs achetaient les châteaux et les églises pour les abattre et en vendre les matériaux.

Le Havre, où Dorville et son frère arrivèrent au milieu du jour, afin de mieux jouir du superbe coup d'œil qu'il présente, est une ville toute moderne, qui doit à son commerce et à l'industrie de ses habitans les rapides accroissemens qu'elle a pris. Ce fut Louis XII qui en jeta les fondemens en 1509. François Ier en pressa les constructions, et fit élever la grosse tour destinée à défendre la rade. Louis XIII et Louis XIV y ajoutèrent de bonnes fortifications et une citadelle rasante. Les Anglais l'ont bombardée deux fois, à la fin du dix-septième siècle et au milieu du dix-huitième, sans pouvoir s'en rendre maîtres. C'est la patrie des Scudéri, de madame Dubocage, de Bernardin de Saint-Pierre, et de quelques écrivains modernes.

Nos voyageurs profitèrent de la soirée pour aller voir les quatre superbes bassins que des écluses séparent et qu'on franchit sur des ponts mobiles, les chantiers de construction, la belle jetée, construite depuis peu d'années pour empêcher le galet d'obstruer le port, le phare qui s'élève à l'extrémité de la jetée, la bibliothèque publique, de quinze mille volumes; la salle de spectacle, d'où l'œil se promène sur un vaste bassin couvert de navires; ses manufactures d'indiennes, ses corderies, ses ateliers de dentelles, ses papeteries. Ensuite ils montèrent à Ingouville, qu'on peut regarder comme le faubourg du Havre, dont il n'est séparé que par ses fortifications, et qui est peuplé d'environ six ou sept mille habitans, parmi lesquels se trouvent beaucoup d'Anglais.

La plupart des rues du Havre, sont tirées au cordeau. La rue dite de Paris est très-belle; elle traverse une grande place plantée d'ormeaux; c'est la Chaussée-d'Antin du Havre; on est flatté en donnant son adresse de pouvoir dire : rue de Paris. La population du Havre, les étrangers compris, est d'environ trente mille individus.

Comme Dorville ne s'était pas astreint à suivre les routes tracées dans les itinéraires, il traversa la Seine sur un bateau à vapeur qui partait du Havre pour se rendre à Honfleur, ville autrefois importante par son commerce, mais bien déchue aujourd'hui, parce que le Havre, mieux situé, offre aux navires un meilleur port, et au commerce des relations plus étendues. Toutefois Honfleur a encore une population de neuf ou dix mille habitans qui s'occupent de la pêche et de la salaison des harengs, envoient des bâtimens dans la mer du Nord pour la pêche de la morue, ont un chantier de construction, préparent le biscuit de mer, fabriquent des cordages et des dentelles, et livrent au commerce du miel et d'excellens melons.

Après un séjour de deux heures à Honfleur, les deux frères prirent la route de Lisieux par Pont-L'évêque, où se trouve la sous-préfecture, quoique ce ne soit qu'une petite ville de deux mille cinq cents habitans. Lisieux est heureusement situé au milieu d'un riant vallon. Sa population, qui égale en nombre celle de Honfleur, fabrique des toiles et des lainages, du linge de table et des draps, et trafique en grains, en cidre et en autres produits de son territoire qui est très-fertile. Cette partie du département du Calvados est peut-être le canton le mieux cultivé de la Normandie.

Il y avait autrefois à Lisieux un singulier usage, dit Dorville à Alfred : les chanoines de la cathédrale faisaient la police de la ville et y rendaient justice tout le temps que durait la foire de Saint-Ursin. Deux chanoines en étole et surplis, traversaient à cheval les rues de la ville, accompagnés d'une escorte ou garde d'honneur, et se rendaient à l'Hôtel-de-Ville pour y recevoir les clefs, comme seigneurs ou gouverneurs.

Falaise, peuplée de dix mille cinq cents habitans industrieux et actifs, n'a de remarquable que son vieux château où naquit Guillaume-le-Conquérant; plusieurs rois d'Angleterre y ont séjourné. C'est la dernière place que les Anglais ont possédée en France, et ce ne fut point sans peine que Charles VIII la força de lui ouvrir ses portes. Il s'y tient une foire fameuse, connue sous le nom de foire de Guibray; on y vend des laines, des mérinos, des chevaux. Le commerce tire de Falaise des dentelles, des calicots, des mousselines, de la bonneterie.

Nos voyageurs furent d'abord tentés de se rendre à Vire avant de prendre la route de Caen. Dorville jugea que cette ville n'offrait pas assez d'intérêt pour l'engager à faire un circuit de plusieurs lieues. Qu'il nous suffise de savoir, dit-il à son frère, que c'est la patrie du foulon Olivier Basselin, qui vivait au quinzième siècle et chantait gaîment des couplets malins, composés par lui-même. Ces couplets eurent de la vogue; on les imita sur la scène où ils prirent le nom de Vaux-de-Vire, d'où est né celui de Vaudeville.

La nuit était assez avancée, lorsque les deux frères entrèrent dans Caen, siége de la préfecture du Calvados. Demain, dit Dorville, nous séjournerons ici; nous aurons, je pense, besoin de la journée pour voir ce que cette ville a de curieux ou digne de remarque. C'était promettre au jeune Alfred des distractions et du plaisir ; aussi dès le grand matin, Alfred sur pied sommait son frère de remplir son engagement de la veille. Partons, je le veux bien, dit Dorville. Commençons par le port et les quais de l'Orne.

Ce port n'est pas grand, mais il est commode et il procure à la ville de grands avantages. Il a été creusé, du moins réparé et augmenté, depuis peu d'années, et la mer y apporte ses eaux à l'heure du flux, ce qui permet aux bâtimens de deux cents à deux cent cinquante tonneaux de remonter l'Orne. Il est fâcheux que cette rivière n'ait pas un plus grand volume d'eau. Ces rues sont belles, et ces maisons aussi, dit Alfred; presque toutes sont construites en pierre. — Il y a autour de la ville des carrières abondantes; elle ont fourni tous les matériaux de ces édifices. On prétend même qu'une grande partie de Londres a été bâtie aux dépens des carrières de Caen. Profitons maintenant de la fraîcheur du matin pour aller voir les promenades qu'on dit fort belles.

Ils traversèrent le cours Caffarelli, se rendirent de là au grand cours qui domine sur d'immenses prairies, rentrèrent ensuite dans la ville, allèrent voir l'hôpital militaire pour lequel on a pris les bâtimens de l'ancienne Abbaye-aux-Dames, fondée par la reine Mathilde; la place

Royale plantée de beaux arbres; la bibliothèque publique qui renferme plus de quarante mille volumes; l'établissement du Bon-Sauveur, où se trouvent réunis un hospice pour les aliénés, un dispensaire où l'on prépare les remèdes, un pensionnat, une institution pour les sourds-muets, une école gratuite pour les petites filles, et une communauté de sœurs; les restes de l'ancien château, dont une partie a été restaurée et convertie en arsenal; la préfecture et le palais-de-justice; enfin, la maison long-temps habitée par Malherbe.

Ils visitèrent ensuite un grand nombre d'ateliers, de fabriques et de manufactures de toiles et de lainages, de blondes et de dentelles. Ils passèrent devant la vieille église gothique où était le tombeau de Guillaume-le-Conquérant, profané et détruit dans le quinzième siècle par les calvinistes, qui accusaient les catholiques d'intolérance et ne se montraient pas eux-mêmes plus tolérans. Ils finirent leur tournée par visiter St-Pierre, ou pour mieux dire, la flèche de cette église. C'est une tour pyramidale, octogone, haute de 230 pieds, toute construite en pierre. Les murs qui en forment les côtés, percés de quarante-huit larges croisées, n'ont qu'une épaisseur de quelques pouces. Cette flèche, aussi belle que hardie, a été terminée l'an 1300, et n'a souffert encore aucune dégradation.

La ville de Caen renferme une population d'environ quarante mille ames. C'est la patrie de Malherbe, l'un des hommes qui contribuèrent le plus à tirer la langue française de la barbarie du moyen-âge. Elle a vu naître aussi le savant Huet, qui fut évêque d'Avranche et n'en cultiva pas moins les belles-lettres.

De Caen nos voyageurs se rendirent à Bayeux, ville très-ancienne, où ils remarquèrent la halle aux grains, la salle de spectacle, l'évêché, la cathédrale gothique, avec son beau portail et ses trois clochers. C'est l'ancienne *Civitas Bajocassium*. Elle est aujourd'hui peuplée d'environ dix mille habitans qui fabriquent des toiles, des draps, des velours, des dentelles, des porcelaines, du cidre, et trafiquent en gros et menu bétail. Ce qui parut aux deux frères le plus digne d'attention, ce fut une tapisserie qu'on conserve soigneusement dans une salle de l'hôtel-de-ville. Cette tapisserie, qui consiste en une bande de toile longue de deux cent douze pieds sur un pied et demi de hauteur, représente, dans une série de tableaux, toute la vie militaire de Guillaume-le-Conquérant, et surtout les exploits de son armée et les siens en Angleterre.

Est-il vrai, comme on le dit, demanda Alfred, que cette tapisserie est l'ouvrage de la reine Mathilde, qui voulait élever de ses mains un trophée à la gloire de son époux?

On le dit, on l'affirme, et je crois en effet, répondit Dorville, que la reine Mathilde, si elle n'a fait la tapisserie entière, y a travaillé plus que personne; mais il est très-probable que les dames qui composaient sa cour se firent un mérite de l'aider. Il est difficile de croire qu'une femme seule, de quelque persévérance qu'elle soit douée, et quel que soit le motif qui l'anime, surtout une princesse dont la vie est sans cesse traversée par les soins de la grandeur, ait pu suffire à un travail de plusieurs années.

En sortant de Bayeux, nos voyageurs passèrent à Issigny, d'où l'on expédie beaucoup de beurre; et ils aperçurent de loin le sommet des rochers qui bordent la côte sur un espace de cinq ou six lieues, et sur lesquels se brisa un vaisseau espagnol, nommé Calvados. Ces rochers prirent le nom du vaisseau, et le département prit celui des rochers. Issigny se trouve sur la limite de celui de la Manche, qui, sur une longueur d'environ vingt lieues, et une largeur de six ou sept, renferme une population de six cent mille individus.

Cherbourg, le *Cæsaris-Burgus* des Romains, s'élève non loin du Cap de la Hogue, si tristement célèbre dans les annales de notre marine, par la défaite totale qu'y essuya le vice-amiral Tourville en 1692. La fortune l'avait jusque-là comblé de faveurs; plusieurs fois vainqueur des Anglais et des Hollandais, des Turcs et des Barbaresques, il fut vaincu à son tour par les Anglais. Il n'y a pas un demi-siècle que Cherbourg n'avait qu'une rade. Cette ville possède maintenant un port capable de recevoir les plus grands vaisseaux, et conquis sur la nature par des travaux dont on parle à peine chez nous, s'écria Dorville avec un peu d'humeur, et qu'on admirerait s'ils nous avaient été légués par les Romains.

Heureusement, dit Alfred, je ne suis pas de ceux qui n'ont de l'estime que pour les ouvrages des anciens; et tu m'as appris de bonne heure à rendre justice aux modernes.

Oui, reprit Dorville, on a creusé un vaste bassin dans la roche vive; on a construit une digue sous-marine, pour repousser les galets et prévenir l'encombrement; on a forcé la mer à occuper le lit qu'on lui a préparé; et l'on parle de ces grands travaux avec indifférence! Ils furent commencés sous Louis XVI, dont le gouvernement eut sans doute des torts envers la France, mais dont on ne peut nier que, s'il n'a pas toujours fait le bien, ce sont les circonstances qui l'en ont empêché. Ils ont été terminés sous Napoléon, à qui aucune idée d'amélioration n'était restée étrangère. Plus tard encore, on a voulu agrandir le port, en y ajoutant un nouveau bassin dont l'ouverture a été faite en 1829.

Plusieurs forteresses protègent Cherbourg, son port et sa rade. Voici, dit Dorville à son frère qui, du haut des falaises, ne pouvait se lasser d'admirer la mer qu'on découvre jusqu'au delà de Guernesey et de Jersey, ni de s'étonner que deux îles si voisines de nos côtes eussent les Anglais pour maîtres; voici, lui dit-il, le Haguedic, retranchement construit par les anciens

Normands à leur arrivée en France. L'hôpital de Marine que nous voyons d'ici, a été formé de l'ancienne abbaye de Notre-Dame-du-Vœu que la comtesse d'Anjou, Mathilde, fit construire pour accomplir un vœu qu'elle avait fait durant une tempête où elle manqua de périr.

Dix-huit ou vingt mille habitans composent la population de Cherbourg. Ils font des armemens pour les mers du Nord ; ils pêchent et salent du poisson, raffinent le sucre, tannent les peaux, font des blondes et des dentelles, vendent des eaux-de-vie et des denrées coloniales. Ce fut de Cherbourg que Charles X partit pour l'exil en 1830 : il avait été salué à son avènement par les acclamations générales.

Trois jours suffirent aux deux frères pour visiter le département de la Manche, et partout ils virent des terres fertiles et bien cultivées ; des ateliers, des fabriques ; une population laborieuse, composée de pêcheurs, de marins, d'artisans, de cultivateurs ; des hommes bien vêtus, annonçant par leurs traits cette douce satisfaction que donnent l'aisance et la santé. Ils remarquèrent dans les campagnes de nombreux troupeaux, et surtout des vergers étendus où croissent par milliers les pommiers à cidre.

Ils virent avec plaisir la petite ville de Valognes, qu'habitaient jadis un nombre infini de nobles, et qui aujourd'hui renferme beaucoup de manufactures de toileries, de cuirs et de blondes ; patrie de l'anatomiste Vicq-d'Azyr, et de l'infatigable traducteur de bons livres anglais, Letourneur. A Carentan, sur le bord de la mer, on leur fit remarquer en passant, un vieux donjon, reste d'un château antique, bâti par ordre de la reine Blanche pour la défense du port.

Saint-Lô, ville ancienne, mal bâtie et peu populeuse, malgré la beauté de sa situation, ruinée au quatorzième siècle par Édouard III, roi d'Angleterre, pillée et dévastée deux cents ans plus tard par les calvinistes, leur parut peu digne d'être la capitale du département. On prétend que la famille du célèbre Garrick, qui pendant si long-temps a fait les délices de Londres, était originaire de Saint-Lô ou des environs, et qu'elle portait le nom de Garrigue. On voit dans la maison d'un particulier un cippe qui a plus de dix-huit siècles d'existence, et qu'on désigne par le nom de *marbre de Torigny*.

Coutances, non moins ancienne que Saint-Lô, s'élève sur le penchant d'une montagne qu'on aperçoit de très-loin. Elle était autrefois commerçante et manufacturière; on n'y fabrique guère aujourd'hui que des dentelles, des parchemins et des lainages légers. Aux environs on cultive le pastel et la garance. Le village voisin de Saint-Sauveur-Landelin a vu naître l'ancien consul de la république, Lebrun.

Granville, bâtie sur un rocher du rivage de la mer, a des fontaines dans presque toutes ses maisons; mais il n'en sort qu'une eau saumâtre qu'on ne saurait boire. Les habitans vont se pourvoir d'eau potable hors de leur ville. On y pêche une très grande quantité d'huîtres, qui passent à Paris pour huîtres du rocher fameux de Cancale. Avranches n'a rien de bien remarquable. Ce fut dans son ancienne cathédrale, aujourd'hui ruinée, que le roi d'Angleterre Henri II fut contraint de jurer, en présence des légats du pape, qu'il était innocent du meurtre du fameux Thomas Becket, archevêque de Cantorbéry. Ce prince, dans un moment d'humeur que lui donnait le despotisme intraitable de l'archevêque, s'était imprudemment écrié : Il ne se trouvera donc personne qui me délivre de cet homme audacieux et turbulent !

A l'extrémité méridionale du département de la Manche, sur le bord de la baie de Cancale, s'élève un rocher escarpé, que la mer entoure au moment des marées et sépare du continent, inaccessible d'un côté, défendu de l'autre par des remparts flanqués de tours. Ce fut sur le sommet de ce rocher qu'un évêque d'Avranches, nommé Aubert, construisit une abbaye et une église. Cette abbaye avait de vastes souterrains creusés dans le roc. Les bâtimens de l'abbaye, avec quelques changemens, devinrent un château, et les souterrains se changèrent en prisons d'état. L'église est au-dessus du château, et le clocher, que surmonte un télégraphe, semble former la pointe du rocher, qui de loin ressemble à une pyramide. Un assez triste village, qu'on appelle ville, est bâti au pied du rocher; il est renfermé dans une enceinte de fortifications. On a établi dans le château des filatures et des ateliers; et tout cela s'appelle le mont Saint-Michel. C'était jadis un lieu de pélerinage très-fréquenté. Charles VIII et Marguerite d'Anjou s'y rendirent pour accomplir un vœu; des paysans bretons et normands y vont encore par dévotion.

CHAPITRE IV.

ILLE-ET-VILAINE, CÔTES-DU-NORD, FINISTÈRE, MORBIHAN, LOIRE-INFÉRIEURE (ancienne Bretagne).

Nos voyageurs entrèrent par Fougères dans la Haute-Bretagne. C'est une petite ville bien située et bien bâtie, entourée de dehors charmans. Quatre incendies dans moins d'un siècle obligèrent les habitans à la reconstruire. On y fabrique des rubans, du papier, des chapeaux, de la toile; on y livre au commerce du beurre, du miel, des cuirs, des bestiaux. On a trouvé dans la forêt voisine trois monumens gaulois. Les deux premiers sont des autels druidiques, c'est-à-dire des dalles énormes posées à plat sur d'autres dalles plantées de champ. On les appelle *le monument et la pierre du trésor*. Le troisième, nommé *Cellier-de-Laudéan* consiste en excavations souterraines. C'est dans l'arrondissement de Fougères qu'est né l'écrivain célèbre auquel on doit le *Génie du Christianisme*. C'est aussi dans cette contrée qu'on voit les champs de Saint-Aubin-du-Cormier où le duc d'Orléans, depuis Louis XII, fut fait prisonnier par la Trémouille, en 1488.

De Fougères Dorville se dirigea vers Saint-Malo. Il fit remarquer à son frère, en passant à Dol, les marais formés par d'anciennes irruptions de la mer, et les digues que les habitans ont construites pour en garantir leur ville; plus loin il lui montra le rocher de Cancale, si connu à Paris par ses huîtres. On arriva de bonne heure à Saint-Malo, ville maritime et commerçante, autrefois très-riche, bâtie en amphithéâtre sur un rocher qui porte le nom d'Aaron, et ne tient à la terre-ferme que par une chaussée qu'on désigne par celui du *sillon*.

L'histoire de cette ville, dit Dorville, ne manque point d'intérêt. Elle fut construite au huitième siècle par les habitans de celle d'Aleth, qui, trouvant celle-ci trop exposée aux incursions des pirates, prirent le parti de l'abandonner, et choisirent, pour bâtir une ville nouvelle, un lieu qui, par sa position, rendît la défense plus facile et moins dangereuse. Ce fut ainsi, dit-on, que St.-Malo se forma. Cette ville ne tarda pas à devenir florissante, grâce au commerce maritime auquel les habitans se livrèrent. Dans le seizième siècle, pour conserver leurs richesses que la guerre civile pouvait dévorer, ils prirent le parti de ne reconnaître ni le roi, ni la ligue, et de se déclarer indépendans. Toutefois, après que Henri IV eut été reconnu, ils rentrèrent dans l'obéissance. Vers le milieu du dix-huitième siècle (1747), les Anglais tentèrent d'incendier la flotte et les édifices du port; mais le vent contraire retint en mer les brûlots, qui éclatèrent au loin, sans danger pour la ville.

Quoique Saint-Malo ait vu diminuer son commerce, c'est encore une ville importante, qu'on a pris soin de fortifier pour la mettre à l'abri d'un coup de main. Jacques Cartier, qui découvrit le Canada, était de Saint-Malo, de même que l'intrépide Duguay-Trouin, dont la statue sert aujourd'hui d'ornement à la place de la Cathédrale. Maupertuis l'astronome naquit dans la même ville. Tu sais, mon frère, qu'il fut chargé par le gouvernement français d'aller dans le Nord pour y diriger les opérations astronomiques qui devaient servir à déterminer la figure de la terre.

La ville de Saint-Servan, qui n'est séparée de Saint-Malo que par une petite anse que la mer abandonne dans le reflux, a été regardée comme dépendance de cette dernière jusqu'à la révolution de 1789. Depuis cette époque, elle forme une ville distincte. Elle offre aux vaisseaux une bonne rade et deux ports qui ne sont divisés que par un rocher. Sa population, qui est d'environ dix mille ames, égale ou même surpasse celle de Saint-Malo.

Château-Neuf sur la Rance, à deux lieues au-dessus de St-Servan, a un fort hexagone, dont les bastions sont casematés. Son magasin à poudre est à l'épreuve de la bombe.

C'est une belle ville que Rennes, dit Alfred à Dorville, tandis qu'il déjeûnait avec lui dans un beau café de la Grande-Place, avec du café au lait qui lui semblait mériter la réputation que les voyageurs lui ont faite, et d'excellent beurre de Prévalaye. J'ai vu des rues larges, droites, régulières, des maisons construites avec goût, des places vastes et commodes, des promenades charmantes, des monumens publics d'un bon style. C'est ici comme à Fougères, répondit Dorville. Un incendie qui dura sept jours entiers, en 1720, consuma une grande partie de la ville haute; en la rebâtissant, on évita la faute de le faire sur un plan irrégulier. Les faubourgs où rien n'a été changé, forment un contraste désagréable avec la ville neuve. Allons maintenant terminer notre revue obligée. Nous voici devant l'hôtel-de-ville : j'aime les tilleuls qui ombragent cette place; nous verrons ensuite la bibliothèque, qui possède, dit-on, plus de mille volumes.

Ah! laisse-moi d'abord examiner le pavé, dit Alfred : on dirait qu'il est fait avec des pierres de diverses couleurs. — Tu ne te trompes point. Toutes ces pierres sont en effet de couleurs variées; on prétend même que la plupart d'entre elles sont susceptibles du plus beau poli : en voilà qui ressemblent aux cailloux d'Égypte ; celles-ci imitent le porphyre, le marbre, l'agathe orientale et le jaspe.

— Et les habitans sont-ils industrieux? — Oui, sans doute, ils le sont, et leurs fils, leurs toiles le prouvent, comme les grains qu'ils récoltent font voir qu'ils sont cultivateurs.

Quand la Bretagne avait ses souverains particuliers, ajouta Dorville, Rennes fut souvent le lieu de la tenue des États. Plus d'une fois les députés de la Bretagne résistèrent aux volontés du duc. Cet esprit public qui animait tous les Bretons ne s'éteignit point, lorsque, par le mariage d'Anne avec Louis XII, le duché fut incorporé pour toujours au royaume. Le parlement de Rennes ne se montra jamais docile aux volontés de la cour, quand il s'agissait de choses qui pouvaient nuire aux intérêts du peuple.

Rennes, capitale du département d'Ille-et-Vilaine et de l'ancienne Bretagne, ne compte que trente ou trente-deux mille habitans. Ce fut la patrie du P. Tournemine, que son érudition rendit célèbre; du fameux La Chalotais, du spirituel auteur des *Essais historiques sur Paris*.

Les deux frères firent une excursion à Vitré, ville assez mal construite, sur la rive droite de la Vilaine. Ils virent son vieux château flanqué de grosses tours, ses promenades, l'église gothique de Notre-Dame, la maison qu'habitait madame de Sévigné, qui se fit un nom célèbre par ses lettres tant vantées; ils virent aussi sa terre des Rochers et les restes de son château, démoli depuis peu. De là ils se rendirent au village d'Essé, distant d'une lieue, auprès duquel se trouve *la Roche-aux-Fées*, l'un des monumens celtiques les mieux conservés. C'est une espèce de grotte artificielle, formée de gros blocs de pierre entassés suivant la méthode des druides, et dont l'intérieur offre deux compartimens qu'on croit avoir été destinés aux cérémonies du culte druidique.

Une chose frappa les regards d'Alfred : ce fut le costume des paysans de Vitré et des environs. Sur leur veste, ordinairement de couleur brune, ils portent une seconde veste à manches courtes, faite de peau de bouc garnie de son poil; ils laissent tomber leurs cheveux de toute leur longueur sur le dos et les épaules, les recouvrent d'un petit bonnet rouge, et mettent leur chapeau sur le bonnet.

Ce département produit peu de blé; les paysans y suppléent en cultivant le maïs ou blé sarrasin. Ils en font une espèce de galette, base ordinaire de leurs repas. Les châtaignes fournissent encore un bon aliment aux gens peu fortunés de ces contrées. On voit quelques vignes du côté de Redon, qui avait autrefois un riche monastère; mais ces vignes ne produisent que de mauvais raisin. C'est ce qui fait dire à Eutrapel dans ses contes, qu'un chien qui mangea près de Rennes une grappe de raisin, se mit à japer de toutes ses forces contre la vigne, tant son fruit lui avait paru aigre!

Les deux frères quittèrent Rennes pour se rendre à St-Brieuc, chef-lieu des Côtes-du-Nord. Ils traversèrent des campagnes fertiles, de vastes prairies, de rians paysages; ce qui leur expliqua suffisamment pourquoi ce département, bien que peu étendu, est peuplé de six cent mille ames. La culture des terres, la pêche, le commerce, vivifient tout : aussi l'on exporte des grains, du bétail, du cidre, du beurre, du papier, du lin, des toiles, des cotons, et plusieurs autres produits du sol ou des fabriques du pays. Cependant le département n'a point de port important, ni de ville considérable. St-Brieuc, dont la population excède à peine dix mille habitans, est, sous tous les rapports, au premier rang. Bien qu'à une lieue du rivage, elle a avec la mer des communications faciles par la rivière de Gouet et par le port du Légué, qui est à l'embouchure de cette rivière, et peut recevoir des vaisseaux de quatre et de cinq cents tonneaux. Aussi les habitans sont-ils presque tous livrés au commerce : quelques-uns s'occupent de l'exploitation des jardins potagers qui, outre la consommation de la ville, fournissent un article d'exportation; d'autres envoient leurs bâtimens à Terre-Neuve pour la pêche de la morue.

Dorville et Alfred, laissant leur chaise à St-Brieuc, firent plusieurs excursions autour de la capitale, en employant les petites voitures du pays. Je suis fâché, dit Dorville à son frère, que nous ne nous soyons pas avisés plus tôt de cet expédient qui me semble commode. En le suivant désormais, nous ferons, je crois, économie de temps, et nous aurons beaucoup moins d'embarras. Qu'en penses-tu, mon cher Alfred? Que te dirai-je? répondit celui-ci. Tu sais bien que je ne puis avoir d'autre volonté que la tienne, puisque tu es bien supérieur à moi pour l'expérience et les lumières. — Un fou peut quelquefois très-bien conseiller un sage. Cela ne veut pas dire, ajouta Dorville avec un sourire, que je te tienne pour fou, ni que je me croie bien sage. Mais ce n'est pas assez pour moi, quand j'agis pour ton compte plus encore que pour le mien, d'avoir consulté ce que tu nommes ma prudence; je désire encore que le parti qu'elle me fait prendre soit celui que tu prendrais de toi-même, celui qui te convient davantage, qui s'accorde le mieux avec tes goûts. Pour toute réponse, Alfred se jeta dans les bras de Dorville et le pressa tendrement des siens, en s'écriant. Tu es le plus digne, le meilleur des frères, des amis!

Lamballe, autrefois capitale des Ambiliates, et avant la révolution chef-lieu du duché de Penthièvre, est située au milieu d'une campagne belle et fertile. Ses habitans, au nombre de quatre ou cinq mille, trafiquent en miel, en grains, en étoffes, en parchemins. Ce fut au pied de ses murailles que périt, en 1591, le fameux La Noue surnommé *Bras-de-Fer* (1), après avoir servi et trahi tour à tour les protestans, Charles IX, Henri IV et la Ligue.

Dinan, ancienne résidence des ducs de Bretagne, est une ville forte, située sur une montagne, défendue ou dominée par l'ancien château des ducs, dont les murs extérieurs ont dix ou douze pieds d'épaisseur. Il sort des ses ateliers des flanelles, des toiles, des peaux tannées. L'académicien Duclos naquit dans ses murs. Guingamp est renommé par ses toiles. Les habitans de la côte s'adonnent principalement à la pêche et à la navigation; mais ils ont eu long-temps la coutume inhospitalière de s'emparer des débris et de la cargaison des vaisseaux que la tempête jetait sur le rivage.

Dans le cours de leur tournée, Dorville et Alfred virent non loin de Saint-Brieuc les restes d'une voie romaine, et deux temples dédiés à Mars; des eaux minérales, des mines d'argent non exploitées, des mines de fer qui alimentent les forges de Loudéan, et des carrières d'où l'on tire, dit-on, des améthystes.

Nous entrons dans le Finistère, dit Dorville, en approchant de Morlaix. C'est ici que tu vas prendre une idée de la Basse-Bretagne et des Bas-Bretons. Ce sont d'autres hommes, je parle du

---

(1) Parce qu'on avait remplacé par un bras de fer celui qu'il avait perdu au siége de Fontenoi.

peuple en général, différens de tous leurs voisins par les mœurs, le costume et le langage. C'est principalement dans les campagnes que cette différence est sensible, car dans les villes on retrouve les habitudes françaises. Beaucoup de gens prétendent qu'ils sont les restes de la race celtique, qui fuyant devant les tribus germaines, se réfugièrent dans cette contrée, qu'on regardait comme l'extrémité de la terre, *finis terræ*. Ce ne sont là peut-être que des conjectures sans fondement; mais tout cela peut aussi être vrai. Ce qui est certain, c'est que les trois quarts des habitans de ce département ne parlent ni n'entendent le français; que le bas-breton est un jargon inintelligible, et qu'on voit dans la Basse-Bretagne des usages extraordinaires qu'on ne retrouve nulle part en France.

Ce costume qui t'a étonné aux environs de Vitré, tu le verras ici partout, et dans toute sa forme grossière. Vois ces paysans qui s'avancent vers nous; remarque ces longs cheveux qui flottent sur leur dos et sur leurs bras, cette veste à la hussarde et ces larges culottes à l'ancienne espagnole, comme on les portait au temps de François Ier. Dans l'hiver, ils ont une surveste de peau de chèvre, le poil en dehors. Avec ce bizarre accoutrement, ils ont l'air plus sauvage que ne l'avaient les Osages que tu as vus à Paris il y a quelques années, et que bien des gens prétendaient n'être que des Limousins ou des Auvergnats déguisés.

L'ignorance de ces hommes est extrême; leur

malpropreté l'est plus encore. Si tu entrais dans une de leurs sales chaumières, tu ne pourrais en supporter l'aspect : hommes et animaux, tout s'y trouve souvent pêle-mêle. Seulement à l'un des côtés de la cabane on pratique une espèce d'alcôve à deux étages, fermant avec une porte à coulisse, percée de quelques trous pour que l'air puisse un peu circuler. Le père et la mère couchent dans l'étage inférieur, les enfans dans l'autre. Ces mêmes hommes, malgré leur apparente rusticité, sont pleins, dit-on, d'intelligence et de finesse : on ajoute qu'ils sont hospitaliers. On peut dire avec plus de raison peut-être qu'ils sont très superstitieux, et qu'ils ont conservé certaines pratiques religieuses d'origine évidemment païenne. Ainsi, il y a des fontaines auxquelles ils rendent une sorte de culte; ainsi encore, lorsqu'un individu meurt ou se marie, ils ont grand soin de couvrir les ruches à miel qui lui appartiennent d'une pièce d'étoffe noire ou rouge, afin que les abeilles prennent part au deuil ou à l'allégresse : sans cette précaution, elles périraient ou s'envoleraient.

Les deux frères s'arrêtèrent à Morlaix toute la matinée, afin d'examiner à loisir la position pittoresque de cette ville, la plus jolie et la mieux bâtie de toute la contrée. Elle est placée sur le penchant de deux montagnes, sur le bord de deux rivières, le Jaclot et l'Ossen (1). Ces deux cou-

---

(1) On les nomme aussi Jarlot et Kent.

rans réunissent leurs eaux sous une grande voûte, passent par un conduit souterrain sous l'hôtel-de-ville et sous la place, sortent par une arcade, et vont former, en s'unissant aux eaux de la mer, un port commode entouré de quais de granit et capable de recevoir des navires de trois à quatre cents tonneaux. Cette ville a toujours été commerçante, et pendant long-temps elle fut un objet de jalousie pour les Anglais qui la pillèrent en 1522, mais qui, surpris à leur tour dans l'ivresse de la victoire, furent presque tous massacrés. Le château, qui défend le port, a des souterrains et des batteries couvertes. Ces souterrains ont long-temps servi de prison.

Après avoir couru quelques heures, nos voyageurs arrivèrent à Quimper, ou Quimper-Corentin (1), ville très-ancienne, sur la pente d'une colline, à deux lieues de la mer. C'est le chef-lieu du département, bien qu'elle ne soit importante ni par son étendue, ni par sa richesse, ni par son commerce. Les bâtimens de deux cents tonneaux ne remontent qu'avec peine la rivière de Benaudet. Le seul édifice remarquable est la cathédrale gothique. Le commerce s'y réduit à la vente de quelques toiles et de la poterie de ses fabriques. Cette ville fut prise d'assaut par Charles de Blois en 1345 et détruite presque en entier par le feu, et sa population passée au fil

---

(1) Ainsi nommée de saint Corentin, son premier évêque.

de l'épée. La partie la plus ancienne est entourée de murailles flanquées de tours ; vis-à-vis sont de grandes masses de rochers couronnés de bois et tapissés de bruyères.

A Brest, le *Brivates portus* des anciens, Alfred, qui s'attendait à trouver une fort belle ville, digne du plus beau port qui soit sur nos côtes, fut désagréablement surpris de ne voir que des rues escarpées qui, en bien des lieux, ne communiquent l'une avec l'autre qu'au moyen d'escaliers raides, étroits, sombres, incommodes. En quelques endroits, les maisons d'un côté de rue ont leur rez-de-chaussée ou leurs jardins au niveau du quatrième ou du cinquième étage des maisons de la rue voisine. Toute cette partie de la ville a d'ailleurs un air de vétusté qui contraste singulièrement avec la beauté de quelques édifices de la ville basse ; le château planté sur un rocher qui la défend ou la domine, ne contribue pas à en égayer l'aspect.

Alfred fut amplement dédommagé par la vue du port, assez profond pour les vaisseaux de guerre, assez vaste pour en contenir un grand nombre; et celle de la baie sur laquelle s'ouvre le port, et où l'Aulne et le Landernau déchargent leurs eaux. Cette baie pourrait au besoin recevoir quatre ou cinq cents vaisseaux ; et ce qui ajoute encore aux avantages qu'elle présente, c'est qu'on n'y peut entrer que par un passage étroit, très-facile à défendre. Parmi les édifices qu'Alfred remarqua, il faut mentionner l'arsenal, dont une partie fut consumée par un incendie en 1852 ; les beaux magasins de la marine, les bassins couverts, les ateliers de corderie, les chantiers de construction, les casernes, l'observatoire, la bibliothèque, l'église Saint-Louis, l'hôtel-de-ville, la salle de spectacle, la place d'armes, les quais, la promenade ou cours d'Ajot, la machine à mâter les vaisseaux, les établissemens de mécanique lui parurent aussi dignes de toute son attention. Il vit encore avec intérêt le faubourg de *Recouvrance*, séparé de la ville par un bras de mer, et plein de belles maisons.

Dorville le conduisit ensuite à l'entrée de la rade pour y voir le fort Bertheaume, sur le sommet d'un rocher que la mer entoure. Pour entrer dans le fort, il faut monter à une assez grande hauteur sur les rochers du rivage. Là sont amarrés de gros câbles, sur lesquels, par le moyen d'un cylindre, on fait rouler le *pont volant* du fort au rivage et du rivage au fort. Dorville aurait désiré faire faire à son frère une petite promenade sur mer jusqu'à l'île d'Ouessant, dont les habitans ne s'occupent que de la pêche des sardines ; on aurait vu, en passant, la petite île de Sein, dont le nom est à peine connu aujourd'hui en France, et qui renfermait autrefois un temple druidique, desservi par des prêtresses qui rendaient des oracles, et qui demandaient aux dieux des vents favorables pour les marins ; mais le mauvais temps l'empêcha d'exécuter ce projet : il alla visiter au-delà des monts Arrée les mines de plomb d'Huelgoët, où plus de huit cents ouvriers sont employés sans cesse à extraire et à fondre le minérai. Un grand nombre de pompes et de machines sont établies dans les mines, tant pour détourner les eaux qui filtrent dans les galeries, que pour le service des forges.

Le département du Finistère est peuplé de plus de cinq cent mille ames, quoique le sol soit en général peu fertile, et qu'il ne produise guère que du lin et du chanvre; mais on y nourrit d'excellens chevaux. On y exploite, outre les mines de plomb, des carrières de marbre, de grès et de granit; on s'y livre surtout à la pêche, principalement à celle des sardines, qui sont très-abondantes sur toutes ces côtes, et dont on exporte annuellement des milliers de barils.

Le Morbihan se compose, en partie, de marais salans, de bois et de landes; à peu d'exceptions près, le reste n'offre guère que des champs de seigle; les côtes en sont très-poissonneuses. Cette ville, dit Dorville à son frère, en entrant dans Vannes, fut probablement autrefois la métropole des Vénètes, peuple nombreux de l'Armorique, qui, dit César, avaient beaucoup de vaisseaux, étaient fort bons marins, et avaient soumis à un tribut tous les peuples qui fréquentaient leurs côtes, parce qu'ils étaient maîtres de tous les ports. Il fallait même qu'ils fussent ou qu'ils se crussent assez puissans pour résister à une invasion ennemie, puisque César se plaint de ce qu'ils emprisonnèrent les envoyés des Romains, au mépris du droit reconnu par toutes les nations. Ils se défendirent en effet contre les Romains jusqu'à la dernière extrémité : ils subirent enfin le sort commun aux peuples des Gaules.

Vannes renferme aujourd'hui dix ou onze mille ames; mais ses maisons sont mal construites. Ce qu'elle a de plus remarquable, c'est son petit port qui communique par un canal à la baie du Morbihan; mais les bâtimens, qui d'ailleurs ne sauraient excéder quatre-vingts ou quatre-vingt-dix tonneaux, ne peuvent y parvenir qu'à la faveur des marées; quand la mer est basse, le canal reste à sec, et découvre une vase noirâtre, d'où il s'échappe en été des exhalaisons insalubres. La noblesse qui habitait Vannes avant la révolution, passait pour avoir beaucoup de morgue, bien qu'elle fût fort pauvre.

A quatre ou cinq lieues de la côte est l'île de Belle-Ile, qui n'a guère que des pâturages, six mille ames de population, réparties dans trois ou quatre villages, très-peu de grains et point d'arbres, où en revanche la pêche est abondante. Ce fut de cette île qu'en 1832 don Pedro appareilla pour aller conquérir le Portugal.

Non loin de Vannes, entre cette ville et Belle-Ile, est la presqu'île de Quiberon, tristement fameuse par le massacre des émigrés, que les Anglais qui les y avaient apportés abandonnèrent traîtreusement au moment où l'armée républicaine, conduite par le jeune, mais brave autant qu'habile général Hoche, les attaquait avec toute la violence que peut inspirer la haine des partis. Parmi ces émigrés, se trouvaient tous les officiers de l'ancienne marine française. Ce massacre valut à l'Angleterre plus que n'auraient fait dix victoires navales.

Vers l'extrémité de cette presqu'île, sur le rivage, du côté de l'est, sont les plaines de Carnac, au milieu desquelles s'élève un monument druidique qu'on admire, malgré sa rudesse et sa simplicité, mais dont on ignore la destination. Ce sont de grosses pierres granitiques, lourdement taillées en pyramide, rangées en quinconce sur cinq rangs, au nombre de quatre ou cinq mille. Elles étaient autrefois debout sur la pointe; la plupart sont aujourd'hui renversées. Toutes ces pierres sont brutes, sans inscriptions, sans aucun signe qui annonce le travail de l'art. On a fait un gros livre sur les antiquités de la Bretagne, et le monument de Carnac y occupe une grande place; mais tout ce qui résulte des recherches de l'auteur, c'est que peut-être ces pierres servaient de table aux druides pour les sacrifices humains. Cette conjecture serait plausible, s'il n'y avait que quatre, huit, dix pierres; mais quatre ou cinq mille!

Dans les environs de Vannes, les habitations ont un aspect fort triste : on y voit rarement des fenêtres. L'intérieur n'est éclairé que par des vasistas pratiqués au-dessus de la porte. Chaque maison, ou plutôt chaque chaumière, a deux portes placées l'une vis-à-vis de l'autre.

Les femmes font consister la grâce à posséder une taille parfaitement cylindrique, depuis les épaules jusqu'à la ceinture. La couleur des vêtemens est ordinairement bleue ou bleuâtre; elle varie du gris au bleu.

Lorient, l'une des plus belles villes de la Bretagne, est située sur le côté droit d'une baie, où la rivière de Blavet et celle de Scorff versent leurs eaux. Elle fut fondée, en 1720, par la compagnie française des Indes-Orientales, qui en fit l'entrepôt de son commerce; c'est aujourd'hui un port de l'État. De ses chantiers de construction sortent de superbes navires : la rade est grande et sûre; les flottes les plus nombreuses pourraient y mouiller. Il y a un bagne de même qu'à Brest, Rochefort et Toulon. L'entrée de la baie est défendue par la citadelle du Port-Louis, placée sur la rive gauche. Ses habitans, qui s'élèvent à plus de vingt mille, s'occupent du commerce maritime plus que de manufactures et d'industrie. Ils ont pourtant une assez bonne fabrique de porcelaine, pour laquelle ils se servent de terre qu'ils tirent des montagnes du département.

Le lieutenant de marine Bisson, qui, pour ne pas se rendre, se fit sauter avec son vaisseau au combat de Stampali, après avoir obligé l'équipage à se sauver, était né à Lorient. Ses compatriotes lui ont érigé une statue qu'on a inaugurée avec beaucoup de pompe le 28 juillet 1833.

Avant de quitter le Morbihan, Dorville et Alfred se rendirent à Baud, au pied de la montagne de Manéguer, ou montagne blanche, où les druides, dit-on, armés d'une massue, assommaient les vieillards qui se plaignaient d'avoir une trop longue vie. Ils visitèrent aussi la cour du château voisin de Quinipilly, au milieu de laquelle ils virent une statue égyptienne placée sur le bord d'un bassin de granit; une inscription qu'on lit sur le piédestal, indique que cette statue de Vénus victorieuse fut érigée l'an de Rome 705, sous le consulat de C. Marcellus et de C. Cornelius Lentulus.

Ils traversèrent encore, entre les deux petites villes de Josselin et de Ploërmel, une lande ou plaine sablonneuse, où se livra, en 1351, le fameux combat des Trente, où trente Bretons combattirent contre trente Anglais, et les vainquirent. Un obélisque de granit a été dressé sur le champ de bataille. Dans l'église gothique de Ploërmel, ils virent de beaux vitraux, et les tombeaux de Jean II et Jean III, ducs de Bretagne; et près de cette petite ville, où l'on fabrique beaucoup de toiles et de lainages, un étang de trois lieues de circonférence, d'où les eaux surabondantes forment en tombant une belle cascade. On leur fit remarquer, dans une de leurs courses, le village de Sarzeau, où naquit, en 1668, l'auteur célèbre de *Turcaret* et de *Gil-Blas*.

La ville de Nantes, chef-lieu du département de la Loire-Inférieure, peuplée de quatre-vingt-dix mille habitans, sur la rive droite de la Loire, au confluent de l'Erdre et de la Sèvre avec ce fleuve, est l'une des plus grandes, des plus commerçantes et des plus populeuses de la France. Les ducs de Bretagne y firent souvent leur résidence, et le château qu'ils y habitaient existe encore assez bien conservé. Ce fut en voyant ce château qu'Henri IV s'écria, dit-on : « Les ducs de Bretagne n'étaient pas de petits compagnons. » Il se fait à Nantes un grand commerce de denrées coloniales, de vins, d'eaux-de-vie, de toiles, de soieries, d'indiennes, de lainages, etc.

Alfred ne pouvait se lasser d'admirer l'heureuse situation de cette ville sur la rive droite du fleuve, sur les deux rives de l'Erdre, et sur plusieurs îles qu'unissent entre elles plusieurs ponts, dont quelques-uns ont jusqu'à trois quarts de lieue de long. Les quais de la Loire sont à peu près de la même longueur. De beaux arbres leur prêtent leur ombrage ; ils forment d'agréables promenades : mais les deux bords de l'Erdre sont magnifiques. Entre cette rivière et le fleuve est une grande place, au milieu de laquelle s'élève une colonne de 74 pieds, surmontée de la statue colossale de Louis XVI. L'un des plus beaux quartiers de la ville est le faubourg de la Fosse ; où l'on voit de beaux hôtels ; le plus riche est celui de l'île Feydeau. Toutefois, il faut convenir que Nantes a peu de beaux édifices. Son hôtel-de-ville, celui des monnaies, le collége, les casernes, les hospices, les églises, ne sont que des bâtimens médiocres. La préfecture, la bourse et la salle de spectacle méritent seules d'être distinguées.

Grossie des eaux de l'Erdre et de la Sèvre, la Loire est très-large au-dessous de Nantes, mais elle est peu profonde : les grands bâtimens sont obligés de s'arrêter à Paimbœuf, sur la rive gauche du fleuve, près de l'embouchure : encore est-il à craindre que la navigation entre Paimbœuf et Nantes ne devienne par la suite très-difficile ou même impossible, à cause des bancs de sable qui se forment à l'embouchure de la Loire.

Nantes a été souvent dévastée par l'effet de la guerre. Les Normands la ravagèrent à leur arrivée en France. Durant la guerre de la Ligue, elle ne fut pas épargnée; mais la Saint-Barthélemy n'y fit point couler de sang. La fermeté du maire Dubrueil sauva les protestans. En 1793, elle fut attaquée par les Vendéens : soutenue par la garde nationale, la garnison les repoussa. L'atroce Carrier, envoyé à Nantes par la Convention, avec le titre de représentant du peuple, couvrit d'échafauds cette malheureuse ville.

Ce fut dans cette ville qu'en 1598, Henri IV donna l'édit fameux qui rendait aux protestans l'exercice des droits dont ils avaient joui antérieurement. Rassurés par la sagesse du souverain, les protestans s'attachèrent à rendre florissante leur patrie. La révocation, par Louis XIV, de cet édit salutaire, porta un coup funeste au commerce et à l'industrie. Le mal fut plus sensible à Nantes qu'ailleurs, parce qu'un grand nombre de ses habitans allèrent porter leur commerce et leur industrie chez les étrangers.

Les autres villes de ce département, dit Dorville à son frère, sont trop peu importantes pour mériter d'être vues. Paimbœuf ne l'est elle-même que par ses rapports avec Nantes. Bourgneuf n'a que des pâturages et des marais salans, et la mer s'éloigne chaque jour de ses rivages. Clisson n'est remarquable que par son vieux château qu'occupait la famille de ce nom, famille illustre, à laquelle appartenait le connétable Olivier. On n'y voit guère aujourd'hui que des tisserands. Ses environs, il est vrai, sont charmans; les bords de la Sèvre offrent les sites les plus pittoresques; nous les pourrons voir en passant par Le Palet, village obscur, où naquit le fameux Abélard.

Ancenis, Savenay, Guerande, le Croisic, Châteaubriand, sont de petites villes qui ne se soutiennent, les unes, que par la vente des bois de construction, les autres, que par la fabrication du sel ou la salaison des sardines. Ce qui est digne de notre attention, ce sont les monumens druidiques qu'on trouve dans plusieurs lieux de ce département : on les nomme *peulvans* et *dolmens*. On appelle peulvans, des pierres taillées en forme d'obélisque, et fichées en terre verticalement. Le dolmen se composait de plusieurs pierres, dont l'une reposait horizontalement sur les autres comme une table. Il paraît que, de même que les anciens peuples de l'Asie et de la Grèce, les Celtes adoraient la Divinité sous la forme de peulvans ou de colonnes. Le plus considérable se voit à Donges, sur le bord de la Loire : il est du poids présumé de vingt mille livres. Près du bourg de Crossac, on voit une pierre énorme du poids de cinquante ou soixante mille livres, posée à plat sur quatre autres qui lui servent de pieds. La cathédrale de Nantes elle-même a été construite sur les ruines d'un temple de druides, consacré à Bol-Janus ou Voldanus, ancien dieu de l'Armorique.

Il me semble, répondit Alfred, que ces dolmens et ces peulvans ne disent pas plus à l'imagination que les peulvans de Carnac; et j'avoue que toutes ces pierres droites ou couchées, entassées ou seules, me frappent beaucoup moins que cette *torche* de Penmark, ces rochers de Plougastel, les grottes de Crozon ou l'enfer de Glogef que j'allai voir, quand nous étions à Quimper, le jour que, te trouvant un peu indisposé, tu prias l'obligeant M. Macdonald de m'accompagner.

Tu n'aurais su en parler plus à propos, lui répondit Dorville. Tu me dois une description succincte, car je te dispense de longs récits; tu me l'a promise, et puisque les préparatifs de notre départ sont faits, et que nous avons du loisir, parle-moi de tout ce que tu as vu dans cette excursion.

La torche de Penmark, dit Alfred, n'est

qu'un rocher séparé du continent par un bras de mer; les eaux s'engouffrent dans le canal avec tant de violence, qu'elles se brisent contre les rochers du rivage et jaillissent en torrens d'écume avec un bruit effroyable. Les rochers de Plougastel ont encore quelque chose de plus sauvage; ils sont brisés, saillans, et pour ainsi dire suspendus au-dessus de la mer; d'épaisses bruyères tapissent leur surface, et recèlent les nids d'une infinité de corneilles, de corbeaux, de buses, seuls habitans de ces lieux; le vent, le bruit des eaux, les brouillards dont on est enveloppé, l'air qui vous saisit par sa fraîcheur, tout contribue à rembrunir le tableau.

On appelle grottes de Crozon, continua Alfred, plusieurs excavations naturelles qu'on remarque sur les rochers qui bordent la mer. Ces excavations ont une quarantaine de pieds de haut, et à peu près le double de large. Une quantité prodigieuse d'oiseaux de mer s'y logent en tout temps. Quand les pêcheurs s'avancent vers les grottes, ces animaux s'envolent en poussant des cris aigus; et les pêcheurs profitent de ce moment pour s'emparer de leurs œufs. Dans la mauvaise saison ou quand la mer est agitée, elle se précipite dans ces grottes en bouillonnant.

Jusque-là, dit Dorville en interrompant son frère, je ne vois rien de bien merveilleux. Les Alpes, les Pyrénées, les montagnes même de l'Auvergne nous offriront des scènes plus pittoresques, plus terribles, plus majestueuses. Je crois, mon cher Alfred, que tu as jugé moins sur tes propres sensations que d'après l'impulsion étrangère donnée à ton esprit. Ce bon M. Macdonald est un excellent homme; mais il se fait quelques illusions, et c'est avec tant de bonne foi, que souvent il les communique aux autres. Il aime son pays par-dessus toutes choses : ce qui assurément est fort louable; mais Quimper est pour lui l'Elysée : le climat de Quimper lui semble plus doux que celui de Grenade ou de Lisbonne; les champs de Quimper, plus beaux, plus rians que les environs de Naples; le clocher de Quimper, plus magnifique que le dôme des Invalides ou la colonne de Napoléon. Ces exagérations continuelles, faites du ton le plus simple, n'auraient-elles pas un peu influé sur ton jugement ?

Cela se peut, répliqua le jeune Alfred. Je t'assure pourtant, mon frère, que tous ces objets m'ont vivement frappé. Je ne sais pas exprimer ce que j'ai senti, peindre ce que j'ai vu : voilà sans doute ce qui rend ma description froide.

Et l'enfer de Glogef! dit Dorville en riant. — Oh! pour cela, je puis dire que j'en ai frémi, et ce n'est pas, je crois, sans raison. M. Macdonald m'a fait monter sur le rocher de Ratz, dont la cime est élevée de trois cents pieds au-dessus de la mer. De là on voit les eaux qui viennent se briser contre le pied du rocher, et lancent dans les airs des nuages d'écume. A peu de distance, on voit la mer qui tournoie, tourbillonne et s'engouffre dans quelque abîme avec un bruit terrible. Les rochers qui entourent ce gouffre paraissent tout rouges, et l'on dirait qu'ils se balancent et qu'ils se meuvent. M. Macdonald m'a expliqué cette illusion d'optique, causée par la réfraction des rayons qui traversent les vapeurs que le mouvement des eaux force à s'élever.

En ce moment entra Bourguignon ; il venait annoncer à son maître que les chevaux de poste étaient arrivés ; et peut-être Alfred ne fut point fâché que la conversation en restât là, car il craignait que son frère ne l'accusât encore d'avoir mal à propos de l'enthousiasme.

CHAPITRE V.

MAINE-ET-LOIRE OU ANJOU ; INDRE-ET-LOIRE OU TOURAINE ; VIENNE, DEUX-SÈVRES, VENDÉE OU L'ANCIEN POITOU.

Tout en s'éloignant de la Bretagne, Dorville et son frère s'entretenaient des mœurs, du costume, du langage des habitants, toutes choses qui font des Bretons, et surtout des Bas-Bretons, un peuple particulier, transplanté en apparence dans une contrée étrangère. Lorsqu'au commencement de la révolution, dit Dorville, il s'agit de diviser la France en départemens, comme il s'agissait de froisser les intérêts de plusieurs, et de heurter d'anciennes habitudes, on allégua que cette division nouvelle ferait disparaître les nuances de caractère qui distinguaient un Normand, ou un Picard d'un Lorrain ou d'un Alsacien, un Breton ou un Angevin d'un Languedocien, ou d'un Gascon; on prétendit que cet esprit national des provinces s'userait dans le morcellement ou l'amalgame des contrées; qu'il n'y aurait plus ni Gascons, ni Picards, ni Languedociens, ni Bretons, etc.

Je crois, moi, qu'il s'agissait tout simplement de détruire le système de la centralisation du pouvoir; de briser entre les mains du faible Louis XVI les ressorts de l'autorité souveraine qui, moins elle se communique, plus elle est efficace; et j'ai toujours été surpris que Napoléon eût laissé subsister cette organisation hostile au despotisme. Il y avait à la vérité suppléé par ses grandes divisions militaires qui comprenaient chacune plusieurs départemens. Mais revenons : je suis persuadé, quelques noms qu'on donne aux provinces, quelques morcellemens qu'on leur fasse subir, à quelques divisions qu'on les soumette, qu'on aura toujours des Champenois, des Provençaux, des Auvergnats, etc. Du moins, pour effacer toutes les différences, je suis persuadé qu'il faudra des siècles. Nous venons d'entrer dans le département de Maine-et-Loire : eh bien! nous voyons déjà des hommes qui ne ressemblent pas plus à ceux que nous quittons, qu'un Espagnol ne ressemble à un Allemand.

Ces observations de Dorville étaient peut-être justes; et c'est là précisément ce qui est fâcheux; car il faudrait qu'en France il n'y eût que des Français; et l'on doit regarder comme un grand mal que tout ce qu'on a fait pour amener ce résultat n'ait encore pu le produire.

La situation d'Angers plut à nos voyageurs: bâtie sur le penchant d'une colline, un peu au-dessous du confluent de la Sarthe et de la Mayenne, qui prend, après cette jonction, le nom de Maine; avec ses toits couverts d'ardoises, ses boulevards, ses promenades, sa cathédrale gothique et ses deux flèches, son château antique, dont les murs sont flanqués de dix-huit grosses tours, cette ville s'annonce de la manière la plus favorable; mais dès qu'on y est entré, on ne trouve que des rues étroites et tortueuses, des maisons mal bâties, et on sent que les préventions qu'on avait ne tardent pas à changer de caractère. On va voir pourtant sa préfecture, son collége, son musée, son jardin botanique, sa bibliothèque de vingt-deux mille volumes, une maison gothique au coin des deux rues du Figuier, et l'on s'arrête avec plaisir devant le superbe portail de sa cathédrale. Il est formé par trois tours, dont l'une, celle du milieu, beaucoup moins haute que les deux autres qui s'élèvent à 250 pieds, se termine par un dôme octogone que surmonte une lanterne. Le porche est d'une construction très-hardie. L'église renferme le tombeau de René, duc d'Anjou, comte de Provence et roi de Sicile. Le bénitier est une baignoire antique de porphyre de cinq pieds de long sur trois de large. Le maître-autel est couvert d'un dais ou baldaquin qui repose sur dix colonnes de marbre.

On voit dans le cimetière de la Trinité, sur une petite éminence, une chaire de pierre qui ressemble à un cône tronqué. Ce fut là que l'hérésiarque Bérenger prêcha sa doctrine contre l'eucharistie. Le clergé d'Angers s'y rendait processionnellement tous les ans pour y faire une espèce d'amende honorable. Les chanoines de la cathédrale étaient autrefois fort nombreux : ils inscrivaient sur leur registre les personnages les plus marquans de la contrée. Lorsque Charles VII séjourna dans leur ville, ils ne manquèrent pas de l'inscrire au nombre des chanoines honoraires.

L'ancien château des ducs d'Anjou est construit sur un rocher qui, du côté de la rivière, présente un escarpement de quinze ou seize toises de hauteur. Outre ses dix huit tours, il avait pour sa défense une fossé creusé dans le roc, et large de quatre-vingt-dix pieds. Les anciens remparts de la ville, plantés aujourd'hui de beaux arbres, font d'agréables promenades. Angers livre au commerce de grosses toiles, des étamines, des mouchoirs, du chanvre et du lin, du vin et des bestiaux.

Les deux frères partirent d'Angers le lendemain de leur arrivée, pour aller voir le Pont-de-Cé que les Angevins citent comme leur merveille : c'est une série de ponts et de chaussées, commençant à deux petites lieues au-dessous de la ville, et se prolongeant sur un espace de quinze ou seize cents toises à travers les deux bras de la Loire et les îles que forment les eaux en se séparant. Les maisons, rangées sur les deux bords de ces chaussées sont ce qu'on appelle la ville du Pont-de-Cé. On y compte près de trois mille habitans. Le château de Sérans servit de but à une autre promenade. Ce château, où l'on remarque un très-bel escalier, des colonnes de marbre noir, et le tombeau de Nicolas Bautru, marquis de Vauban, tué en 1765 au passage du Rhin, possède dans ses magnifiques jardins une des plus belles orangeries qu'il y ait en France.

Saumur, patrie de madame Dacier qui, dans sa dispute avec Lamothe, se montra toute hérissée de grec et d'injures; ce qui fit dire qu'elle avait écrit comme un homme, et son adversaire avec l'esprit et la grâce d'une femme : Saumur méritait une excursion. Dorville la proposa le soir à son frère, qui, on le pense bien, se garda d'un refus. Cette ville, lui dit son aîné, au moment où ils commençaient à apercevoir son château et ses clochers, fut acquise à prix d'argent par Charles IX du duc de Guise; elle coûta 64,991 liv. de ce temps-là; ce qui représente sans doute une somme bien supérieure à la valeur nominale actuelle, mais non celle à laquelle on pouvait estimer une ville et ses dix ou douze mille habitans avec leur industrie manufacturière et commerciale.

Dorville avait raison. Saumur a des fabriques nombreuses, et son commerce est assez étendu : il consiste en vins, eaux-de-vie, lin, chanvre, et principalement en quincaillerie. Cette ville possède une assez belle église gothique, à laquelle on a donné un portail moderne ; de vastes casernes, une école d'équitation pour la cavalerie, des établissemens de bains, des quais ombragés de grands arbres, des promenades très-variées, un hospice d'enfans-trouvés, dans les environs duquel on a creusé dans la roche des loges pour les aliénés. Son pont sur la Loire est l'un des plus beaux ponts de France : il a soixante pieds d'ouverture sur une longueur de huit cent cinquante-deux. Son vieux château, qui a eu pour gouverneur cet austère Duplessis-Mornay, qu'Henri IV honorait de sa confiance, et que les courtisans craignaient et estimaient, a été restauré depuis peu d'années, et converti en prison d'état. Le général Berton y fut renfermé.

A quatre lieues environ de Saumur est la petite ville de Doué, qu'on ne visite pas sans intérêt. Nos deux voyageurs virent les ruines d'un amphithéâtre romain, dont les gradins existent encore; une des plus belles fontaines qu'on puisse voir en France, et un édifice antique qu'on appelle *Goberderie*, et qui fut la maison de plaisance du *bon roi Dagobert.* Louis-le-Débonnaire y a résidé pendant quelque temps. On voit aussi à Doué une petite église dont on attribue la fondation au même prince; elle est plus étroite au fond qu'à l'entrée; ce qui produit un singulier effet de perspective. La fontaine, construite en fer-à-cheval, a soixante-douze pieds de circuit, sur deux pieds trois pouces de profondeur. Ses eaux tombent dans un bassin qui est à huit ou neuf pieds plus bas, et qui a cent cinquante pieds d'étendue. A l'une des extrémités de ce bassin, on voit une arcade en pierre, par laquelle s'échappent les eaux surabondantes. Ces eaux vont, à peu de distance, faire tourner plusieurs moulins et alimenter des tanneries; elles servent plus loin à l'arrosage des terres.

Les deux frères visitèrent encore la vaste manufacture de cotons de Chémillé. Là, on file, on tisse, on blanchit et on teint le coton. Cette manufacture, l'une des plus belles de France, emploie, dit-on, plus de deux mille ouvriers. Elle est située au sud d'Angers, dans l'arrondissement de Beaupréau, sur l'Evre, où l'on s'occupe aussi de teinture et de tannerie. L'Anjou, au reste, a beaucoup de manufactures et surtout des tisseranderies dont les produits sont versés sur Nantes; on y récolte d'assez bon vin, surtout aux environs de Saumur, et l'on en tire de l'ardoise, du marbre, du grès et des pierres de taille. Cette province était autrefois couverte de riches abbayes et de monastères : on citait celle de

St-Serge, près d'Angers, celles de St-Florent et de St-George, situées l'une et l'autre sur les rives de la Loire, c'est-à-dire, dans une superbe campagne; on parlait principalement de la magnifique et opulente abbaye de Fontevrault, dont nous dirons quelques mots en passant.

Cette abbaye fut fondée en 1047, dans un bois peu éloigné de Saumur, à une lieue de la Loire, auprès d'une fontaine abondante qu'on appelait *fons Ebraldi*. On dit qu'un prêtre breton, nommé Robert d'Arbrissel, avait prêché, à l'époque des premières croisades, avec tant de succès, qu'il vit bientôt à sa suite une foule d'hommes, de femmes, d'enfans, de vieillards. Il traversait l'Anjou avec cette escorte nombreuse, mais peu choisie. Comme il avait beaucoup de peine à maintenir l'ordre parmi ses disciples, il imagina de fonder une colonie aux lieux où il se trouvait. Il fit aussitôt construire une église; il bâtit des cabanes, profita des excavations qui se trouvaient dans les rochers; il sépara les hommes des femmes, les vieillards des enfans, et il les assujétit tous à une discipline sévère. Les gens du pays l'aidèrent de leurs abondantes aumônes. L'établissement s'agrandit, se consolida, et deux monastères se formèrent, l'un pour les femmes, l'autre pour les hommes; mais ce fut dans les mains de la supérieure du monastère des femmes, qu'il déposa l'autorité suprême; de sorte que, depuis cette époque jusqu'à la révolution, les deux monastères ont été gouvernés par une femme. Cette femme, il est vrai, était choisie par la cour dans les premières familles de l'Etat. Sur trente-quatre abbesses qu'a eues Fontevrault, on compte quatorze princesses. Les hommes étaient couverts d'un large vêtement noir, semblable à une houppelande; les femmes étaient vêtues de blanc, depuis la guimpe et le rochet de batiste, jusqu'aux souliers; mais elles avaient la ceinture et le voile noirs. Quand elles allaient au chœur, elles mettaient par-dessus tout une espèce de mante d'étamine noire. D'éminens personnages avaient été ensevelis dans ce monastère : la fameuse Éléonore de Guienne, qui, répudiée par Louis-le-Jeune, épousa le roi d'Angleterre, et lui apporta de vastes provinces pour dot; Isabelle d'Angoulême, qui fut aussi reine d'Angleterre, le roi Henri II, l'aventureux Richard Cœur-de-Lion, etc. Les bâtimens du monastère ont été détruits en partie. Au milieu de ce qui en reste encore, s'élève une vieille tour qu'on nomme la *Tour d'Evrault*. L'ancien couvent des moines a été transformé en maison de détention.

Alfred et Dorville arrivèrent à Tours vers le milieu du jour. Le temps était magnifique, l'air pur et sans nuages, la chaleur tempérée par une légère brise du nord. Oh! que c'est bien avec raison, s'écria tout d'un coup Alfred, dont jusque-là les yeux avaient suffi à peine à voir tous les objets qui se succédaient rapidement chacun avec des attraits nouveaux; oh! que c'est bien avec raison qu'on appelle la Touraine le *jardin de la France!* Oui, c'est vraiment un jardin que la Loire arrose. Vois cette plaine immense qui se termine à l'horizon par ce cercle de collines verdoyantes, coupée de champs de blé, de vignes, de vergers; porte tes regards sur ces hauteurs couronnées d'arbres, de maisons de campagne, de fermes, d'habitations creusées dans le roc, de villages qui paraissent riches et populeux. Et ces monumens ruinés, ces tours à demi abattues ne semblent-elles pas mises là pour montrer, auprès des ouvrages immortels de la nature, que les ouvrages des hommes sont tous destinés à périr?

Oh! répondit en riant Dorville, voilà pour ton âge une réflexion bien profonde, dont je ne conteste point d'ailleurs la justesse. Oui, ces tours ruinées semblent me dire que ces arbres seront toujours beaux, que ce sol sera toujours fécond et riche, que la main de la nature est et demeure inépuisable, que nous ne travaillons, nous, que pour un jour. Mais gardons pour un autre temps l'analyse de nos sensations actuelles. Il est bon que nous les ayons éprouvées; mais il serait fâcheux qu'elles nous attristassent. Jouissons plutôt du coup d'œil magnifique que nous offre l'entrée de Tours, de Tours que tu connaissais avant par ses excellens pruneaux, que tu connaîtras désormais un peu mieux, et sous de plus nobles rapports.

Je ne crois pas, continua Dorville, qu'il y ait rien en France qu'on puisse comparer pour la beauté à cet ensemble d'objets ravissans qu'on trouve ici réunis : ce pont, l'un des plus beaux de l'Europe, cette place circulaire qui le précède, cette autre place à laquelle il aboutit, cette rue royale de Tours, large, alignée, longue de quatre cents toises, ornée de trottoirs, bordée d'hôtels modernes, de riches boutiques, de maisons élégantes; ces deux édifices qui se montrent à nous (1), cette tour gothique (2) qui semble se cacher derrière un rideau de verdure. Malheureusement le reste de la ville répond peu à ce que nous voyons, les vieux quartiers sont obscurs, mal bâtis; mais des constructions nouvelles se font chaque jour dans cette partie; d'ici à peu d'années, Tours offrira partout de belles rues et de beaux édifices.

Les deux frères allèrent d'abord visiter la cathédrale. Ils admirèrent la hardiesse des voûtes, la ténuité des piliers qui les supportent, et la richesse de ses vitraux. De là ils se rendirent sur l'emplacement de l'ancienne abbaye de Saint Martin, où l'on voyait le tombeau du Saint, révéré des rois de la première race. Il n'en reste qu'une tour que les démolisseurs de 1793 ont bien voulu conserver. Je suis fâché, dit Dorville, qu'on ait ainsi livré à la cupidité de quelques hommes des monumens qu'il aurait fallu respecter, parce que leur histoire se liait à celle du pays. Qui ne sait que nos anciens rois allaient

---

(1) Le Musée et l'Hôtel-de-Ville.
(2) Celle de la cathédrale.

en pélerinage à Saint-Martin-de-Tours; que l'église jouissait d'un droit d'asile tellement sacré que les rois eux-mêmes n'auraient osé le violer; qu'un engagement pris au nom de Saint-Martin semblait indissoluble, et qu'un serment par le Styx ne liait pas mieux les dieux et les héros du paganisme, qu'un serment par *Monsieur Saint-Martin* ne liait ceux qui l'avaient prêté? Eh bien! je voudrais voir encore cette église, ce tombeau vénéré.

Tours est une ville manufacturière et commerçante. Il sort des ses ateliers de belles soieries. Louis XI, dont on a dit tant de mal, et qu'on s'est plu à représenter comme un despote sombre et sanguinaire; Louis XI, à qui pourtant le peuple dut ses premières libertés, l'industrie ses premiers encouragemens, le commerce ses premières immunités; Louis XI dont la *tyrannie* ne s'exerça que sur les grands, oppresseurs du peuple et rivaux de leur souverain, fit venir à grands frais, de l'Italie et de la Grèce, des ouvriers pour le tissage des soies, branche d'industrie qui depuis cette époque s'est constamment accrue. Tours fournit encore au commerce des tapis, de la faïence, des cuirs, des draps, des mouchoirs, des cotonades, des fruits, et surtout des pruneaux, des vins rouges et blancs.

Le P. Rapin, le poète dramatique Destouches, Grécourt, dont les poèmes très-libres sont peu dignes d'un chanoine de la cathédrale, naquirent à Tours. Le joyeux curé de Meudon, Rabelais, reçut le jour dans le voisinage de Chinon. Descartes était du petit village de la Haie, près de celui des Ormes.

La fameuse abbaye de Marmoutiers était à un quart de lieue au dessus de la ville; elle n'existe plus. A une distance à peu près égale, s'élevait le château de Plessis-lès-Tours, bâti par Louis XI qui s'y plaisait beaucoup, et qui même y termina sa carrière en 1483. Il n'offre guère aujourd'hui que des ruines. Les larges fossés qui l'entouraient, les grilles de fer qui en défendaient les approches n'ont pu le sauver de la destruction.

L'église de Loches, sur l'Indre, renferme le tombeau de cette Agnès Sorel, qui réveilla Charles VII de la funeste indifférence avec laquelle il perdait son royaume. La tombe est de marbre noir; une statue qui la représente repose sur le monument: deux anges soutiennent la tête, deux agneaux sont à ses pieds. Les chanoines avaient d'abord permis que le mausolée fût placé dans le chœur : ils obtinrent, sous le règne de Louis XV, qu'il fût transféré dans la nef. Le tombeau fut ouvert à cette époque; il ne contenait plus que de la poussière; mais on y trouva des cheveux tressés. Loches a quatre mille habitans.

Nos voyageurs passèrent ensuite au château de Chenanceaux, où résida Diane de Poitiers, et de là ils gagnèrent celui de Chanteloup, bâti par la princesse des Ursins, augmenté et embelli par le duc de Choiseul, qui s'y retira après sa sortie du ministère. Ils terminèrent leur journée à Chinon, sur la Vienne, petite ville d'environ sept mille âmes, qui n'est remarquable que par les événemens dont elle a été le théâtre. Ce fut à Chinon que le roi d'Angleterre, Henri II, mourut de chagrin d'avoir disposé de l'empire en faveur d'un fils qu'il jugeait indigne de régner, de ce Richard qu'on surnomma Cœur-de-Lion, parce qu'il était brave, et qu'il fallait plutôt nommer cœur de tigre, parce qu'il eut la lâche barbarie d'insulter au cadavre de son père. Ce fut encore à Chinon que Jeanne-d'Arc se présenta pour la première fois à Charles VII.

La ville d'Amboise, à cinq lieues de Tours, n'a rien de remarquable; ses industrieux habitans fabriquent des tapis et des limes, tannent et préparent des peaux. Louis XI y institua l'ordre de Saint-Michel. Le fameux Léonard de Vinci, le père de la sculpture et de la peinture en Italie, qui joignit à son talent extraordinaire pour les beaux-arts l'imagination d'un poëte, l'instruction d'un littérateur, la précision dans les idées d'un mathématicien, avait été appelé en France pour embellir de ses productions plusieurs maisons royales. La maladie l'atteignit près d'Amboise, dans une maison qu'il avait achetée: il y succomba, et il fut inhumé, dit-on, dans l'église de Saint-Florentin; mais on ignore en quel lieu, et sa tombe n'a pas été retrouvée.

On voit hors de la ville, dans l'ancien couvent

des Minimes, la grande cave que ces religieux avaient creusée dans le roc : c'est une longue mais étroite galerie où l'on peut placer quinze ou seize cents pièces de vin. On y avait ménagé en outre quatre énormes caves revêtues en maçonnerie. Au dessus de la cave, est une autre excavation semblable, destinée à serrer les grains : on lui a donné le nom de Grenier de César.

Alfred, en s'éloignant de Tours, emportait de la contrée qu'il venait de voir une idée riante qui l'occupa plusieurs jours, mais qui l'exposa souvent à de fâcheux mécomptes; s'il voyait une colline, s'il apercevait une rivière, s'il découvrait dans le lointain une tour, un clocher, aussitôt il cherchait les coteaux que baigne la Loire, et ne les trouvant plus, il s'écriait presque avec dépit : Oh ! quelle différence ! Dorville avait ri d'abord de ces petits mouvemens d'humeur ; quand il vit que l'humeur se prolongeait, il craignit que son frère ne perdît en partie le fruit de son voyage, en cessant de prendre intérêt aux pays qui ne lui offriraient point les ravissans paysages de la Touraine.

Mon ami, lui dit-il, je te plaindrais si le sentiment que tu éprouves, devenant trop vif, changeait en dégoût pour ce que tu dois voir encore les regrets que te cause ce que tu as vu. La Touraine est un pays délicieux, j'en conviens; on la quitte avec peine, on la revoit avec plaisir ; mais mille autres contrées ont droit à notre attention. Si l'une te plaît par ses frais ombrages, ses bosquets, ses masses de verdure, l'autre te plaira par d'autres avantages. Les plus riches mines de l'univers sont situées sur une montagne aride, tout-à-fait dépouvue de végétation et à laquelle on n'arrive qu'en franchissant d'affreux précipices. Celui qui n'aurait cherché que la belle nature n'aurait jamais découvert le Potosi.

La surface de la terre n'est point partout semblable. Ici elle se couvre de fleurs et de fruits ; là de mers orageuses, de rochers sourcilleux, de sables stériles; ici, une fontaine digne des vers d'Horace fait jaillir ses eaux salutaires du sein d'une vaste prairie ; là, ce sont des eaux brûlantes, sulfureuses, fétides; ici coule un ruisseau qui répand sur son cours la fertilité ; là se précipite un torrent écumeux qui entraîne tout. Nous vivons sous un ciel tempéré, nous jouissons d'un air pur et salubre : rapelle-toi que le Samoïède, tout couvert de la dépouille des bêtes qui partagent avec lui ses déserts glacés, creuse son habitation dans la terre, tandis que l'Arabe, le Maure, le Nègre, tombent abattus sous les rayons d'un ardent soleil.

Tu trouveras en France d'autres contrées qui te rappelleront la Touraine, sans trop perdre à la comparaison. L'Espagne, l'Italie, t'en offriront, où la nature te semblera plus belle encore. La Suisse, l'Allemagne, l'Angleterre, ont des beautés d'un autre genre. Nous verrons aussi des pays qui te paraîtront bien inférieurs à celui que tu parcours maintenant; ce n'est point une raison pour les dédaigner. Sachons chercher dans chacun d'eux ce qu'il renferme d'intéressant et d'utile : c'est le seul moyen de se faire partout des jouissances réelles.

Le département de la Vienne, le Poitou, pour mieux dire, car les Deux-Sèvres et la Vendée offrent le même caractère, se compose de plaines, de coteaux, de montagnes rocheuses, de bruyères et de marais. Ses campagnes, comme tu as pu déjà t'en convaincre, produisent un nombre infini de noyers d'où l'on tire une grande quantité d'huile. Le bois de chauffage et de construction est commun dans quelques parages, rare en d'autres. Le gibier, le poisson, la volaille, n'y manquent point ; on y voit surtout des oies par troupes nombreuses. Les montagnes fournissent du fer, de l'antimoine, du marbre, de la pierre à bâtir. Les naturalistes et les géologues y trouvent des pétrifications, des coquillages marins, des bancs d'huîtres fossiles de trente pieds de profondeur ou d'épaisseur et de plusieurs milles d'étendue.

D'un autre côté, le Poitou commerce en laines, en gros et menu bétail, en chevaux et mulets; on en tire encore du lin, du chanvre, des peaux de chamois, des toiles, des serges, des lainages, du poisson frais et salé, de la bonneterie, de la coutellerie, des cuirs, de l'angélique confite, et même des vipères qui servent à fabriquer la thériaque. Le Bas-Poitou jouit d'un meilleur sol que le Haut-

Poitou; mais il est exposé à voir souvent ses terres noyées.

Tout ce pays était autrefois habité par les Pictaves, qui formaient au temps de César, une des principales tribus celtes. Les Visigoths s'en emparèrent au cinquième siècle; mais ils ne gardèrent pas leur conquête : les Francs, conduits par Clovis, vinrent la leur arracher. Alaric se défendit avec courage; la fortune lui fut contraire: il périt dans les champs de Vouillé (1), de la main du prince franc. Cette province passa plus tard au pouvoir des ducs d'Aquitaine. La fameuse Éléonore de Guienne en rendit maître le roi d'Angleterre, Henri II, qu'elle épousa. Les Anglais retinrent le Poitou jusqu'au moment où Charles VII les expulsa du sol Français.

Alfred avait reconnu sans peine que son frère raisonnait juste; mais il n'en fut pas moins choqué, en entrant dans Poitiers, de voir une grande ville presque déserte, mal construite, obscure, pleine de rues tortueuses, dépourvue de monumens et de beaux édifices. Il voulut voir, pour se dédommager, les restes d'une amphithéâtre romain, d'un aqueduc et d'un palais de l'empereur Gallien, surtout la promenade du Pont-Guillon, d'où l'on jouit d'un très-beau coup d'œil. Ensuite il entraîna son frère jusqu'à *Pierre-Levée*, dolmen de druides, à une demi-lieue de la ville. Mais la vue d'un bloc de pierre long de trente

(1) A quatre lieues de Poitiers.

pieds sur dix sept, posé sur quatre ou cinq piliers, ne parut pas trop le payer de la peine qu'il avait prise. Il sourit lorsqu'il entendit son frère lui dire d'un ton fort sérieux : cette pierre, suivant les uns, n'était qu'une pierre tumulaire des anciens Pictes ; d'autres en parlent comme d'un monument celtique. Les érudits poitevins ne s'accordent pas, et jamais sans doute ils ne s'accorderont ; car chacun d'eux s'appuie de graves autorités. Pour moi, je ne pense ni comme les premiers, ni comme les seconds, Je ne m'en rapporte pas même à la légende, suivant laquelle ce fut Sainte-Radegonde qui éleva de sa main ce monument, et qui pour cela porta le gros bloc sur sa tête et les piliers sous son bras. Je suis de l'avis de Rabelais : ce fut Pantagruel qui, revenant de la promenade, trouva cette pierre, la prit sous son bras et vint la placer tout près de la ville, afin que les étudians de l'Université pussent y *banqueter à force flacons, pâtés et jambons.*

Cette sainte Radegonde, continua Dorville, était fille du roi de Thuringe. Après le meurtre de son père, elle devint la proie de Clotaire, l'un des fils de Clovis. Sur la fin de ses jours, elle se retira dans un cloître où elle mourut, en 590. Son tombeau en marbre noir est placé dans un crypte derrière l'autel de l'église qui lui est consacrée, sur une grande table de pierre que supportent de petits piliers.

Dans leurs diverses excursions autour de Poitiers, nos deux voyageurs virent en passant la petite ville de Lusignan, auprès de laquelle on aperçoit les ruines du château dont les seigneurs donnèrent une race de rois à Jérusalem reconquise; celle de Montcontour, où les protestans commandés par Coligny furent défaits par l'armée royale, que conduisait le duc d'Anjou; Châtellerault, ville d'environ dix mille âmes, où l'on traverse la Vienne sur un très bon pont; industrieuse, connue par sa manufacture d'armes blanches, et surtout ses ateliers de coutellerie; Loudun, tristement célèbre par le sacrifice d'Urbain Grandier, accusé et *convaincu*, dirent les juges, d'avoir ensorcelé les ursulines (1), et bien évidemment immolé aux vengeances du cardinal de Richelieu, contre lequel il s'était permis, dit-on, quelque épigramme un peu vive; Civaux, à une demi-journée de la capitale, remarquable par son cimetière, où l'on voit un grand nombre de cercueils de pierre avec leur couvercle de granit, placés verticalement, et qui, suivant M. Millin, remontent aux premiers temps du christianisme. Ils rentrèrent à Poitiers par Vouillé, où Clovis défit les Goths, où, trois siècles plus tard, Charles Martel arrêta les Arabes venus d'Espagne.

L'un des objets qui avait le plus excité la curieuse attention d'Alfred, c'était le monument de Montmorillon, petite ville sur la Gartempe. C'est un

---

(1) En 1634.

temple gaulois de figure octogone, à demi ruiné, enfermé dans l'enceinte d'un ancien couvent. Il forme deux étages. Celui du dehors est moins vaste que l'autre, parce que les murs, depuis le sol jusqu'au plancher, sont d'une épaisseur énorme. L'étage supérieur est éclairé par huit ouvertures, dont l'une sert de porte. Un tuyau cylindrique, long de vingt ou vingt-quatre pieds, traverse la voûte et laisse pénétrer quelques rayons de lumière dans l'étage inférieur; un escalier pratiqué dans l'épaisseur du mur servait de communication entre les deux étages. Huit figures humaines grossièrement sculptées ornent le dessus de la porte. L'une de ces figures semble représenter une divinité, la seconde une prêtresse des druides, les autres des druides.

Le département des Deux-Sèvres paraît en général plus triste et moins fertile que celui de la Vienne; aussi nos deux voyageurs ne firent-ils à Niort, qui en est le chef-lieu, qu'un séjour assez court. Les autres villes leur offraient trop peu d'intérêt pour qu'ils fussent tentés de les visiter. Ils se contentèrent de voir les environs de la capitale, et des renseignemens que leur fournit sur le reste un Niortais qu'ils avaient rencontré à Poitiers, et à qui Dorville avait offert une place dans sa chaise.

Vous verrez Niort, dit-il, je n'ai pas besoin de vous en parler; je vous dirai seulement que, depuis quelques années, les habitans et nos administrateurs travaillent à remplacer par de nouveaux édifices les vieilles maisons qui encombrent notre ville de leurs ruines. Thouars, sur le Thouet, s'élève en amphithéâtre autour d'une colline de moyenne hauteur. Melle, sur la Boutonne, était jadis un pays de mines. Les rois de la première race y avaient un château. Il y a un singulier usage : tous les ans, le mardi de Pâque, les garçons, ou *bacheliers*, s'assemblent et procèdent en grande pompe à la nomination d'un capitaine de la *bachélerie*. L'élu est installé le dimanche de la Pentecôte. Cette association, au reste, n'a aucun but politique.

Saint Maixan, continua le Niortais, souffrit beaucoup dans les guerres de religion. Sa population, autrefois nombreuse, fut réduite à 5,000 ames, et depuis elle n'a pas augmenté. On y vend beaucoup de mulets. Champ-de-Niers et Châtillon avaient autrefois des *bachéleries*; on voit dans leur territoire plusieurs *pierres-levées*. Le plus remarquable de ces monumens est celui du bois de Simelonge. On a trouvé à l'entour beaucoup d'ossemens humains. Parthenay, Saint-Loup, Bressuire, n'ont absolument rien de remarquable. Seulement, je dirai que Saint-Loup a quelque droit à une mention. Voltaire était originaire de cette bourgade ; son père y était né, et il existe encore dans la contrée des *Arouet*, issus de la même famille.

Nos voyageurs arrivaient à Niort au moment où le Niortais finissait; ils remarquèrent plusieurs rues larges et bien alignées et d'assez belles maisons, une église gothique construite par les Anglais, un fontaine abondante, dite du Vivier, qui doit ses eaux à un puits artésien, une bibliothèque publique; les bâtimens qui ont remplacé depuis très-peu de temps l'hôtel-de-ville, autrefois demeure d'Éléonore de Guienne; deux ou trois tours qui ont servi long-temps de prisons. reste de l'ancien château. Un de ces donjons a vu naître la fameuse Françoise d'Aubigné, qui, réduite à l'indigence par les malheurs de sa famille, se trouva heureuse de pouvoir devenir l'épouse de Scarron, et qui, par un étrange caprice de la fortune, de veuve du poète devint femme de Louis XIV, sous le titre modeste de marquise de Maintenon.

Les alentours de Niort sont agréables; la végétation y est forte et vigoureuse. Dorville mesura un tilleul dont le tronc avait environ quinze pieds de diamètre, et dont les branches, disposées et dirigées avec art, ont l'apparence d'autant d'arbres qui tous sortent d'un tronc commun : c'est une espèce de bois aérien porté sur une seule tige.

Les gens de la campagne, dans le département des Deux-Sèvres, paraissent aimer les distractions et l'amusement. Tout le temps de la moisson est pour eux temps de fête; les jeux les délassent de leurs travaux. A la Toussaint, fêtes nouvelles : on allume le *brazillet*, c'est-à-dire des feux champêtres, pour faire cuire des chataignes. A la Saint-Jean, ce sont des feux de joie auxquels, pour l'ordinaire, c'est le curé du village qui attache le feu; durant tout l'été, ce sont des danses ou *ballades*, qui ont lieu aux fêtes patronales des villages. Les foires sont encore une occasion de réunions et de divertissemens. Au fond, l'habitant des plaines a plus de bienveillance et de franchise que le montagnard ou que l'habitant des marais. Celui-ci, vivant de chasse et de pêche, accoutumé à la solitude, est sombre, taciturne, un peu sauvage; le paysan des montagnes est soupçonneux, méfiant, attaché à ses habitudes et aux forêts qu'il habite.

Les deux frères entrèrent dans la Vendée par Fontenay. Les Vendéens, dit Dorville, ressemblent aux habitans des Deux-Sèvres; seulement ils sont en général de plus petite taille et ils paraissent moins robustes. Ce sont là pourtant les hommes qui, en 1793 et en 1832, soit par attachement opiniâtre à leurs anciennes habitudes, soit par dévoûment à l'ancienne monarchie, se sont mis en révolte ouverte contre le gouvernement adopté par le reste de la France, ont soutenu par les armes l'insurrection qu'ils regardaient comme un devoir, et, malgré de sanglantes défaites, ont persévéré avec une inébranlable constance dans le parti qu'ils avaient embrassé.

Fontenay, peuplé de 7 à 8,000 ames, est la plus grande ville du département, quoiqu'elle n'en soit pas le chef-lieu. Dans l'origine, elle ne se composa que de quelques cabanes de pêcheurs; le comte de Poitou y fit construire un château;

bientôt après le château s'entoura de maisons. Plus tard, la population augmentant, on construisit des faubourgs : ils sont aujourd'hui aussi considérables et mieux bâtis que la ville, qui n'offre rien de remarquable que sa flèche, qui a 294 pieds de hauteur. Ce fut d'un couvent de cordeliers de Fontenay que sortit le fameux curé de Meudon.

En passant à Luçon, nos voyageurs virent le canal qui va de cette ville à la mer, et l'écluse par laquelle les eaux s'y introduisent, au moment du flux. Ils traversèrent ensuite la ville d'Olonne ou des Sables d'Olonne, où les habitans, dont on porte le nombre à 5,000, parviennent presque tous à un âge très avancé, ce qu'ils doivent sans doute à l'air pur qu'ils respirent; on ajoute qu'ils sont espagnols d'origine : leur teint basané semble donner quelque poids à cette assertion.

Arrivés sur le soir à Bourbon-Vendée, ville moderne, bâtie sur l'emplacement de la Roche-sur-Yon, les deux frères eurent encore le temps de voir les promenades et quelques édifices assez beaux; mais ils trouvèrent les rues et les places presque désertes. Cette ville construite pour une population présumée de quinze à vingt mille habitans, en renferme tout au plus quatre mille, et il n'est guère probable qu'elle prenne beaucoup d'accroissement à cause de sa situation loin de la mer et des rivières navigables. Napoléon y avait fait exécuter la plupart des travaux qu'on y remarque. Il voulait pacifier la Vendée après l'avoir soumise par les armes. Le meilleur moyen c'était d'y jeter une colonie, et d'attirer les naturels autour d'elle, en répandant sur eux des bienfaits.

Le département de la Vendée se divise en trois parties bien distinctes : le *marais*, qui comprend tout le littoral et qui produit d'excellent grain ; la *plaine*, d'où l'on tire des grains et des légumes de toute espèce ; le *bocage*, tout entrecoupé de haies, de vergers, de bois, de vignobles, de collines, de ravins. La plaine est exclusivement réservée pour la culture des terres ; le marais nourrit de superbe bétail dans ses pâturages : on en tire des roseaux pour couvrir les chaumières ; la côte fournit des sardines, les salines donnent beaucoup de sel. Les terrains couverts abondent en gibier ; mais après les pluies chaudes de l'été on y trouve beaucoup de vipères et d'autres reptiles malfaisans.

Il y a plusieurs îles sur la côte de la Vendée. La plus considérable est celle de Noirmoutier, dont le sol, d'une extrême fertilité, mais plus bas que le niveau de la mer, exige des habitans des travaux continuels. Une digue d'environ douze mille toises de longueur s'oppose aux envahissemens de la mer, et chaque jour encore on travaille à la consolider.

CHAPITRE VI.

LA CHARENTE-INFÉRIEURE OU SAINTONGE, LA CHARENTE OU ANGOUMOIS, LA DORDOGNE OU PÉRIGORD; LA GIRONDE, LE LOT-ET-GARONNE OU GUIENNE.

Les deux frères partirent un peu avant le jour, afin d'arriver de bonne heure à La Rochelle, ancienne capitale du pays d'Aunis, aujourd'hui chef-lieu de la Charente-Inférieure. Cette ville, et la province qui en dépendait, ont subi la domination anglaise jusqu'en 1372. Depuis cette époque, elles ont appartenu à la France. Dans le seizième siècle, La Rochelle devint l'un des boulevards du parti protestant. Elle parvint sous Henri IV, grâce à l'édit de Nantes, à un très haut degré de prospérité. Sous le faible successeur de ce prince, l'intolérant Richelieu voulut la dépouiller de ses libertés; elle les défendit par les armes et succomba. On connaît ce siège fameux autant par l'habileté de l'attaque, que par le courage de la défense. On voit encore à la marée basse, à l'entrée du port, les restes de la jetée de cent cinquante toises qui ferma la mer aux Rochellois.

Cette ville a été fortifiée sous Louis XIV par le

maréchal de Vauban. Son port se compose de trois parties : la rade ou avant-port, où l'on voit un superbe chantier de construction ; le havre ou port proprement dit, qui est dans la ville, mais où l'on n'entre qu'avec le flux ; le bassin de carénage, où des navires de 400 tonneaux sont toujours à flot. Ce bassin, large de cent mètres sur cent quarante, fixa particulièrement l'attention d'Alfred ; il admira le pont de fer sur lequel on le traverse. Ce pont, remarquable par son élégance non moins que par sa légèreté, est divisé en deux parties égales qu'un ingénieux mécanisme ramène sur les bords, quand il est nécessaire d'ouvrir le passage aux navires. Les ponts tournans du canal à Paris avaient déjà donné à Alfred l'idée de ce mécanisme.

La grande place d'armes plantée de beaux arbres, le Champ de Mars, les remparts qu'ombragent deux rangs d'ormeaux, quelques rues bordées en partie d'arcades, la bibliothèque qui renferme vingt mille volumes, l'hôtel des monnaies, le bel établissement des bains de mer, le cabinet d'histoire naturelle contribuent à orner cette ville, dont la population est d'environ quinze à vingt mille âmes, et qui a vu naître dans ses murs le célèbre physicien Réaumur, le spirituel auteur des *Lettres sur l'Italie* (1), Larive, qui a brillé sur la scène française entre Lekain et Talma, et quelques autres personnages

---

(1) Le président Dupaty.

qui, pour être moins connus, n'en ont pas été moins utiles.

Les deux frères quittèrent La Rochelle pour Rochefort, chef-lieu d'une préfecture maritime et d'une sous-préfecture civile. Cette ville toute moderne, construite avec la plus grande régularité, contient quatorze mille habitans, et possède de grands établissemens pour la marine militaire. Le port est un ouvrage admirable pour lequel il a fallu dessécher des marais, creuser le lit de la Charente, et rendre cette rivière navigable à son embouchure. L'arsenal, la corderie, le chantier, les magasins du port, appelèrent tour à tour l'attention de nos voyageurs. Ils regrettèrent que Louis XIV qui se plaisait aux grandes entreprises, n'eût pas fait plus encore pour Rochefort : les grands vaisseaux sont obligés d'aller à l'île d'Aix chercher leurs munitions et leurs vivres.

Cette île d'Aix, la plus petite de celles de la côte, est devenue célèbre depuis que Napoléon, désespérant de sa fortune après le désastre de Waterloo et voulant passer en Amérique, osa se confier à la foi anglaise et se livrer à un capitaine de vaisseau qui le conduisit à Londres. Les îles d'Oléron et de Ré ne sont pas éloignées de celle d'Aix. L'une et l'autre ont été fortifiées, et leurs habitans dont le nombre s'élève à une trentaine de mille, s'adonnent au commerce maritime ou à la marine.

Rochefort a une fonderie de canons, des moulins à vent pour scier le bois de construction et laminer les feuilles de métal. Dans un grand nombre de rues, toutes tirées au cordeau, on a planté des arbres. On dit que c'est pour assainir l'air, qui n'est pas très salubre. Il est à craindre que des plantations ne produisent l'effet contraire, en retenant les vapeurs atmosphériques, et en leur offrant les moyens de se condenser. Les casernes sont très-belles, le bagne très-curieux, l'hôpital militaire magnifique : il consiste en quatre grands corps de bâtimens avec cours et jardins, le tout entouré de fossés pleins d'eau.

Saintes, autrefois capitale d'une province, est réduite aujourd'hui au rôle subalterne de chef-lieu de sous-préfecture. Ancienne métropole des *Santônes*, elle devint plus tard station romaine. On y voit encore les restes ou les ruines d'un arc de triomphe sur le pont de la Charente, d'un cirque, d'un amphithéâtre dans le voisinage de l'église de Saint-Eutrope, qui paraît elle même remonter à une haute antiquité ; on y remarque les souterrains et l'extrême ténuité des colonnes qui supportent les voûtes. La bibliothèque parut belle à Dorville ; mais le bâtiment qui la renferme lui sembla fort mesquin. On lui fit voir une Bible donnée par Fénélon, et enrichie de notes marginales par le donateur. Comme les autres villes du département, Saintes fait un grand commerce d'eaux-de-vie.

Ce fut à Taillebourg, près de Saintes, qu'en 1242 Louis IX remporta une grande victoire sur les Anglais, qu'il repoussa loin de ses frontières.

Nos voyageurs avaient traversé non sans intérêt ce champ de bataille; le lendemain, presque en entrant dans l'Angoumois, ils traversèrent celui de Jarnac, où les catholiques, sous les ordres du duc d'Anjou, défirent complétement les protestans en 1569. Ces derniers avaient pour chef le prince de Condé qui, grièvement blessé au bras et à la jambe et contraint de s'appuyer contre un arbre, fut aperçu par un officier ennemi qui le tua froidement, ou plutôt l'assassina d'un coup de pistolet. C'est peut-être de là qu'est venue l'expression proverbiale *un coup de jarnac* pour dire un coup porté traîtreusement.

Cognac, à trois lieues de Jarnac, n'est qu'une petite ville de trois mille cinq cents habitans; mais ses excellentes eaux-de-vie l'ont fait connaître de toute l'Europe. A Cognac et dans tous les lieux voisins, on ne voit que distilleries, de même que dans la campagne et sur un espace de plusieurs lieues, on ne voit que vignobles. Ce fut au château de Cognac, et, suivant quelques écrivains, sous un arbre voisin du château, que, surprise des douleurs de l'enfantement, la duchesse d'Angoulême donna le jour à François Ier.

Angoulême, chef-lieu du département de la Charente, autrefois capitale de l'Angoumois, est située sur un plateau élevé, et peuplée de quinze mille habitans. Elle est en général mal construite : toutefois, quelques édifices modernes méritent d'être distingués. Son école de navigation a été transférée à Brest. Cette ville, que favorise sa position sur les bords de la Charente, fait un grand commerce consistant en grains, eaux-de-vie et papiers fins. Elle expédie aussi, comme Périgueux, des truffes et des volailles truffées.

Dans une tournée rapide, les deux frères virent Barbesieux, qui exporte, outre ses vins, des grains et des bestiaux; la Rochefoucauld, qui n'a de remarquable que son nom; le château de Verteuil, résidence du caustique auteur des *Maximes et Pensées*; le château d'Aubeterre, et son église creusée dans une roche; la petite ville de Ruelle, et sa fonderie de canons pour la marine; les mines de fer de Bandiat et ses ateliers de clouterie; la rivière de même nom qui se perd dans les sables de son lit; la sous-préfecture de Ruffec, où l'on fabrique de gros draps, et où l'on récolte beaucoup de marrons, nourriture ordinaire des ouvriers et des paysans de la campagne, dans le canton de Chabannais. Ils firent une halte devant les sources de la Touvre et aux grottes de *Rancogne*.

La Touvre reçoit ses eaux de deux bassins appelés le *dormant* et le *bouillant*. Le premier, bien que très-profond, paraît toujours calme à sa surface, tandis que le second bouillonne et que l'eau s'en échappe avec bruit. On croit que les deux bassins sont alimentés par les eaux du Bandiat qui s'engouffrent dans la terre à peu de distance. Celles de la Touvre sont toujours extrêmement fraîches; elles conservent cette fraîcheur assez long-temps, même après qu'elles sont entrées dans le lit de la Charente.

Les grottes ou caves de Rancogne sont des excavations naturelles qui se trouvent près du village du même nom; et des mines de fer qui en alimentent les forges. L'entrée en est difficile: c'est une galerie longue et étroite, qui permet à peine d'y marcher debout. Cette galerie aboutit à une salle immense, dont les murs offrent l'albâtre sous mille formes, quelquefois même avec plusieurs nuances de couleur : on croit voir des fruits, des arbres, des figures bizarres d'hommes ou d'animaux, et des ouvrages de sculpture. Ce souterrain renferme deux ruisseaux; l'un, large de deux pieds, a des eaux limpides, inodores, mais chaudes; le second coule à travers les rochers à une profondeur considérable, et avec un bruit retentissant. Ces excavations s'étendent fort loin dans la montagne. Alfred et son frère se contentèrent d'avoir vu la première pièce; car toutes se ressemblent.

Le Périgord qui a pris le nom de la rivière qui le traverse, et forme aujourd'hui le département de la Dordogne, offrit à nos voyageurs d'autres tableaux. C'est un pays entrecoupé de collines, de rivières, de vallées. Les eaux y sont très-abondantes, puisqu'on y compte quatorze cents petites rivières, sources ou fontaines. Les collines y sont presque toutes couvertes de vignes et de bois; mais il y a des cantons arides et déserts, où l'on ne trouve que des genêts, des bruyères et quelques châtaigniers. L'agriculture, en général, est négligée dans le Périgord, ou du moins elle y est arriérée. Le sol produit facilement une grande quantité de maïs. Les Périgourdins s'en servent pour nourrir et engraisser des porcs, dont la vente et la salaison leur procurent des ressources qu'ils ne pourraient tirer de leurs terres. Ils ont d'ailleurs beaucoup de volaille et de chèvres; ils suppléent au défaut de grains par les châtaignes et les champignons ; ils tirent de l'huile de leurs noyers, récoltent un peu de vin, et s'occupent de la recherche des truffes, qui de leur pays se répandent par toute l'Europe.

Comment! dit Alfred, ces excellentes truffes que nous avons mangées cet hiver à Paris, nous venaient du Périgord? — Oui, mon ami. Ce n'est pas qu'il ne s'en trouve dans beaucoup d'autres départemens surtout vers les Pyrénées ; mais celles du Périgord, injustement peut-être, ont la réputation d'être les meilleures. Je dis injustement, car je me souviens d'avoir traversé, il y a quelques années, le département des Pyrénées-Orientales, et d'en avoir mangé d'excellentes. — Sait-on encore comment cette substance vient dans la terre, comment elle prend de l'accroissement, comment elle se propage? — Tout ce qu'on peut dire, c'est que ce végétal grossit dans la terre quoiqu'il n'ait ni racines, ni tige, ni feuilles, ni aucune apparence de graine ou semence; mais comme on le trouve dans le voisinage des vieux chênes, on suppose que la nature a établi des rapports secrets entre la truffe et la racine de chêne, dont la saveur a, dit-on, beaucoup d'analogie avec celle de la truffe. Plus d'une fois l'expérience a montré qu'une truffière périt, si l'on déracine les chênes voisins.

Périgueux où nos voyageurs arrivèrent le soir d'assez bonne heure pour qu'ils pussent en distinguer les maisons mal construites et les rues étroites et tortueuses, est bien déchue aujourd'hui de l'état où les Romains l'avaient mise. Le vieux quartier qui porte le nom de cité, renferme beaucoup de débris d'aqueducs, de bains publics et d'autres édifices. On y remarque les restes d'un cirque, et surtout la tour ronde, haute de cent pieds, sans portes ni croisées et où l'on n'entre que par des souterrains. Elle est désignée dans le pays sous le nom de Tour de Vésune, et regardée par quelques antiquaires comme un temple anciennement consacré à Vénus. Périgueux a aussi plusieurs édifices du moyen-âge ; mais ses promenades sont peut-être ce qu'elle offre aujourd'hui de plus intéressant.

Cette ville ne compte que huit ou neuf mille habitans, qui n'ont ni commerce, ni industrie, ni manufactures d'aucun genre. On les accuse même d'être d'un naturel si froid, si apathique, si indolent, qu'il est impossible de rien terminer avec eux.

A peu de distance de Périgueux, Dorville fit remarquer à son frère le village de Brantôme, qui avait donné son nom à l'auteur des Mémoires si connus dans le monde littéraire, quoique, suivant certains écrivains, il fût né dans le bourg de Bourdeilles, sur la rive gauche de la Drôme, près de la petite ville de Riberac, dont les habitans s'occupent d'agriculture. La ville la plus importante du département est celle de Bergerac, qui compte neuf mille habitans, fait un grand commerce de vins, fabrique de bon papier et forge du cuivre.

Les deux frères remontèrent le cours de la Dordogne : ils virent en passant la jolie petite ville de Bugue, entrepôt du commerce de la contrée avec Bordeaux; et à quelque distance de Bugue, ils visitèrent la grotte de Miremont, la plus belle du Périgord, et l'une des plus curieuses de la France. Elle se compose d'une infinité de salles et de galeries qu'on ne saurait parcourir sans le secours d'un guide. Les stalactites y brillent d'un éclat surprenant; et dans leurs formes, variées à l'infini, elles représentent une infinité d'objets. Près de là est une espèce d'abîme qu'on nomme le *trou de Pomeyssac*. Les gens du pays assurent qu'autrefois il en sortait des vapeurs enflammées.

Cette grotte n'est qu'à quelques lieues de Sarlat, ville de 6,000 âmes, où il se fait un petit commerce de draperie et de mercerie. La forêt voisine passe pour avoir été jadis très-fréquentée par les druides. Dorville et son frère ne quittèrent point les environs de Sarlat sans avoir été saluer la patrie de Fénélon et celle de Montaigne, auteur immortel des *Essais*, qui offrent à la méditation des lecteurs tant de traits profonds sous le voile d'un léger badinage. Ils visitèrent ensuite la belle fontaine de Ladoux, dont le bassin, de 88 toises de circonférence, est d'une profondeur qu'on n'a pu sonder. Ses eaux ont la limpidité du cristal. La source de Salibourne s'élance hors de terre avec violence; elle forme un grand lac qui nourrit de gros brochets. Celle de Sourzac jaillit du fond d'une grotte, et fait, en sortant, une chute de quarante pieds.

Si le pont de la Loire, à Tours, avait semblé beau à nos voyageurs, celui de Bordeaux leur parut magnifique; et il l'est en effet. Il se compose de dix-sept arches; et bien qu'on ait choisi pour le construire la partie du fleuve qui présente le moins de largeur, il a plus de 250 toises de long. Des galeries qui passent sous la chaussée offrent le moyen de pénétrer dans l'intérieur du pont pour le réparer; d'autres galeries qui règnent sous les trottoirs serviront d'aqueducs pour conduire à Bordeaux, où les fontaines manquent, les eaux de la rive droite. Ce monument remarquable est dû à l'ingénieur Deschamps. Chaque pile est supportée par 250 pilotis; le lit de la rivière est en outre pavé sous les arches. Les travaux de construction ont duré dix ans, en comptant le temps d'interruption occasionné par la guerre.

Les deux frères descendirent de leur chaise avant de passer le pont. Dorville chargea Bourguignon d'aller les attendre à l'hôtel de la Paix ; il voulait profiter du reste de la soirée pour faire jouir Alfred et pour jouir lui-même du superbe aspect de ce port de Bordeaux, qui se développe sur une longueur d'une lieue, couvert en tout temps de navires ; de ce fleuve, dont la largeur excède mille toises, et porte à l'Océan le tribut de ses ondes qui, plus loin, se grossissent de celles de la Dordogne ; de ce quai, sur lequel semblent s'entasser les édifices, les ateliers, les magasins, les fabriques, présentant sur toute son étendue ce mouvement, cette activité dont Paris donne à peine l'idée. Dorville connaissait Bordeaux ; mais il n'avait vu ni le port, ni la place aux Quinconces, qui a remplacé le vieux château Trompette et la citadelle, ni les deux magnifiques établissemens de bains qui ornent cette place.

Le vieux Bordeaux, qu'on aperçoit à droite avec ses maisons mal bâties et de mince apparence, dépare un peu le coup d'œil : on se dédommage en jetant les yeux sur le beau quartier des Chartrons, le plus commerçant de la ville, et surtout sur celui du Chapeau-Rouge, qui est le plus riche. Lorsqu'ils eurent passé le pont, les deux frères examinèrent pendant quelque temps la porte de Bourgogne qui est en face, et forme un bel arc de triomphe. De là ils remontèrent vers les allées de Tourni, rendez-vous ordinaire de ce qu'on nomme le beau monde, c'est-à-dire de ceux qui, après avoir fait de leur toilette la grave occupation d'une partie de leur temps, cherchent à perdre l'autre le plus tôt possible, en donnant leur personne en spectacle aux promeneurs indifférens.

Le lendemain ils visitèrent la cathédrale, d'une belle architecture gothique; la Chartreuse et sa jolie église moderne, ornée de peintures à fresque; le cimetière qui est dans l'enclos de la Chartreuse, et qui, semblable à ceux de Paris, offre la tombe superbe du riche auprès de l'humble pierre jetée sur les restes du pauvre; et, comme à Paris, ils entendirent cette voix qui semble sortir des monumens funèbres, et dire aux vivans qui les contemplent : Ces hochets de la vanité ne changent rien à la loi commune ; ici la mort nivelle les hommes, et le temps dévore tout.

Voilà des réflexions qui ne sont pas gaies, dit Dorville à son frère. Quelle préparation pour le spectacle où nous voulons aller ce soir ! Heureusement il nous reste encore du temps pour nous procurer quelque distraction. Allons d'abord voir la bibliothèque publique; elle se compose de cent mille volumes, et dans ce nombre il s'en trouve, dit-on, d'excellens. Ceux qu'a laissés Montesquieu, dit Alfred, n'auront pas été oubliés. — Il faut le croire, car le département peut se glorifier de l'immortel auteur de *l'Esprit des Lois*. Il habitait le château de la Brède, à trois lieues de Bordeaux ; la chambre où il travaillait a été religieusement conservée.

Peu d'Anglais viennent à Bordeaux qui ne fassent le pélerinage de la Brède; nous les imiterons avant notre départ; et devant ce château entouré d'un double fossé, fermé par un pont-levis et flanqué de tourelles féodales, nous irons saluer les mânes de l'écrivain philosophe.

Berquin, dont les ouvrages ont amusé ton enfance; le poète Ausonne, dont tu as traduit quelques fragmens; l'éloquent Gensonné, qui parut avec tant d'éclat à la tribune publique, étaient tous de Bordeaux. — Je me souviens, mon frère, que dans un de ces fragmens d'Ausonne, se trouve une description de Bordeaux qui semble s'accorder peu avec ce que j'ai vu : ce poète n'a pu parler que de ce qu'on nomme ici le vieux Bordeaux; il n'y a que des rues obscures, étroites, tortueuses, et ses vers font mention de belles rues qui aboutissent à de grandes places. — C'est que depuis ce temps les choses ont dû bien changer. Il est possible qu'en qualité de Bordelais, Ausonne ait un peu exagéré le bien et pallié le mal; mais on ne peut douter que Bordeaux ne fût, sous les Romains, une ville florissante; car on y trouve encore des traces de la grandeur romaine dans les restes de plusieurs monumens : la porte basse, les portes du palais de Gallien, des ruines d'un amphithéâtre, etc., et surtout les restes d'un temple dédié aux dieux tutélaires.

L'heure du spectacle était encore éloignée : les deux frères rentrèrent à leur hôtel pour dîner, et ils trouvèrent qu'on n'est pas mieux servi à Paris : il leur parut seulement que les prix ressemblaient un peu trop à ceux des grands restaurans de la capitale. Après ce repas pris un peu à la hâte, tant était grande l'impatience d'Alfred, on prit un cabriolet de remise pour aller voir le jardin public, l'hôtel de la préfecture, le musée de peinture et d'histoire naturelle, et le nouvel hôpital, bâtiment superbe, dont la construction fait le plus grand honneur au talent de l'architecte.

Ce fut surtout en arrivant devant le grand théâtre qu'Alfred laissa éclater sa vive surprise. Il n'avait pas cru que Bordeaux pût, en ce genre, avoir mieux que Paris. Cesse de t'étonner, lui dit Dorville, car ce théâtre, je parle de l'extérieur, n'a point de pareil en Europe. Les décorations intérieures répondaient mal à la magnificence de l'édifice : la ville vient d'employer une somme considérable pour les restaurer. Dorville et son frère furent contens des acteurs, des chanteurs et du ballet. Il n'y a point ici, dit Dorville, des acteurs supérieurs, tels que nous en voyons dans nos théâtres; mais il y a aussi plus d'égalité de talent dans les divers emplois. Un peu moins dans le premier rôle, un peu plus dans les rôles subalternes : cela vaut mieux, selon moi, qu'un talent supérieur entouré de médiocrités.

Le jour suivant, les deux frères s'embarquèrent sur un bateau à vapeur qui partait pour Blaye.

Ils virent avec intérêt cette petite ville, dont la citadelle renferme dans son enceinte un vieux château où mourut Cherebert ou Caribert, petit-fils de Clovis, en 574. Il leur fut permis de voir les appartemens qu'a occupés la duchesse de Berri. Deux forts voisins de Blaye, le fort Médoc et le Pâté, gardent les deux rives du fleuve; les vaisseaux qui veulent remonter la Gironde sont obligés de déposer à Blaye leur artillerie et leurs armes.

La tour de Cordouan, placée sur une île à l'embouchure du fleuve, semble s'élancer de la mer; elle a plusieurs étages au-dessus du rez-de-chaussée; la chapelle occupe le second. La lanterne de fer qui surmonte la tour a vingt-huit pieds de haut : on y plaçait un réchaud dans lequel brûlaient tous les soirs deux quintaux de charbon. On a substitué depuis peu au réchaud quatre quinquets armés de réflecteurs, qui, par le mouvement d'une machine très-simple, laissent apercevoir et cachent alternativement leur lumière. Ce phare fut commencé l'an 1584 par Louis de Foix, riche négociant et habile architecte.. Louis XIV le fit restaurer. La nuit, on aperçoit sa lumière à neuf lieues de distance. Le jour, on découvre la tour de cinq lieues. La hauteur totale est de 220 pieds. Non loin du phare, une ancienne ville anglaise gît enfouie dans le sable; le haut du clocher seul se montre encore : on l'appelle le vieux Soulac. Toute cette contrée portait autrefois le nom de Médoc. Elle avait pour chef-lieu la ville de Lespare sur la rive gauche du fleuve.

En remontant la Garonne au-dessus de Bordeaux, les deux frères virent la Réole, Langon, Coutras, Bazas et d'autres villes qui font, comme Lespare, le commerce des vins et des eaux-de-vie. La Réole fabrique de plus de la coutellerie. A Langon, le bac a été remplacé par un pont suspendu. Bazas fabrique du verre, du salpêtre, de grosses étoffes de laine; elle est entourée de landes; des landes occupent toute la partie occidentale du département jusqu'à la mer; on y voit d'espace en espace des forêts de pins, dont on tire du brai, de la poix et de la résine. Quelques habitans industrieux et agricoles ont fait des plantations qui ont réussi. Il serait à désirer que cet exemple fût suivi; mais en général les Landais aiment mieux se livrer à la pêche qui ne cause aucune fatigue.

Libourne, au confluent de l'Ille et de la Dordogne, est une ville de dix mille âmes, qui reçoit dans son port des navires de trois cents tonneaux, fait avec la capitale un commerce très-actif, et fabrique des lainages, de la mercerie et de la corderie. Entre Libourne et Bourg, près du confluent de la Dordogne et de la Garonne, on remarque un phénomène singulier que dans le pays on nomme le *Mascaret*. C'est une espèce de flux qui remonte la rivière, le long de ses bords, avec une vitesse qui quelquefois est extrême, mais dont on a souvent exagéré les effets: on suppose qu'il n'est produit que par les marées montantes.

Le département de Lot-et-Garonne, que nos deux voyageurs visitèrent en s'éloignant de Bordeaux, faisait autrefois partie de la Guienne. C'est un pays dont la moitié au moins est stérile ou qui n'offre guère au cultivateur qu'un sol ingrat que ses sueurs ne sauraient féconder. Outre les landes qu'on y trouve, il y a des cantons où la terre n'est qu'une argile ferrugineuse, tout-à-fait impropre à la végétation. Les deux frères se dirigèrent sur Agen, qui en est le chef-lieu, en passant par Marmande, ville assez commerçante, située sur la Garonne, et possédant quelques fabriques de cuirs et de chapeaux. Ils traversèrent ensuite Tonneins, renommée pour ses prunes sèches et sa manufacture de tabac; c'est une longue rue que la grande route traverse.

A quelque distance de Tonneins, ils passèrent par Aiguillon, petite ville heureusement située au confluent du Lot et de la Garonne, virent la Tour ronde, qui fut, dit-on, un tombeau romain, laissèrent à doite Nérac et son château gothique, où les rois de Navarre firent pendant long-temps leur résidence, aperçurent à gauche Villeneuve-sur-Lot, divisée par la rivière en deux parties, que réunit un beau pont, dont l'arche principale a cent huit pieds d'ouverture sur cinquante-cinq de hauteur, et ils arrivèrent à Agen, un peu fatigués d'une longue journée.

Ils furent surpris de trouver une ville mal bâtie, à rues étroites, dépourvue d'édifices élégans et de maisons commodes, n'offrant, pour se recommander aux étrangers, que ses promenades qui sont fort belles, quelques restes d'antiquités romaines, et dans ses environs un rocher sur le sommet duquel repose un ermitage où le coup-d'œil est superbe. La chapelle et les cellules sont taillées dans le roc. Agen fut la patrie de Joseph Scaliger, et l'a été plus tard de l'éloquent continuateur de Buffon, le comte Lacépède. Ce que nous voyons ici, dit Dorville, ne doit pas nous surprendre. Agen était une ville gauloise que les Romains embellirent après l'avoir prise, mais qui, passant ensuite au pouvoir des Goths, des Huns, des Vandales, fut successivement ravagée par ces divers peuples; qui, relevée à peine de ses ruines, fut de nouveau saccagée par les Arabes d'Espagne, et ensuite par les Normands; qui subit enfin toutes les persécutions que le fanatisme religieux peut inventer, après avoir été encore dévastée par les Anglais, qui la prirent et la reprirent plusieurs fois.

CHAPITRE VII.

Gers, landes ou ancienne Gascogne; Basses-Pyrénées ou Béarn; Hautes-Pyrénées ou Bigorre; Haute-Garonne ou Languedoc; Arriège ou comté de Foix; Pyrénées-Orientales ou Roussillon.

La première ville que nos voyageurs rencontrèrent en pénétrant dans l'ancienne Gascogne, fut celle de Condom, autrefois siége d'un évêché que posséda Bossuet avant d'être envoyé à Meaux. Elle est située au milieu de campagnes fertiles en grains, qu'elle exporte par Bordeaux. Condom fut la patrie du maréchal de Montluc, qui se rendit si fameux durant les guerres de religion du dix-septième siècle par les cruautés qu'il exerça sur les malheureux dont il avait triomphé par les armes.

Lectoure, où naquit Lannes, ne tarda pas à s'offrir aux regards des deux frères. Cette ville est bâtie sur le penchant d'une montagne, dont la rivière du Gers baigne le pied. Elle renferme une population de six à sept mille habitans. L'ancien château des comtes d'Armagnac s'élevait sur la cime de la montagne. Dorville y conduisit son frère. C'est un hôpital qui a pris la place du château. De là, quel magnifique tableau se déroula sous leurs yeux! D'une part, d'immenses prairies qu'arrose le Gers, couvrant le sol d'un tapis de verdure sur lequel bondissaient de nombreux troupeaux : de l'autre un bois antique, étendant sur l'horizon un vaste rideau; plus loin, les cimes des Pyrénées avec leur couronne de neige; dans l'intervalle, des villages qui montraient leurs clochers au-dessus des arbres, et des coteaux couverts de vignobles. Du pied de la montagne jaillit une fontaine, autrefois consacrée à Diane, dont le temple s'élevait dans les environs.

Auch, de même que Lectoure, est bâtie en amphithéâtre; et comme la disposition du sol a fait diviser la ville en deux parties, ces deux parties communiquent entre elles par un escalier de deux cents marches taillées dans le granit. La cathédrale, à laquelle on a ridiculement ajusté un portail moderne, a des droits à l'attention par ses beaux vitraux, et surtout par les étranges sculptures qui décorent les stalles du chœur. Ces stalles, rangées sur deux rangs, sont ornées de figures et de petits piliers, de chapiteaux, de statues de saints et d'apôtres, d'hommes, d'animaux, de singes, de feuillages, et de mille autres objets groupés ensemble.

Cette ville a vu naître le cardinal d'Ossat, qui, orphelin à neuf ans, sut, à force de mérite, contraindre la fortune à l'élever aux premières charges. Ce fut lui qui négocia heureusement débit d'une sorte de terre qu'on recueille au village de Bartennes, et qu'on emploie tant pour le chauffage que pour les constructions, parce qu'elle réunit les propriétés du bitume à celles du ciment.

Un peu au-dessus de Dax, sur la même rivière, est la petite ville de Saint-Sever, où les restes du général Lamarque ont été déposés, suivant le désir qu'il en avait montré. Ce général, qui ne s'était pas moins distingué à la tribune que sur le champ de bataille, était né dans le département des Landes.

L'Adour sépare les pays susceptibles de culture de ce qu'on nomme proprement les Landes. Sur la rive gauche, ce sont des campagnes fertiles, parsemées de villes et de villages; sur la rive droite, on ne voit que plaines sablonneuses, coupées de dunes, de marais, de lagunes, de bois de sapin, au milieu desquels s'élèvent des cabanes de chaume. Les dunes empiètent même tous les ans sur la plaine, parce que les vents les poussent sans cesse à l'est, et qu'on néglige le seul moyen de les arrêter dans leur marche, en les fixant par des plantations. Les habitans sont en général pauvres et même misérables, n'ayant pour se nourrir que de la farine de millet et de maïs, et du vin le plus souvent aigre, en petite quantité. Leurs vêtemens ne consistent, de même que leurs lits, qu'en peaux de mouton non-préparées. Ils se coiffent d'un gros bonnet de laine qu'ils appellent *berret;* mais ils ont les pieds avec Rome la réconciliation d'Henri IV, assurant ainsi le repos de la France, après tant de jours de trouble et d'orage.

Le Gers venait d'être exploré par nos deux voyageurs dans ses parties principales; il n'offrait plus rien qui pût exciter leur curiosité. Ils prirent la route de Mont-de-Marsan, chef-lieu des Landes, petite ville de 4,000 ames, qui sert d'entrepôt à Bayonne pour les vins et les eaux-de-vie, n'a elle-même que des ateliers de grossiers lainages, et peut néanmoins acquérir quelque prospérité, lorsqu'une fois le commerce jouira du canal qu'on vient de construire pour ouvrir la communication par eau entre Bordeaux et Bayonne, au moyen de la Douze qui tombe dans l'Adour, et de la Baize qui tombe dans la Garonne.

La ville de Dax, sur la rive gauche de l'Adour, est environnée de murailles, et défendue par un vieux château flanqué de tours. Son territoire est rempli d'eaux minérales; la ville même a dans son enceinte des eaux thermales qui se réunissent dans un grand bassin pentagone de plus de vingt pieds de profondeur, entouré de portiques et de grilles de fer. La population, d'environ 5,000 individus, est industrieuse et active. Il se tient à Dax six foires annuelles, sans compter un jour de marché par semaine. On y vend des eaux-de-vie, des grains, des bestiaux, des jambons, de la cire, des planches, de la résine et du goudron. Il s'y fait aussi un grand nus. Quant à leurs jambes, ils les enveloppent d'un morceau de peau qui s'attache avec des cordons rouges. Ils ne marchent presque jamais que sur des échasses, et l'habitude qu'ils ont de s'en servir dès l'enfance, fait que non-seulement ils peuvent marcher fort vite, mais encore s'asseoir et se relever sans aucun effort; il s'en trouve même qui sont si exercés et si adroits, qu'ils peuvent, dit-on, ramasser des cailloux en courant. Au surplus, dans un pays tout couvert de sables, la coutume de marcher sur des échasses est très avantageuse, et il est à croire que les Landais n'y renonceront pas.

C'est parmi ces hommes grossiers, mais simples, qu'est né le fondateur de l'hospice des enfans-trouvés, le compatissant Vincent-de-Paul.

Les Landais sont très-superstitieux: ils ont peur des revenans, des fantômes, du loup-garou, des spectres, des sorciers. Toute amélioration qu'on voudrait introduire parmi eux serait repoussée, si elle ne se présentait sous la forme d'un talisman, d'une amulette, d'un préservatif contre les maléfices. Les Landais aisés ont à peu près les mœurs et le costume des Béarnais leurs voisins.

Quand Dorville et son frère passèrent à Dax, ils y furent témoins d'une lutte assez singulière: on l'appelle *combat des pots cassés*, parce que les assaillans et les assaillis se servent, tant pour l'attaque que pour la défense, de pots de terre cuite qu'ils se lancent avec le plus de raideur possible. Ces combats, qui sont pour tous les habitans un spectacle très intéressant, ont lieu ordinairement les jours de fête, et ils attirent la foule. On construit au milieu de la rivière un petit château en bois. Deux hommes cuirassés, portant le casque en tête et armés d'un bouclier, reçoivent courageusement, à coups de pots de terre, les huit adversaires qui viennent en bateau les assiéger dans leur fort, et font pleuvoir sur eux des projectiles de la même espèce.

Avant d'entrer dans le Béarn, Dorville proposa à son frère de visiter la grotte de Biaritz; ce qui ne fut point refusé. Biaritz est un village peu distant de Bayonne, sur le bord de la mer. La marée y monte à une grande hauteur, et les eaux, poussées par les vents du nord et de l'ouest contre les écueils du rivage, s'y brisent avec un bruit terrible. La côte, sans cesse battue par les vagues, s'est brisée et déchirée de mille manières, et les débris, en tombant les uns sur les autres, ont pris mille formes extraordinaires. Le bruit sourd, l'espèce de mugissement plaintif qui se répète sous les eaux, les flots d'écume qui retombent en flocons, tout contribue à rendre ce spectacle majestueux.

Ce qui semble plus fait pour surprendre, c'est que tous ces rochers se composent d'un sable jaune très-fin, aggloméré et uni par quelque substance glutineuse, et mêlé de petites pierres blanches. On conçoit avec peine comment ce sable peut retenir ces pierres assez fortement pour qu'elles résistent, sans se séparer, au choc continuel des eaux.

Parmi les grottes qui se sont formées en ce lieu, il en est une que l'on appelle *la chambre d'amour*: c'est la plus grande, la plus fréquentée, et par conséquent celle qu'on connaît le mieux. Sa forme est celle d'un demi-cercle d'environ trente ou trente-cinq pas de diamètre ; sa hauteur à l'entrée est de quinze à dix-huit pieds. Au fond de la grotte, la voûte s'unit au sol. On raconte que deux amans qui s'y étaient réfugiés y furent surpris par la marée. Maintenant elle est presque toute remplie de sable, et à la basse mer on peut y entrer sans danger.

L'ancien Béarn, la Basse-Navarre et le pays des Basques, faibles restes de ce royaume de Navarre que possédaient les aïeux de notre Henri, et que le roi d'Aragon, Ferdinand V, s'appropria sans trop de scrupule, forment le riche département des Basses-Pyrénées, ainsi appelé parce que la chaîne des Pyrénées qui le sépare de l'Espagne, s'abaisse à mesure qu'avançant vers l'occident elle s'approche de la mer.

Ce fut par Bayonne que nos deux voyageurs pénétrèrent dans le pays des Basques. Cette ville, la plus considérable, et, sans contestation, la plus riche du département, n'en est pas le chef-lieu : cet honneur appartient à la ville de Pau ; ce qui pourtant n'ôte rien à son importance réelle. Deux rivières où la marée remonte, la Nive et l'Adour, partagent la ville en trois quartiers à peu près égaux ; un vieux château, un fort moderne, une citadelle, ouvrage de Vauban, augmentée depuis de plusieurs retranchemens, font de Bayonne une place très-forte. Son port est d'un accès difficile, à cause d'un banc de sable mobile qui en obstrue l'entrée ; mais quand cet obstacle est franchi, les vaisseaux y trouvent sûreté et commodité. La ville n'est pas très-bien bâtie ; mais elle a de beaux édifices, des quais superbes, quelques rues droites et larges ornées d'arcades, des environs charmans, des promenades délicieuses, parmi lesquelles il faut distinguer les *Allées Maritimes* qui ne ressemblent à rien de ce qu'on a vu ailleurs. C'est une jetée plantée d'arbres, sablée et entretenue avec soin, entre un rang de maisons peintes de plusieurs couleurs, et un très-beau quai où l'on amarre les navires.

Le commerce de Bayonne est considérable ; il consiste en laines d'Espagne, vins et eaux-de-vie du pays, excellens jambons, planches de sapin, résine, denrées coloniales, sucres raffinés, chocolats, etc. Les Bayonnais passent, non sans raison, pour être très-bons marins. Ce sont eux qui ont inventé l'arme terrible, à laquelle rien ne résiste, surtout quand ce sont des Français qui l'emploient : la baïonnette.

Les Basques ont conservé long-temps une physionomie particulière qui les faisait distinguer de tous leurs voisins ; mais à mesure que leurs relations avec eux sont devenues plus fréquentes et plus intimes, ces traits originaux se sont insensiblement effacés. Ils conservent pourtant leur vivacité, leur agilité passée en proverbe, et leur amour pour le travail. Leur idiome, qu'on dit abondant et varié dans ses formes, n'a d'anologie avec aucun idiome connu : tout semble indiquer, et les Basques le croient, qu'il est très-ancien. Un de leurs compatriotes a dit : *Les Basques sont bons, mais bons comme la nature, qui a des fléaux et des tempêtes.* Les femmes partagent avec les hommes la fatigue des travaux champêtres.

Dorville se disposait à partir de Bayonne; mais Alfred désirait voir la frontière d'Espagne, et cette rivière fameuse de la Bidassoa qui sépare les deux royaumes : il lui semblait que s'il apercevait seulement un Espagnol sur la frontière, il serait fier de pouvoir dire à sa mère, à son retour à Paris : j'ai vu un Espagnol, un Espagnol sur le sol même qui l'a nourri. Dorville devina les désirs de son jeune frère ; il donna l'ordre à Bourguignon de conduire sa chaise à Pau, et montant à cheval avec Alfred, sous la conduite d'un Basque agile et vigoureux, il s'achemina vers la frontière. Cette manière de voyager par un beau temps du mois de mai, plaisait beaucoup au jeune Dorville : à cheval, pensait-il, on voit tout, on jouit de tout, et l'on n'éprouve point de fatigue. Et s'il pleut ! si le soleil devient trop ardent !... Et se souvenant à propos du voyage à pied que Dorville lui avait fait faire, il garda pour lui ses réflexions. Le soir, se trouvant un peu las d'avoir passé à cheval douze heures : Que j'ai bien fait, dit-il, de m'être tu ce matin!

A peu de distance de Bayonne, la route s'élève peu à peu. Du point le plus élevé, la vue est superbe : d'un côté, se découvrent la ville et la campagne que les Pyrénées terminent à l'horizon ; de l'autre, l'Océan montre ses plaines immenses, ondulées par les vents. En passant à Saint-Jean-de-Luz, où ils s'arrêtèrent pour déjeuner, ils virent l'église où Louis XIV épousa, en 1660, l'infante d'Espagne, Marie-Thérèse. De Saint-Jean de Luz ils gagnèrent Andaye, justement célèbre par ses eaux-de-vie, et ils ne tardèrent pas à découvrir la rivière tant désirée, et l'île des Faisans qui est à son embouchure, île célèbre où les deux rois, après une entrevue solennelle, conclurent la paix des Pyrénées.

Du bord de cette rivière on aperçoit sur la rive opposée Fontarabie et Irun. Voilà des villes espagnoles! s'écriait Alfred; elles ne sont peut-être pas belles, et cependant j'ai du plaisir à les voir, même de loin. Et tous ces hommes qui vont traversant cette belle route, et ceux qui paraissent travailler dans cette prairie? Ce sont des Espagnols, lui dit son frère; leur costume diffère peu de celui des Basques : la veste, la culotte courte, le filet de soie qui enferme les cheveux.

Au bout d'une heure passée sur les bords de la Bidassoa, nos voyageurs remontèrent à cheval, et s'acheminèrent vers le pic d'Ossan, le plus haut de cette partie des Pyrénées. Dorville aurait voulu se rapprocher du village d'Eaux-Bonnes, afin d'y arriver le lendemain matin; mais les mauvais chemins retardèrent sa marche ; et pour ne point se laisser surprendre par la nuit au milieu des montagnes, il prit le parti de faire halte à Saint-Jean-Pied-de-Port, à la grande satisfaction d'Alfred, qui savait bien conduire un cheval sur l'avenue des Champs-Elysées ou au bois de Boulogne, en le faisant piaffer de temps en temps, mais qui n'était pas accoutumé à trotter tout un jour par des chemins hérissés de rochers.

Saint-Jean-Pied-de-Port, dit Dorville, n'a rien à montrer aux étrangers. Son nom signifie qu'elle est au pied d'un *port* ou passage entre les montagnes. Ce port est celui qui conduit à la vallée espagnole de Roncevaux, où l'arrière-garde de Charlemagne fut attaquée et défaite en 778 par les Arabes et les Gascons qui s'étaient joints à eux. Charlemagne y perdit plusieurs de ses preux, entre autres son neveu Roland, le héros de nos vieux chroniqueurs et romanciers.

Ce ne fut que le lendemain, vers le soir, qu'après avoir parcouru des chemins souvent suspendus sur le flanc des rochers, ils parvinrent à la vallée d'Ossau, que la Gave arrose, et d'où jaillissent plusieurs sources thermales. Les plus renommées portent le nom d'*aigues-caudes*, eaux-chaudes; on les dit efficaces dans les affections de poitrine. Une vingtaine de chaumières placées par échelons sur la montagne, composent tout le village. Peu de malades s'y arrêtent, parce qu'il leur offre trop peu de commodités : ils se rendent au fond d'une gorge peu éloignée, où se trouve un hameau d'environ quinze maisons, toutes disposées par leurs propriétaires pour recevoir les étrangers. Ce hameau porte le nom d'Eaux-Bonnes, et les eaux qu'on y prend en boisson ou en bain justifient le nom qu'on leur a donné par le soulagement qu'elles procurent. Les frères Dorville y passèrent une nuit agréable, entourés des douces prévenances que leurs hôtes leur prodiguèrent. Le lendemain, avant leur départ, ils allèrent à quelques centaines de pas visiter une belle cascade formée par les eaux d'un torrent qui se précipite du haut d'un rocher, et se relève en flots d'écume. Ils retournèrent à Eaux-Bonnes par un chemin pratiqué dans un bois de hêtres; puis, montant à cheval sans perte de temps, ils gagnèrent, en suivant le cours de la Gave, la petite ville d'Oléron peuplée d'environ sept mille individus qui fabriquent des draps, du verre commun, du papier, et vendent du bois, des jambons et des cuirs tannés.

Oléron appartient à l'ancien Béarn, patrie de Henri IV. Ce petit pays, d'abord gouverné par des comtes particuliers, passa au pouvoir des comtes de Foix; il devint ensuite province du royaume de Navarre par l'avènement de ses maîtres à ce trône étranger. De ceux-ci, la couronne de Navarre passa aux seigneurs d'Albret, qui, peu de temps après, dépossédés par Ferdinand V, ne purent garder que le Béarn : à la vérité, ils conservèrent le titre de rois de Navarre, petite consolation pour la vanité. A l'avènement de Henri IV, le Béarn fut réuni à la couronne de France.

Pau n'est pas une ville ancienne; elle ne date guère que du dixième ou du onzième siècle. Le château de Pal, duquel elle tire son nom, n'existe plus : c'est dans celui qui l'a remplacé qu'est né Henri IV. On a conservé pendant long-temps l'ameublement de la chambre où Jeanne d'Albret devint mère; on conservait de même l'écaille de tortue dans laquelle on avait présenté le nouveau-né à son père. Dans les premiers temps de la révolution, des furieux, indignes du nom français, se saisirent de cette écaille, la brisèrent et en brûlèrent les fragmens sur la place publique.

J'ai lu dans une histoire de Henri IV, dit Alfred à son frère, qu'après la chute de Robespierre, l'ancien gouverneur du château déclara qu'on n'avait pas brûlé la précieuse écaille, et qu'instruit à temps des projets de la populace, il en avait substitué une fausse à la véritable. Je l'ai lu aussi, répondit Dorville; mais je me méfie un peu de toutes les historiettes de ce genre, de tous ces actes de dévouement ou de prévoyance dont on ne nous parle qu'après coup.

Quoi qu'il en soit, continua Dorville, allons voir le château et les jardins : tout nous parlera là de ce bon prince. Chemin faisant, ils traversèrent une place sur laquelle on voyait autrefois

T. V.

Château de Pau (Basses Pyrénées)

la statue de Louis XIV. Pourquoi n'y voyait-on pas celle de Henri IV? dit Alfred; les Béarnais l'aimaient tant! encore aujourd'hui ils chérissent sa mémoire. Ne jugeons pas mal des Béarnais, répondit Dorville : ils voulaient ériger une statue à Henri. On leur représenta qu'ils déplaisaient à Louis XIV, jaloux de tout hommage qui ne s'adressait point à lui. Les Béarnais se tirèrent ingénieusement de ce mauvais pas : ils érigèrent la statue en l'honneur du roi régnant; mais une inscription aussi simple que significative indiquait assez l'intention qu'ils avaient eue; ils gravèrent ces mots sur le piédestal : Au petit-fils de notre Grand-Henri.

En continuant leur tournée, ils virent la salle de spectacle, le palais de justice, reconstruit depuis un siècle, quelques fabriques d'où sortent ces mouchoirs si connus sous le nom de *mouchoirs de Béarn*, et de très-beau linge de table. Ils virent aussi de grands magasins remplis de ces jambons qu'on expédie par Bayonne, et qui prennent le nom de cette dernière ville. Ils s'arrêtèrent devant une maison d'assez mince apparence. Cette maison était celle d'un ancien avocat de Pau; et cet avocat s'appelait Bernadotte, et M. Bernadotte eut un fils qui de Français est devenu roi de Suède.

Le soleil venait à peine de se montrer à l'horizon lorsque Dorville et son frère quittèrent Pau, où ils reprirent leur chaise, pour aller à Tarbes, chef-lieu des Hautes-Pyrénées. J'aurais été bien aise, dit Dorville, en montant en voiture, de voir Orthez; d'un autre côté, je ne suis point fâché d'avoir respiré l'air pur des Pyrénées. Orthez est donc une ville bien digne d'intérêt? dit Alfred. Elle n'a rien de remarquable, répondit Dorville; son château de Moncade, où les souverains du pays ont long-temps résidé, n'offre plus que des ruines; mais Orthez est la patrie de ce noble gouverneur de Bayonne, qui, recevant les ordres de la cour pour le massacre des protestans, eut la généreuse hardiesse de répondre à Charles IX : J'ai communiqué vos ordres aux habitans de cette ville et aux soldats de la garnison. J'ai trouvé parmi eux des sujets fidèles et des soldats dévoués; je n'ai pas trouvé un bourreau.

Après une journée un peu agitée, traversée par un orage qui éclata vers le milieu du jour, les deux frères arrivèrent à Tarbes, autrefois capitale du Bigorre, aujourd'hui chef-lieu du département des Hautes-Pyrénées. Cette ville, dont la population est de dix mille habitans, s'élève sur la rive gauche de l'Adour, au milieu d'une plaine fertile. Ses rues sont larges, aérées, constamment arrosées par des courans d'une eau claire et limpide; ses maisons basses, mais bien bâties, offrent un coup d'œil agréable. Les murs sont presque tous construits en cailloux roulés de l'Adour; on en voit quelques uns en briques; mais le tour des croisées et des portes est toujours en marbre des Pyrénées. Ses édifices publics sont peu remarquables : on y distingue pourtant l'ancien château des comtes de Bigorre servant aujourd'hui de citadelle et de prison, l'hôtel de la préfecture, autrefois l'archevêché, et la cathédrale. Ses deux promenades sont belles, surtout celle qui est hors de la ville. Cette ville est commerçante, elle exporte de la coutellerie, des cuirs tannés, des papiers, des bestiaux, des draps; et l'on y voit toujours un grand nombre d'Espagnols.

Nous partirons demain pour Bagnères, dit Dorville à son frère. C'est encore un pays de montagnes que nous allons parcourir ; mais ici les montagnes prennent un caractère plus imposant, plus austère, plus majestueux. Je t'ai déjà dit qu'en s'éloignant de la mer les Pyrénées croissent en hauteur. Nous verrons le Pic-du-Midi, le Vignemale, le Marboré et plusieurs autres montagnes qui portent leur front altier au dessus de la région des nuages, et s'élèvent à plus de dix-sept cents toises ; nous verrons les torrens qui tombent de leurs cimes glacées, torrens qui au moment des premières fontes des neiges, deviennent des fleuves larges et rapides ; nous verrons des lacs où se nourrit la truite, non dans les plaines ou dans le fond des vallons, mais à des hauteurs considérables : nous verrons peut-être aussi les traces de la chute de quelque avalanche marquées par des ruines, des arbres brisés, un sol déchiré, bouleversé, couvert de débris; nous verrons ces gorges sombres, ces étroits défilés par lesquels on franchit la grande chaîne.

L'une d'elles porte encore le nom de *Brèche-de-Roland*. Ce fut par là que le paladin conduisit en Espagne les troupes que son oncle lui avait confiées. Toutes ces montagnes sont couvertes de sapins, de pins, de chênes à tan; leurs flancs récèlent des métaux, du fer, du cuivre, du plomb mêlé d'argent; du sein de leurs roches granitiques jaillissent des eaux brûlantes, chargées de particules métalliques ou sulfureuses; de leurs cavités profondes sortent des marbres, riches de couleur, susceptibles du plus beau poli, comme le prouvent les huit colonnes, qui décorent le frontispice de Trianon : on en tire aussi du jaspe et du cristal de roche.

Tu dois penser, mon cher Alfred, que les habitans de ce département ne peuvent ni cultiver les beaux-arts, ni fabriquer des objets de luxe, ni même avoir des manufactures. La nature du sol et de ses produits peut seule déterminer le genre de leurs occupations. Ils ont des pâturages, dans les montagnes surtout; des troupeaux couvrent les montagnes et les vallées, et les habitans sont pasteurs et nomades. La solitude, l'éloignement où l'on vit des autres hommes, donnent le goût de l'indépendance : ils sont jaloux de leur liberté. Il n'y a pas long-temps encore qu'on rendait une sorte de culte à un prêtre de Tarbes, nommé Missolin, et tous les ans les jeunes filles allaient couronner de fleurs sa statue. Qu'avait fait Missolin? Lorsque vers le milieu du huitième siècle, les hordes arabes, franchissant les Pyrénées, vinrent envahir le Bigorre, ce prêtre assembla, harangua, arma les paysans, et se mettant à leur tête il surprit l'ennemi, le battit complétement, fit des prisonniers que plus tard il convertit, et il délivra son pays.

Ce fut probablement pour ménager l'humeur indépendante de ces montagnards qu'un de leurs comtes, sur la fin du onzième siècle, leur accorda une espèce de charte, dans laquelle se trouvent stipulés les droits et les priviléges des habitans. Cette charte, il est vrai, faisait au seigneur une assez bonne part; mais c'était un premier pas vers une constitution meilleure. Plus tard, le peuple acquit de nouveaux droits: il eut des députés qui siégeaient aux états du pays concurremment avec ceux de la noblesse et du clergé. Il eut aussi ses juges particuliers, que les communes choisissaient elles-mêmes.

Bagnères, ville que ses bains d'eaux thermales ont rendue célèbre, renferme sept à huit mille habitans. Comme Tarbes, elle est bien bâtie et bien percée; mais elle a peu de beaux édifices. Il faut faire toutefois une exception en faveur de l'établissement de *Frascati*, où les baigneurs trouvent réunis salle de bal, salle de concert, café, billards, salons de jeu, cabinet de lecture, salles à manger, cabinets de bains, appartemens élégans et commodes.

Les sources thermales de Bagnères sont en grand nombre; la plus estimée est celle du *Salut* qu'ont voit jaillir de la grotte de *Béda*. On assure au reste que toutes ces eaux sont de même nature, et qu'elles ne diffèrent entre elles que par la température qui varie de 32 à 40 degrés.

A deux milles de Bagnères est le bourg de Campan, situé dans la vallée de même nom. Les deux frères visitèrent avec intérêt ses fabriques de lainages, ses papeteries, et surtout ses belles marbreries, de même qu'une grotte d'environ quatre cents pieds de profondeur, remarquable par la beauté des stalactites qu'elle renferme. Alfred admira la masse prodigieuse du Pic-du-Midi qui se présente au fond de la vallée. Il ne fut pas moins étonné de la taille colossale des chiens qui servent à la garde des troupeaux, animaux précieux autant par leur courage et leur force que par leur instinct, qui les fait triompher des loups et des ours, assez communs dans ces montagnes.

Un chemin assez bas, qui tourne autour de la base du pic, conduisit nos voyageurs à Barèges, dont les eaux minérales n'ont pas moins de réputation que celles de Bagnères. On dirait qu'en les cachant au fond d'une gorge aride, au pied de roches menaçantes, sur les bords de la Gave de Bastan, torrent dangereux qui s'enfle aux moindres pluies, la nature n'a point voulu que les hommes pussent jamais s'en servir. Mais en voyant ces soixante ou quatre-vingts maisons dans un lieu sauvage, que pendant six mois la chute des avalanches rend inhabitable, ne faudrait-il pas s'écrier que l'homme, par son industrie, maîtrise la nature elle-même ?

Avant de quitter ces contrées, Dorville et son frère firent dans les environs quelques excursions intéressantes. Ils se dirigèrent d'abord vers la superbe vallée de Gavernie, où la Gave qui la parcourt tombe par une cascade de 1,270 pieds; ils virent sur la cime d'un rocher un vieux château, ouvrage des Romains; ils passèrent sur le pont d'Espagne, qui ne consiste qu'en quelques troncs de sapin longs de 30 pieds, posés sur deux masses de granit, entre lesquelles coule la Gave, à 100 pieds de profondeur; ils visitèrent le lac de Gaube, dont les eaux claires et transparentes réfléchissent comme un miroir les montagnes qui l'entourent et le ciel d'azur qui le couvre. Ce lac, situé sur le sommet d'une montagne, a une lieue et demie de tour et plus de trente brasses de profondeur. Le pic de Vignemale, avec ses glaciers, se présente dans le lointain, et tantôt réfléchit sur le lac les flots de lumière qui l'inondent, tantôt l'enveloppe de ses ombres prolongées.

Les montagnards des Hautes-Pyrénées se nourrissent mal : ils ont de mauvais vin pour boisson, une bure grossière pour se vêtir ; mais dans leurs montagnes sauvages ils se croient libres, et ils sont heureux ; on les voit, satisfaits de leur sort, se livrer aux plaisirs avec toute l'ardeur, toute la vivacité des peuples du Midi. Ennemis des innovations et du changement, ils gardent tous les usages et en même temps tous les préjugés de leurs pères. Parmi ces préjugés, il en est un qui semble remonter aux temps les plus reculés : c'est la superstitieuse vénération pour certains blocs de pierre qu'ils regardent comme des objets sacrés.

Dorville avait eu l'intention, avant de quitter Tarbes, d'entrer dans le département voisin de Haute-Garonne, par Saint-Gaudens, et de visiter ensuite les huit ou neuf départemens de l'ancien Languedoc. Réfléchissant ensuite qu'il serait forcé de redescendre vers les Pyrénées pour voir l'Ariége et l'ancien Roussillon, il prit le parti de suivre la ligne des montagnes jusqu'à la Méditerranée, et de rentrer ensuite dans le Languedoc par Narbonne. Sa chaise l'embarrassait par deux raisons : sur beaucoup de routes il n'y avait point de postes établies, et dans ce cas il serait obligé de la faire remorquer par de méchans chevaux de louage, comme il avait dû le faire plus d'une fois ; d'un autre côté, le mauvais état de la plupart de ces routes rendait moins pénible un voyage à cheval. Il résolut donc d'envoyer sa chaise à Toulouse. Mais comme il ne voulait point se priver des services de Bourguignon, il la confia à deux Toulousains qu'il avait vus à Bagnères, et qui se disposaient à s'en retourner. Tranquille sur ce point, il ne tarda pas à se mettre en route, accompagné de deux hommes de pied qui servaient de guides, et qui devaient ramener les chevaux.

La petite caravane se dirigea vers la vallée d'Arran, où naît la Garonne; l'humble ruisseau qu'elle traversa au Pont-du-Roi, entre le sol français et les terres d'Espagne, était-ce bien ce beau fleuve qui, après sa jonction avec la Dordogne, offre une largeur de 4,000 toises? Alfred ne pouvait le croire; et lorsqu'il en fut bien convaincu, il aurait voulu remonter jusqu'à la source même, afin de dire ensuite: D'un pas j'ai franchi la Garonne; comme ce soldat de l'armée anglo-américaine, envoyé aux sources du Missouri, qui, parvenu au lieu où le fleuve sort de terre en un jet de quelques pouces de diamètre, s'écria plein de joie: Je puis mourir content, j'ai enjambé le Missouri!

En traversant les montagnes granitiques qui bordent la vallée, Alfred jeta plus d'une fois les yeux au-dessous de lui. Ce n'était point simple curiosité, c'était un attrait invincible; car le plus magnifique spectacle se développait sous ses pieds. A l'aspect des régions inférieures qu'arrose le fleuve, à chaque instant grossi par les tributs que lui apportent les courans qui descendent des montagnes, des sites pittoresques qu'offrent les vallées, des villages qui couvrent le sol, des bosquets, des champs de verdure qui les ombragent ou les entourent, il ne trouvait point de termes pour peindre les sensations qu'il éprouvait.

Ces lieux qui te paraissent si beaux, lui dit son frère, n'ont pas toujours présenté ce tableau ravissant: la guerre les a souvent dévastés, la plus cruelle de toutes les guerres, la guerre civile, allumée par le fanatisme religieux. Mais je ne veux point troubler tes jouissances en réveillant de tristes souvenirs. Vois ce pic de la Maladette, couronné de neige, portant sa tête à 11,000 pieds au-dessus de l'Océan ; vois ces montagnes secondaires, ces rochers qui entourent sa base comme une ceinture ; remarque ces plantes grimpantes qui tapissent leurs flancs, suspendues en guirlandes et en festons. Cette autre masse énorme que nous voyons de loin, c'est le Mont-Perdu, qui surpasse en élévation la Maladette. Cette haute chaîne qui se présente devant nous comme un mur recèle, à travers les torrens, les cascades, les précipices et les sombres forêts, de longs défilés qui servent de communication entre la France et l'Espagne. Le plus pittoresque est celui de Benasque, qui s'élève tantôt en zig-zag sur des montagnes perpendiculaires, et tantôt serpente au fond des vallées solitaires, suit les contours de quatre lacs qu'on trouve à plus de mille toises d'élévation, se glisse sous des rochers que la neige recouvre, et s'ouvre enfin comme une porte sur la plaine espagnole.

Les guides de Dorville lui proposèrent de quitter le chemin qu'ils suivaient, et de prendre un sentier de traverse qu'ils indiquèrent. Vous n'y perdrez pas, lui dirent-ils ; et non-seulement notre route s'abrégera d'un tiers, mais vous y trouverez encore de nouvelles occasions d'admirer, comme vous le dites, les ouvrages de la nature. Je m'en rapporte entièrement à vous, leur répondit Dorville. A ces mots, la caravane s'enfonça dans la vallée de Peyresourde, au fond de laquelle un torrent impétueux roule avec fracas ses eaux et les rochers qu'elles entraînent. De là ils parvinrent à la vallée d'Astos, à l'extrémité de laquelle est le lac de Séculégo, dans lequel tombe d'une hauteur de 800 pieds un torrent qu'alimentent d'autres lacs situés sur les sommités du pic Quairat.

Nos voyageurs ne tardèrent pas à découvrir, auprès du confluent de deux petites rivières, une bourgade dont les maisons, couvertes d'ardoise, sont rangées sur le bord d'une allée d'ormeaux qui aboutit à un grand bâtiment appuyé contre la montagne. Cette bourgade se nomme Bagnères-de-Luchon; ce bâtiment, c'est celui qui renferme les bains. On y amène par divers conduits les eaux de plusieurs sources sulfureuses, dont la température varie de 24 à 52 degrés. Une source d'eau froide qui coule dans le même établissement sert à tempérer la trop grande chaleur des autres. Les habitans de ce lieu, que nos voyageurs aperçurent, étaient tous de petite taille, avaient le teint pâle et bouffi, les yeux ternes, les traits sans expression. Plusieurs d'entre eux sont affligés de goîtres.

Après avoir visité Bagnères, les deux frères descendirent vers Saint-Béat, village dont les maisons sont toutes bâties en marbre gris que les montagnes voisines leur fournissent abondamment. On voit dans les environs des châtaigniers énormes; des arbres à fruit croissent dans les fentes des rochers, que des plantes chargées de fleurs tapissent de leurs touffes verdoyantes. On arriva le soir à Saint-Gaudens, petite ville de six mille âmes, et chef-lieu d'arrondissement. Il fallut s'y arrêter pour passer la nuit : heureusement l'auberge était belle et bonne, beaucoup meilleure même que certains hôtels de grandes villes. Le lendemain était jour de marché : nos voyageurs virent arriver de toutes parts des porcs, des mulets et des bestiaux, ce qui ne les engagea point à y séjourner. Ils partirent après un bon déjeûner qu'avait précédé une promenade sur les bords de la Garonne. Une marche de plusieurs heures, que leurs guides soutinrent à merveille, et qui ne fut interrompue que par une demi-heure accordée à leurs chevaux, les fit arriver un peu avant la nuit au chef-lieu du département de l'Ariége, Foix, autrefois capitale du comté de ce nom.

Foix est une ville petite, mal bâtie, dépourvue des monumens publics, renfermant à peine quatre mille habitans. Le château des anciens comtes, avec ses trois tours gothiques, est peu digne de remarque; mais les deux frères virent avec plaisir la *Roche-du-Mas* à très-peu de distance de la ville. Ce sont deux montagnes parallèles et de hauteur égale, qui, soulevées probablement sur leur base par quelque grande commotion intérieure, sont retombées, penchées par le haut en sens opposé, de sorte que, séparées à leur pied, elles se touchent à leur sommet, offrant la forme d'un V renversé. La rivière de Rise coule par l'ouverture.

Pamiers, plus considérable que Foix, et surtout mieux construite, a six mille habitans. Elle fabrique des draps communs, des limes assez estimées, des peignes de bois et de corne. Mirepoix, sur le Lers, a des forges qui donnent d'assez bon fer. Le clocher de sa cathédrale passe aux yeux des habitans pour une des merveilles du monde. On trouve dans les montagnes des environs du jayet ou jais, substance bitumineuse d'un très-beau noir, qui sert à faire des ornemens, tels que colliers, pendans, bracelets, etc.

Les deux frères, peu satisfaits de ce qu'ils avaient vu dans le département de l'Ariège, sous le rapport des arts et de la culture, n'y cherchèrent plus que les ouvrages de la nature. Ils se rendirent sans perdre de temps au Puy-du-Till, qui n'est pas éloigné de Mirepoix. C'est une montagne percée de plusieurs grandes excavations par lesquelles s'échappe avec plus ou moins de violence, et durant toute l'année, un vent qui plus d'une fois cause de grands ravages: c'est ce que, dans le pays, on appelle *Vent-du-Pas*. En général, il adoucit ou rafraîchit la température. On croit avoir trouvé la cause de ce phénomène dans l'existence d'un gouffre où vont s'engloutir toutes les eaux du vallon. Plusieurs objets jetés dans le gouffre ont été rapportés, dit-on, par le Vent-du-Pas.

Ils allèrent ensuite voir la fontaine de *Fontestorbes* dans le même canton. Cette fontaine coule sans interruption pendant neuf mois. Le mois de juillet arrivant, elle ne coule que trente-cinq ou trente-six minutes consécutives; elle s'arrête ensuite environ trois quarts d'heure; puis elle reparaît pour s'arrêter encore, et ainsi de suite. Toutes les fois que l'eau arrive, on entend un bruit sourd et prolongé; après quoi elle se dégorge avec d'autant plus d'abondance qu'elle a été plus long-temps retenue.

La rivière de Rize, qui traverse la Roche-du-Pas, disparaît et reparaît plusieurs fois dans son cours, qui n'est pas bien long. Dans une autre fontaine qu'on voit près de la montagne de Tabe, on remarque un flux et un reflux très-sensibles. La partie haute du département nourrit beaucoup de troupeaux; on en tire du fer, du cuivre, de la houille, de la manganèse, du marbre et de l'albâtre. Il paraît qu'on y trouve aussi de l'amiante, et que cette substance y est même assez commune. Les paysans de l'Ariège en forment des tissus. Pour y parvenir, ils tordent les filamens de l'amiante avec des fils de coton ou de laine, et quand le tissu est fini, ils le jettent au feu qui dévore la laine ou le coton, et laisse subsister l'amiante.

En traversant l'Ariège, ils virent beaucoup d'hommes, d'enfans et de femmes occupés à ramasser et à nétoyer du sable. On leur dit que plusieurs rivières du pays, notamment l'Ariège, roulaient des paillettes d'or, et qu'on pouvait gagner trente ou quarante sous par jour à la recherche de ces paillettes.

La caravane se remit en route, dans l'intention de gagner par Ax le département des Pyrénées Orientales. Ax, avec le nom pompeux de ville, n'est qu'une mince bourgade de quinze cents habitans, dont le territoire a plusieurs sources d'eaux minérales. Ces eaux, sulfureuses et savonneuses, s'emploient à la fois pour la guérison des maladies et pour le dégraissage des laines.

Vous voici parvenu, monsieur, à l'extrême frontière de l'Ariège, dit un des guides à Dorville. Nous avons deux routes à prendre; l'une qui va directement jusqu'à Puycerda, ville espagnole, en remontant l'Ariège, conduira au Mont-Louis, en passant sous Livia, qui n'est pour ainsi dire ni française ni espagnole, mais qui appartient aux contrebandiers des deux royaumes, qu'on y voit vivre dans la meilleure intelligence. L'autre route traverse les monts *Corbière*, et mène à Perpignan par Caudiez et Saint-Paul. Ce fut par cette route, continua le guide, que descendit le brave Dagobert lorsqu'il vint prendre sur les derrières l'armée espagnole qui faisait mine de vouloir attaquer Perpignan.

Comme vous voilà instruit! dit Dorville; j'en savais moins que vous.

Tel que vous me voyez, répliqua le guide, j'ai fait quelques campagnes, et j'ai eu l'honneur de servir sous le brave Dagobert. J'étais près de lui quand il mourut, ajouta-t-il, en essuyant une larme. — Brave homme! cette sensibilité vous honore; mais vous le savez, à la guerre... — Ah! s'il était mort sur le champ de bataille, là, en face de l'ennemi, eh bien! on dirait comme l'autre; mais mourir dans son lit, d'une fièvre ardente, un brave, un général, à la veille d'une bataille, oh! c'est mourir deux fois, ça! Et une grosse larme roula pour la seconde fois sous sa paupière.

Et nos deux routes? reprit Dorville au bout de quelques instans; j'incline assez pour la première. — Je vous l'aurais conseillé; le chemin est un peu mauvais à la descente, mais ensuite uni comme la main. Nous verrons bien, dit Dorville.

Les commencemens du voyage répondaient peu à l'idée qu'on pouvait se former d'un chemin même passable. L'Ariège descend des montagnes par une gorge profonde, toute coupée de précipices, ou obstruée de roches brisées, à travers lesquelles on est souvent obligé de se frayer un passage. Heureusement on avait de bons chevaux, quoiqu'ils ne fussent que de louage, accoutumés à marcher sur les montagnes; encore dans les passages difficiles ou dangereux, les deux guides marchaient-ils à côté des deux frères, afin de conduire ces animaux, de les soutenir, de les animer et de prévenir tout fâcheux accident. Ces précautions ne servirent qu'à prouver la bonne volonté des guides; elles furent par bonheur inutiles.

Après quatre ou cinq heures de marche, ils franchirent la grande chaîne des Pyrénées et commencèrent à descendre par la vallée de Carol, qui fait partie du département des Pyrénées Orientales. Cette vallée qui est à mille toises au moins au-dessus du niveau de la mer, ne produit guère que des pâturages; six ou sept hameaux s'élèvent sur les bords de la Ségre qui la traverse.

La route que suivaient nos voyageurs les conduisit à un village ou bourgade qu'on appela long-temps *Guinguettes d'Hix*, et qu'à la restauration, l'adulation fit nommer *Bourg-Madame*; ce sont quelques maisons situées sur le bord d'un ruisseau qui sert de limite aux deux royaumes. Ils laissaient derrière eux à leur droite la petite ville de Puycerda, chef-lieu de la Cerdagne espagnole, ils voyaient en avant Livia et son château, bâti sur une éminence. Ce village est enclavé dans la Cerdagne française, de telle sorte qu'un habitant de Livia ne peut sortir de chez lui qu'à travers le territoire français. L'entrée de ce lieu est interdite aux douaniers; il a droit d'asile, en faveur des gens qui font le commerce interlope.

Depuis Bourg-Madame jusqu'à Mont-Louis, la route est belle et sûre. Mont-Louis est une petite place forte, munie d'une bonne citadelle, construite, ainsi que la place elle-même, sur les plans du maréchal de Vauban. La caravane passa la nuit dans une très-bonne auberge située hors de la ville. Dorville et son frère y furent servis en gibier et en truites. Le gibier de ces montagnes, les perdrix rouges surtout, est de la meilleure qualité, et les truites y sont d'un goût exquis.

On ne fit le lendemain qu'une petite journée, pour s'arrêter à Prades, jolie petite ville sur la rivière de la Tet, presque au pied du Canigou ; cette montagne n'a que 1480 toises environ de hauteur ; mais en se présentant avec sa masse tout entière de la base au sommet, elle paraît beaucoup plus élevée que le mont Perdu, qui repose sur d'autres montagnes. La ville de Prades n'est pas à 60 ou 80 toises au-dessus du niveau de la mer, et de cette ville on arrive au pied même du pic, sans avoir sensiblement monté. Prades a près de 3,000 habitans qui fabriquent des draps, des bonnets, des bas de laine et des papiers communs ; ils livrent encore au commerce du vin et des laines très-estimées. Les environs de la ville offrent des sites délicieux, des grottes naturelles remplies de stalactites, des cascades, des fontaines abondantes, des bosquets d'arbres fruitiers.

Le lendemain on partit pour la capitale du département ; on y arriva au bout d'une marche d'environ huit heures. Cette ville est bâtie à l'extrémité d'une plaine extrêmement fertile, couverte de jardins, d'oliviers, de mûriers, arrosée par la Tet et la Basse. Une partie de la ville est bâtie sur la plaine même; l'autre partie s'élève sur une colline au-dessus de laquelle commence une seconde plaine qui s'étend vers les montagnes. Les collines qui l'entrecoupent jettent beaucoup de variété sur le tableau qu'elle présente, vue des remparts de la ville.

Perpignan ne date que du dixième siècle, ou du moins cette ville était à peine connue avant cette époque; mais elle s'accrut tout d'un coup aux dépens de l'ancienne Ruscino, que les Normands avaient détruite de fond en comble, et de la cité d'Elne, qu'ils avaient dévastée un demi-siècle auparavant. C'est aujourd'hui une place forte, munie d'une bonne citadelle et qu'on peut regarder comme une des clés du royaume du côté du midi. Perpignan a soutenu plusieurs siéges mémorables. En 1474, Jean Blanca, son premier magistrat, dont le fils était prisonnier des assiégeans, refusa de racheter le sang de ce fils qu'on menaçait d'égorger, par la reddition de la place qu'il devait défendre. Cette ville a 17,000 habitans; mais on n'y voit ni beaux quartiers ni édifices remarquables. Le seul qui mérite quelque attention, c'est la cathédrale, à cause de la hardiesse de sa voûte. Elle a une bibliothèque de quatorze ou quinze mille volumes; elle trafique en vins, en soieries, en laine, en liége, en fruits du pays, en eaux-de-vie. Il y a hors de la ville une bergerie nationale où l'on entretient avec beaucoup de soin des chèvres du Thibet et des moutons mérinos.

Les deux frères firent une excursion à Céret, petite ville agréablement située au pied des montagnes ; ils y admirèrent le pont sur le Tech, d'une seule arche d'environ 150 pieds d'ouverture ; les habitans lui donnent le nom de Pont-du-Diable, probablement par ce que le diable seul leur a semblé capable de suspendre un pont entre deux rochers, à une centaine de pieds au-dessus du niveau de l'eau. De là, nos voyageurs se rendirent au Portvendres, que, sur la foi d'un écrivain moderne, ils croyaient égal en grandeur à la rade de Brest et capable de contenir cinq cents vaisseaux ; ils comptaient y trouver aussi une ville florissante. Ils ne furent pas peu surpris de n'y voir qu'un bassin de médiocre grandeur, que douze ans de travaux, commencés en 1780, avaient mis en état de recevoir des frégates, mais qui ne peut guère recevoir aujourd'hui que de petits bâtimens. Quant à la ville, elle se compose d'une cinquantaine de maisons rangées sur le quai. La place en face du port est décorée d'un obélisque de marbre blanc du pays et de 100 pieds de hauteur. Les bas-reliefs et les trophées dont il était orné furent arrachés et brisés en 1793.

Le Roussillon, dont Perpignan était la capitale, a formé une dépendance tantôt du royaume de Majorque, tantôt de celui d'Aragon. Il fut d'abord gouverné par des comtes particuliers ;

mais vers la fin du douzième siècle, Guinard, dernier comte, mort sans postérité, disposa de ses domaines en faveur du roi d'Aragon, qu'il institua son héritier. Ce ne fut qu'en 1642 que le Roussillon fut conquis par les armes françaises ; le traité des Pyrénées de 1659 ratifia cette conquête.

Le département des Pyrénées-Orientales produit d'excellens vins, parmi lesquels on distingue le maccabé, la malvoisie et le grenache, les vins de Banyols et de Collioure, le muscat de Rivesaltes. Le maccabé a, suivant les gourmets, tout le parfum du tokai ; les vins de Banyols et de Collioure égalent en saveur et en bonté ceux d'Alicante et de Malaga ; le muscat de Rivesaltes est supérieur en saveur au muscat de Lunel ou de Frontignan. Les autres productions du sol consistent en grains, en huiles, en chanvre, en lin, en fruits exquis. Le miel connu dans le commerce sous le nom de miel de Narbonne, se tire des montagnes du département. La laine du Roussillon est la plus belle de France. Ses montagnes donnent abondamment de très-bon fer.

Les Roussillonnais sont robustes, vigoureux, vifs, spirituels, amis de l'indépendance, enclins à l'insubordination ; ils ont conservé un grand nombre d'usages de la Catalogne, le goût des fêtes religieuses, les danses au son du tambourin, de la cornemuse, du flageolet et de quelques hautbois, le costume, la langue, qui n'est point, comme on l'a dit, la langue romane mêlée d'espagnol ou de catalan, mais le catalan, le véritable catalan de la Catalogne, mêlé de quelques mots français.

Ce département, qui ne compte pas plus de 150 ou 155 mille habitans, possède un grand nombre d'eaux minérales, sulfureuses, ferrugineuses, thermales ou froides, dont on vante beaucoup l'efficacité dans un grand nombre de maladies. On voit dans la petite ville d'Arles une vaste salle de bains, qu'on regarde comme un ouvrage des Romains. Ceux qui n'ont pas besoin de recourir aux bains pour leur santé et qui ne s'y rendent que pour leur plaisir, ne sont pas fâchés d'y trouver ample provision de truffes du pays, notamment truffes de Montferré, petit village des Pyrénées, peu éloigné d'Arles. Les amateurs de bonne chère ne les trouvent point inférieures aux truffes de Périgueux.

Nos voyageurs rentrèrent dans le Languedoc par la route de Narbonne, après avoir vu en passant Salces et son vieux château de construction espagnole.

CHAPITRE XI.

L'AUDE, LA HAUTE-GARONNE, L'HÉRAULT, LA LOZÈRE, L'ARDÈCHE, LE GARD, LA HAUTE-LOIRE, OU ANCIEN LANGUEDOC, LE LOT OU QUERCY, L'AVEYRON OU ROUERGUE.

Quelle différence ! s'écria Dorville, en apercevant Narbonne, entre la sous-préfecture du département de l'Aude et la capitale de la Gaule Narbonnaise, résidence de quelques rois visigoths, et même de quelques comtes de Toulouse. Les Romains l'avaient embellie d'un grand nombre de monumens; un incendie la consuma, Antonin-le-Pieux la fit rebâtir. Ataulphe, roi visigoth, y épousa Placidie; ses successeurs y fondèrent un palais. Puis sont venus les Bourguignons, les Ostrogoths, les Francs et les Arabes, et la grandeur de Narbonne s'est éclipsée. C'est sous les Arabes qu'elle a le moins souffert. Plus tard, la guerre des Albigeois lui devint fatale; elle ne fut réunie à la couronne que sous Louis XII.

Nos voyageurs ne trouvèrent point d'anciens monumens à Narbonne; mais ils firent avec autant d'intérêt que de soin le tour des murailles qui l'entourent. On y a incrusté une quantité immense de vieilles pierres lapidaires ou monumentales, d'inscriptions, de figures, de bas-reliefs, etc. Ces murs sont une espèce de galerie ouverte où l'on peut étudier l'histoire de Narbonne par les débris des monumens qu'elle renferme. Ils virent ensuite l'Archevêché, édifice gothique, flanqué de tours comme une citadelle; la cathédrale, remarquable par ses belles voûtes et par le tombeau de Philippe-le-Hardi, qui mourut à Perpignan; le canal de la Robine, qui, par l'étang voisin de Sijean, communique avec la mer.

N'oublions pas, dit Dorville à son frère, en quittant Narbonne, que cette ville fut la patrie de Varron, *le plus savant des Romains*; de Marc-Aurèle, qui en fut le meilleur; de l'antiquaire Montfaucon.

Carcassonne, où ils arrivèrent le lendemain, se compose de deux villes, l'ancienne et la moderne : la première renferme la cathédrale et le château; la triple enceinte de murs qui l'entoure offre le système complet de la défense des places dans le moyen-âge. La ville neuve est vaste et bien bâtie. Les deux frères y remarquèrent la grande place plantée de platanes et ornée d'une belle fontaine en marbre d'Italie; ils visitèrent ensuite le port sur le canal, les promenades, les beaux jardins de la Préfecture et les bibliothèques publiques. Cette ville fabrique beaucoup de draps dont il se fait dans le Levant une grande consommation; quelques-uns ne sont pas inférieurs aux draps d'Elbeuf, de Louviers ou de Sédan.

La petite ville de Limoux, sur l'Aude, fabrique aussi des draps, de la bonneterie et de la quincaillerie; mais ce qui contribue le plus à sa prospérité, c'est le débit de ses vins blancs connus partout sous le nom de *blanquettes* de Limoux.

Dorville se fatiguait de voyager à cheval, parce qu'il ne pouvait faire que de petites journées, et qu'il trouvait d'ailleurs cette façon d'aller un peu rude; il hâta donc les préparatifs du départ. On s'arrêta le soir à Castelnaudary, qui n'a de remarquable que sa position sur une éminence, et son port sur le canal : c'est un bassin de six cents toises, couvert de bateaux de toute espèce. Beaucoup d'habitans s'occupent à en construire pour le service du canal; d'autres filent la soie, la laine, fabriquent des étoffes, apprêtent des fers, embarquent des vins et des huiles.

Castelnaudary était autrefois un château fort. Raymond VI, comte de Toulouse, tenta de s'y défendre contre les croisés. Ne pouvant résister aux forces supérieures qui l'attaquaient, il évacua le fort, après y avoir mis le feu. C'est aujourd'hui une ville de dix mille ames. Ce fut dans les champs qui l'environnent que l'armée de Gaston, duc d'Orléans, fut mise en déroute par l'armée royale, en 1632. Le duc de Montmorency y fut fait prisonnier; livré à l'implacable Richelieu, il alla expier sa révolte à Toulouse, sur un échafaud.

Le canal du Languedoc qui traverse tout ce département est un des plus beaux ouvrages qui existent en France. Il faut l'avoir parcouru pour prendre une idée exacte des travaux qu'il a demandés; tantôt il traverse la roche vive, tantôt il coule dans un lit revêtu de ciment; tantôt il passe sur des rivières, tantôt ce sont des rivières qui passent sur lui. Partout sont établies de jolies maisons de péage ombragées d'arbres, des écluses solides, des auberges commodes pour les voyageurs; sur les deux rives, on aperçoit des fermes, des maisons de campagne, des plantations, des champs cultivés.

10.

François Ier avait eu, dit-on, la pensée de joindre les deux mers; un projet lui fut proposé; mais ni lui ni aucun de ses successeurs jusqu'à Louis XIV ne songèrent sérieusement à l'exécuter. Il fallait à la vérité un homme tel que Paul Riquet, riche, éclairé, entreprenant et doué de persévérance; il fallait de plus un ministère assez éclairé pour juger de l'utilité de l'entreprise, assez puissant pour vaincre tous les obstacles qui la traverseraient, suscités par la jalousie, l'intérêt froissé, l'aveugle système de résistance à toute innovation utile. Douze mille ouvriers furent mis à la disposition de Paul Riquet! Pour que le canal ne pût manquer d'eau, un vaste bassin fut creusé entre deux montagnes. Plusieurs cours d'eau y furent dirigés. Un mur de granit fourni par les montagnes voisines entoura le bassin, qui prit le nom de Saint-Ferréol. De ce premier réservoir où se trouvent deux robinets énormes par où l'eau s'échappe avec un bruit égal à la violence du jet, elle est amenée à un second bassin moins élevé, d'où elle coule dans le canal jusqu'à Toulouse. Les atterrissemens ont formé dans ce second bassin, qu'on nomme de Naurouse, un îlot où l'on a planté des peupliers. De Naurouse à Toulouse, le canal traverse sur treize aqueducs autant de rivières ou de ruisseaux.

Toulouse se présente sous un aspect imposant; elle occupe une grande portion de l'horizon qui se développe en face du voyageur qui arrive; mais il s'en faut de beaucoup qu'elle soit peuplée en raison de son étendue. En traversant une grande partie de la ville, on s'aperçut non sans surprise que l'herbe croissait le long des rues, ce qui prouve assez combien elles sont peu fréquentées. La ville est bâtie en briques; rien, hormis l'hôtel de ville, n'annonce l'ancienne splendeur de cette capitale du Languedoc; et des monumens dont les Romains l'avaient dotée, il ne reste rien que les débris d'un petit amphithéâtre, et un tombeau qu'on conserve dans le cloître des Augustins. Les curieux visitent encore les quais, le pont qui joint les deux parties de la ville que la Garonne sépare, et peut-être aussi le moulin du Basacle, construit sur la rivière.

Le capitole, ancien édifice dont la belle façade, ornée de colonnes de marbre rose, est due aux modernes, forme un carré parfait de cent mètres de côté. Son nom rappelle le temps où Toulouse était régie par ses huit *capitouls* ou magistrats municipaux. Dans une de ses salles, on montre les bustes des Toulousains ou Languedociens qui ont rendu leur nom illustre; mais la plupart de ces bustes ne représentent que des êtres imaginaires. La salle de Clémence Isaure offre la statue en marbre blanc de cette femme célèbre dont plusieurs critiques nient l'existence; sa tombe qu'on voit dans l'église de la Daurade semble pourtant devoir dissiper les doutes, si toutefois ce ne fut point dans le temps un monument supposé. Quoi qu'il en soit, on attribue à Clémence Isaure la fondation des jeux floraux et d'un collége *de gaie science*; et tous les ans encore, on fait avec beaucoup d'apparat la distribution de plusieurs prix, qu'obtiennent souvent des vers et de la prose bien médiocres.

Le cicérone du capitole fait remarquer aux étrangers la cour où Montmorency subit son arrêt, et le coutelas qui servit à l'exécution. Sans entrer ici dans la discussion des torts de ce seigneur, on peut trouver assez étrange qu'un instrument de supplice soit présenté comme un objet digne d'attention. Qu'un Toulousain, dit Dorville, publie un recueil (découvert par lui), des poésies de Clémence Isaure, à la bonne heure; mais, ajouta-t-il, j'aimerais mieux pouvoir douter de l'identité du coutelas, que de celle du volume qui tente ma curiosité; malheureusement c'est, je crois, tout le contraire, et cela ne me semble point gai.

Parmi les nombreux couvens qu'on voyait à Toulouse et qui ont été détruits ou vendus, il faut mentionner celui des Cordeliers à cause de son caveau fameux qui avait la propriété de dessécher très-promptement les corps qu'on y déposait, et de les transformer en véritables momies. On y voyait rangés contre les murs une soixantaine de cadavres. De ce nombre était celui de *Paule Vigier*, la plus belle femme de son temps; si belle même, dit-on, que, pour que le public toulousain pût jouir de l'aspect de cette merveille, le parlement lui ordonna par un arrêt célèbre de se montrer en public deux fois au moins par semaine.

Le moulin du Basacle, au-dessous de la jonction du canal de Brienne avec la rivière, est construit sur pilotis et à la surface même des eaux qui font mouvoir un grand nombre de meules. Ce que tous les étrangers remarquent, c'est la taille colossale des ânes qu'on emploie au transport des grains et des farines, du moulin à la ville et de la ville au moulin. Le canal de Brienne, qui n'est qu'une branche du grand canal, les allées qui bordent les deux canaux, les plantations qu'on aperçoit sur le bord du fleuve, l'aspect des ponts, le mouvement qui a lieu dans cette partie de Toulouse, attirent les promeneurs et les étrangers. Toulouse possède au reste tous les établissemens que les habitans d'une grande ville peuvent désirer : académie universitaire, école de droit, collége royal, jardin botanique, école d'artillerie, école d'équitation, académie des beaux-arts, musée, bibliothèques publiques, cabinet de physique, observatoire, etc. Mais tout cela ne donne point des habitans à la ville qui n'en a que soixante mille environ, et qui pourrait en loger le double dans sa vaste enceinte.

Les Toulousains fabriquent des étoffes de soie, de coton et de laine, des toiles, de la faïence, des ouvrages en fer et en cuivre, des tabacs.

Villefranche, dans l'ancien Lauragais, peuple d'oies et de canards les marchés de Toulouse. Le département nourrit beaucoup de bétail à corne, qui passe en Espagne. On y récolte quelques vins rouges et blancs; les montagnes fournissent de très-beaux marbres blancs et de couleur. La plupart de ceux qui décorent la bourse à Paris, viennent des carrières de la Haute-Garonne et des Hautes-Pyrénées.

Le jour du départ était déjà fixé; mon ami, dit Dorville à son frère, les chevaux sont commandés pour neuf heures, il en est sept; nous avons deux grandes heures à employer. Avant de nous éloigner de Toulouse, n'irons-nous pas jeter au moins un coup-d'œil sur ce champ de bataille où vingt mille français ont glorieusement résisté à l'armée anglo-espagnole, commandée par Wellington? Je ne sais; mais il me semble que l'aspect de ces lieux doit vivement intéresser un Français qui n'immole pas l'honneur national à l'aveugle esprit de parti. Alfred ne demandait pas mieux que cette promenade; car son jeune cœur se gonflait, battait, s'exaltait toutes les fois qu'il s'agissait d'honneur français. Bourguignon fut laissé à la garde des équipages et de la voiture, et il fut convenu que ses maîtres se trouveraient à neuf heures à la porte de Montauban.

Il y avait peu de chose à dire sur la journée du onze avril, que de chauds partisans de la dynastie rentrée reprochaient au maréchal Soult comme un attentat contre la monarchie légitime, mais qu'admirèrent tous ceux qui mettaient avant tout les intérêts de leur patrie. J'aurais été le plus ardent prôneur de cette dynastie, dit Dorville, son défenseur le plus zélé, l'adversaire le plus outré de la révolution, que je n'aurais point aimé à devoir quelque chose aux étrangers, aux étrangers qui venaient le fer et la flamme à la main. Sans doute il est malheureux que le sang français ait inutilement coulé; mais on se console quand on peut dire qu'il a coulé avec gloire.

Nous allons entrer, continua-t-il en apercevant Montauban, dans une ville dont les habitans ont aussi honoré le nom français par leur courage. Les Anglais essayèrent souvent de s'en rendre maîtres, et toujours ils trouvèrent dans la valeur des Montalbanais, un obstacle invincible à leurs projets d'envahissement. Trois religieux qui furent convaincus d'intelligence avec l'ennemi, furent jetés dans le Tarn. Lorsque plus tard les Montalbanais eurent embrassé la réforme, leur ville, comme la Rochelle, devint un des boulevards du calvinisme. Louis XIII l'assiégea et ne put la prendre; elle ouvrit ses portes après la chute de la Rochelle.

Cette ville compte environ vingt-six mille habitans. Le Tarn la divise en trois parties; sur la rive droite sont la vieille et la nouvelle ville; sur la rive gauche est Ville-Bourbon, qu'un très-beau pont fait communiquer avec les deux premières. En voyant la grande place dont les maisons, construites en brique, sont supportées par un double rang d'arcades ornées de pilastres doriques, Alfred trouva qu'on avait beaucoup trop vanté cette place en l'appelant magnifique et superbe : il crut revoir la Place Royale de Paris, seulement un peu plus noire ou un peu plus sombre ; mais parvenus au plateau de la promenade publique, il eut un moment de ravissement et d'extase à l'aspect de la vallée qu'arrose le Tarn.

Le commerce de Montauban consiste en soieries, en cadis, en serges ; la ville a des tanneries et des teintureries. On y prépare le *minot*, c'est-à-dire la farine destinée à l'exportation. On l'expédie par le Tarn et la Garonne à Bordeaux, d'où il passe à l'étranger.

Les autres villes du département n'offrent rien de remarquable, à l'exception pourtant de Moissac, ville très-ancienne, que les Goths, les Francs, les Normands, les Anglais ont successivement ravagée, et qui, malgré tant de désastres, possède encore 10,000 habitans qui exportent des grains et des minots. Dorville y fit une excursion pour voir la fontaine évidemment ancienne, que, depuis peu d'années, on a découverte près de ses murs ; mais aucune inscription ne put lui apprendre par qui cette fontaine avait été construite.

Le département de Tarn-et-Garonne n'a été formé qu'en 1808, de cantons distraits des départemens environnans. Ce fut Napoléon, dit-on, qui, frappé en passant à Montauban de la belle position de cette ville, voulut l'élever au rang de préfecture. Le climat y est doux, mais variable; le vent d'est y passe pour mal sain. L'Aveyron y coule souvent, encaissé à une profondeur de 1,200 pieds; le Tarn, au contraire, parcourt constamment une large et fertile vallée. Montauban fut la patrie de Cazalès, l'un des plus éloquens orateurs de la Constituante.

Au moment de rentrer dans le Languedoc par le Tarn, Dorville venant à jeter les yeux sur la carte, réfléchit que la position centrale des départemens du Lot et de l'Aveyron ne lui permettrait peut-être pas, dans la suite, de s'y rendre sans faire un long détour; il vit d'un coup-d'œil qu'il lui serait plus commode de visiter ces deux départemens par une excursion rapide, que d'y revenir plus tard de plus loin; il changea donc son plan de voyage et fit demander des chevaux pour Cahors. Le trajet ne fut que de quelques heures.

Nous voici arrivés, dit Dorville, à une ville très ancienne. Ses toiles et sa poterie étaient connues des Romains, qui l'embellirent de plusieurs monumens. Elle est aujourd'ui mal construite, et on n'y voit pas une belle maison, encore moins un bel édifice, si nous exceptons toutefois sa cathédrale, dont la façade est évidemment moderne, mais dont les deux coupoles sont de construction romaine : c'était là tout ce qui restait du temple de Mercure, dont cette église occupe l'emplacement.

Cahors joua un rôle dans les guerres de religion. Le Quercy fut envahi par le calvinisme; quelques villes seules le repoussèrent; Cahors fut de ce nombre, et elle refusa de reconnaître le roi de Navarre, à qui le Quercy venait d'être donné comme dot de sa femme. Henri surprit cette ville la nuit du 29 mai 1580, mais les habitans se défendirent de rue en rue, de quartier en quartier; ce ne fut qu'après cinq jours de combats sanglans et opiniâtres qu'Henri s'en vit maître. Cahors fut livré au pillage; un grand nombre de ses habitans furent massacrés.

Il existait dans cette ville un singulier usage. L'évêque présidait les états du Quercy, sous le titre de comte, et lorsqu'il officiait pontificalement dans sa cathédrale, il avait les gantelets et l'épée sur l'autel. Quand un évêque nouveau venait prendre possession de son siége, le vicomte de Cessac, son vassal, allait le recevoir aux portes de la ville, la tête découverte et sans manteau, la jambe droite nue, le pied chaussé d'une pantoufle; il était tenu en outre de conduire par la bride la mule que montait l'évêque jusqu'au palais épiscopal; là, il le servait pendant son dîner, toujours vêtu et équipé de même; le buffet, la vaisselle plate, la mule, appartenaient au vicomte pour prix de l'humiliation à laquelle il s'était soumis. C'était en effet s'humilier beaucoup. Il me semble, reprit vivement Alfred, que ce qui l'humiliait davantage encore, c'était de recevoir un aussi vil salaire. Tu as bien raison, mon ami, répliqua Dorville : dans le cérémonial de la réception, on aurait pu ne voir qu'un de ces usages du bon temps de la féodalité, où le puissant imprimait sur le front du faible le signe du vasselage ; se dédommager à prix d'argent de la bassesse, c'était vendre son honneur comme une marchandise.

Cahors a donné le jour au pape Jean XXII, qui fut, dit-on, fils d'un simple savetier ; et à Clément Marot, le premier poète de son temps. Le maréchal Bessières, tué à la bataille de Lutzen, en 1813, Murat, qui ne monta sur le trône que pour en tomber frappé par la foudre, étaient l'un et l'autre des environs de Cahors.

Dorville avait entendu parler des sources intermittentes voisines de Souilhac ; il s'y rendit avec son frère. Il s'arrêtèrent à Souilhac, qu'on vante pour sa fabrique de canons et surtout pour ses très-bonnes truffes. Un déjeûner pris sur-le-champ le convainquit que Souilhac n'avait pas usurpé sa réputation. Après le déjeûner, ils prirent un guide qui les conduisit d'abord au vallon de Bagour, où ils virent le *Gourg*, l'une des fontaines, et ensuite à la fontaine de Puy-Martin, où ils découvrirent le *Bouley* au fond d'un antre de neuf ou dix pieds de profondeur. L'éruption du Bouley est toujours précédée d'un grand bruit souterrain ; l'eau jaillit ensuite par deux ouvertures avec une telle violence que le vallon en est inondé. Quand le Bouley cesse de couler, le Gourg se met en mouvement; et ses eaux s'élancent avec force. Ici l'éruption est précédée par un bouillonnement qui s'opère à la surface du bassin; peu-à-peu il se forme un jet qui monte à la hauteur de douze pieds et qui ne cesse qu'au bout de plusieurs heures. Ce qui parut très-extraordinaire à nos voyageurs, ce fut de voir qu'au moment où l'écoulement de l'une de ces deux fontaines cessait, l'autre recommençait à donner ses eaux avec une force nouvelle. Le guide qui les accompagnait leur dit que cette alternative d'écoulemens et de suspensions avait toujours lieu de la même manière durant quatre ou cinq jours; il ajouta que les deux fontaines ne coulaient jamais ensemble, que c'était toujours le Bouley qui commençait et qui finissait.

Les deux frères, satisfaits de cette promenade intéressante, ne tardèrent pas à prendre la route de Rhodez, chef-lieu de l'Aveyron autrefois le Rouergue. Ils passèrent d'abord à Villefranche, petite ville assez agréablement située sur le penchant d'une colline, au confluent de l'Alzon et de l'Aveyron. En continuant leur route, ils aperçurent sur la droite, mais à un assez grand éloignement, une colonne épaisse de fumée. Cette fumée, dit Dorville, est, si je ne me trompe, celle qui, de temps à autre, s'échappe de la *Montagne-Brûlante*. Cette partie du Rouergue est pleine de houillières, et plus d'une fois une de ces houillières s'embrase. Il est probable que la fumée que nous voyons provient d'un embrasement de ce genre. C'est dans les environs que se trouvent les eaux thermales et presque brûlantes de Cransac.

La campagne qui entoure Rhodez est magnifique; Alfred et Dorville en firent à la fois la remarque. Ne dirait-on pas que ceci nous annonce une ville aussi belle qu'opulente? Gardons-nous de le croire; car, si je m'en souviens bien, nous n'y verrons que des rues sales, obscures, étroites, et des maisons faites pour ces rues. Seulement nous remarquerons une église cathédrale assez belle, et surtout son clocher, qui s'élève à deux cent cinquante pieds. C'est d'abord une tour carrée, flanquée de quatre tourelles; ensuite une tour ronde terminée par une plate-forme, puis encore une coupole qui recouvre le timbre de l'horloge. Sur la coupole, est une statue colossale de la Vierge.

Alfred se convainquit par ses yeux de la vérité de ce que son frère lui avait dit, et il lui sembla que, malgré son clocher, Rhodez ne méritait guère d'être la capitale du département. Où donc la placerait-on? lui dit Dorville; je ne vois guère dans le département de ville qui le mérite mieux que Rhodez. Sera-ce Saint-Geniez, qui a neuf mille habitans, qui fut la patrie du célèbre déclamateur qu'on nomme l'abbé Raynal, et qui, dit-on, dans sa prétendue histoire philosophique des Indes, ne fit que prêter son nom à un autre déclamateur plus célèbre, le fougueux

Diderot? Mais toute l'importance de cette ville se réduit à fabriquer quelques étoffes légères de laine. Sera-ce Espalion, ville de trois mille ames, parce qu'elle a quelques vignes et quelques prairies, ou parce qu'elle a donné le jour à un autre abbé fameux, qui, de simple prédicateur à Paris, devint en peu de temps évêque d'Hermopolis, puis grand-maître de l'Université, ministre, académicien, et qui s'est exilé maintenant de son pays? Nous avons vu Villefranche : il ne reste à parler que de Saint-Affrique, où l'on compte six mille habitans, et de Milhaud, qui en a neuf mille. La première de ces villes fabrique des lainages, de la poterie et de la tannerie; et les villages des environs, dont l'un porte le nom de Roquefort, livrent au commerce les excellens fromages de ce nom. La seconde fait aussi des fromages; mais elle en apporte moins que Saint-Affrique; en revanche, elle récolte une très-grande quantité d'amandes; mais elle n'est ni manufacturière, ni commerçante. Crois-moi, cher Alfred, laissons Rhodez en possession paisible de sa préfecture, et allons voir autour de cette ville les merveilles que la nature y a placées. Nous partirons demain matin pour le village de Salles, où sont les grottes de ce nom et celles de Solsac. Alfred fut sur pied avec le jour.

A peu de distance de Rhodez est un massif de roche calcaire : c'est là qu'est bâti le village de Salles. Du haut de ces rochers tombe un ruisseau qui forme deux cascades. Ses eaux sont reçues dans deux bassins, d'où elles s'échappent pour aller arroser le vallon de Marillac. Derrière ces cascades se trouve une grotte superbe, qui a la forme d'un fer à cheval. La grotte de Solsac, à une lieue de Salles, se compose d'abord d'une cave ou entrée taillée au ciseau, et séparée par un mur du reste du souterrain. Après avoir franchi cette clôture, on parcourt une allée large de quarante pieds, haute de soixante. Lorsqu'on a fait une centaine de pas, on voit la voûte s'abaisser à tel point, que le passage, obstrué par des concrétions, n'a plus que deux pieds de hauteur. Au-delà de ce passage, on trouve une seconde salle dont la voûte s'abaisse comme à la première, et l'on arrive par un second défilé à une troisième salle, riche en stalactites, et plus belle encore que les autres.

On voit près de Solsac un abîme que les naturels appellent Tindoul. C'est une grande crevasse qui a cent quarante pieds de profondeur, et trois cent quatre-vingt-quatorze de circuit; les côtés sont taillés à pic comme ceux d'un puits.

Les deux frères, de retour de leur excursion, disposèrent tout pour le départ du lendemain; et, n'ayant à s'occuper de rien jusqu'au moment du souper, car on dîne et on soupe dans les auberges de province : Allons perdre au spectacle, dit Dorville en riant, le peu de temps qui nous reste : l'affiche nous annonce *un premier chanteur du Grand-Théâtre de Lyon*; cela promet.

Lorsqu'ils furent arrivés au théâtre, une contre-affiche leur annonça que le premier chanteur du Grand-Théâtre de Lyon venait d'être pris subitement d'un grand mal de gorge, et l'*indulgent* public était supplié de vouloir bien se contenter de *Lucrèce Borgia*. Alfred eut un moment de plaisir : souvent à Paris il avait entendu parler de cet étrange ouvrage où de grandes beautés sont à chaque instant couvertes par des défauts révoltans, et jamais on ne lui avait laissé l'occasion de le voir, ni même de le lire. Pendant quelque temps, la privation avait irrité en lui le désir; mais, distrait par d'autres amusemens, il avait fini par n'y plus penser. Lorsqu'il lut l'affiche, le désir s'était réveillé, il se crut au moment de le satisfaire. Dorville devina aisément tout ce qui se passait dans l'ame de son frère.

OEuvre fantastique de son auteur, lui dit-il, produit informe de l'abus d'un beau talent, *Lucrèce* est un drame où la pudeur publique n'est pas trop ménagée. Jamais une mère n'y conduira sa fille; jamais une femme honnête n'y reviendra, à moins qu'elle n'oublie que plus d'une fois son front y a rougi. Maintenant, dis-moi, mon ami, ce que nous devons faire, je te laisse le maître. Allons revoir la belle promenade de l'Aveyron, dit Alfred, en prenant le bras de son frère. — Très-bien, mon ami. Un temps viendra où tu pourras voir sans danger *Lucrèce Borgia*; mais alors encore tu penseras comme moi que des tableaux dont le cynisme effarouche la modestie, ne sont pas des moyens bien choisis; ni surtout bien efficaces, de corriger les mœurs.

La ville d'Alby, où nos voyageurs arrivèrent le lendemain de bonne heure, peuplée de onze mille ames, est située sur une éminence dont le Tarn baigne le pied. Ses environs leur avaient paru assez rians; mais l'intérieur les satisfit peu. La cathédrale gothique est le seul édifice qui mérite l'attention des étrangers. De vieilles peintures couvrent ses murs, et ses voûtes ne manquent point de hardiesse. La promenade de *la Lice* consiste en une belle terrasse qui domine sur la plaine et sur la rivière. Le célèbre et infortuné La Pérouse était d'Alby. Ses concitoyens lui ont érigé une statue, que les deux frères allèrent contempler, moins comme œuvre de l'art que comme image d'un grand navigateur. Sait-on enfin où il a péri? dit Alfred. On croit le savoir, répliqua Dorville, depuis le voyage de l'Anglais Dillon et celui du capitaine Dumont d'Urville: ces deux marins ont rapporté l'un et l'autre de l'une des nouvelles Hébrides plusieurs objets qui proviennent des deux frégates françaises. Le capitaine Dillon a donné à cette île, que les naturels nomment Malicolo, le nom de la Pérouse: le capitaine d'Urville et son équipage y ont élevé un monument à sa mémoire.

Ce fut dans ce pays, continua Dorville, que prit naissance, dans le douzième siècle, la secte des Albigeois, contre lesquels on lança des excommunications, on arma des soldats, on alluma des bûchers. La lutte fut longue et sanglante; à la fin, l'hérésie fut extirpée, mais les hérétiques avaient été exterminés.

Les deux frères remarquèrent avec intérêt, dans les campagnes qu'ils traversèrent en prenant la route de Castres, que le pastel, le safran et l'anis y étaient cultivés. On sait que la première de ces plantes peut remplacer avantageusement l'indigo. Castres fut fondée, dit-on, en 647, sur l'emplacement d'un ancien campement romain. Plus tard elle devint, comme Montauban et La Rochelle, une place d'armes des calvinistes. Elle a aujourd'hui des fabriques d'étoffes légères de laine, de castorines, de casimirs. L'académicien Dacier, l'aristarque Sabattier, auteur *des Trois Siècles*, étaient tous deux de cette ville, qui a aussi vu naître dans ses murs le maréchal Soult, dont la vieille gloire militaire appartient déjà à l'histoire.

A peu de distance de Castres, près du village de la Roquette, est une montagne que les étrangers ne manquent guère d'aller visiter. Ses flancs sont percés d'une vaste excavation, qu'on nomme la *Grotte de Saint-Dominique*, et dans laquelle, dit-on, ce saint personnage, qui avait fondé en France l'inquisition, passa les dernières années de sa vie. L'entrée en est étroite; mais à mesure qu'on avance, la voûte se relève, et la grotte s'élargit. On passe de cette première galerie à une grande salle éclairée par deux ouvertures ou fentes du rocher. L'eau qui suinte sans cesse par la voûte et par les parois des murs, se réunit dans une cavité que l'on appelle dans le pays *le bénitier*. De cette salle on passe dans plusieurs autres galeries, dont la profondeur est de sept à huit cents toises, sur une largeur de dix ou douze. Ces galeries sont tapissées de petits blocs de pierre arrondis comme des fûts de colonne, et entassés les uns sur les autres avec tant de régularité, qu'on dirait que c'est la main des hommes qui les a rassemblés. Un ruisseau s'élance du fond de la grotte avec autant de bruit que de violence.

Sur le sommet de la montagne, justement au-dessus de la grotte, est un bloc de roche de vingt-six pieds de tour, et du poids présumé de six cents quintaux. Cette masse ne porte que sur un point de la superficie de la partie inférieure, dans la direction de l'est à l'ouest; et comme ce point se trouve exactement vers le milieu du bloc, il se tient à peu près en équilibre; de sorte que si on le pousse du sud au nord avec une force moyenne, égale par exemple à celle qu'un homme peut produire, le rocher se meut visiblement et se jette du côté opposé : en le poussant ensuite de ce dernier côté, c'est-à-dire du nord au sud, on force le rocher à se balancer sur son point d'appui. On donne à ce bloc de pierre le nom de *rocher tremblant*.

Nos voyageurs entrèrent par Saint-Pons dans le département de l'Hérault, formé de la plus belle partie du Languedoc. La fertilité du sol, la douceur du climat, la salubrité de l'air, la limpidité des eaux, la riche végétation qui couvre les campagnes, les bosquets d'oliviers, de mûriers, d'amandiers qui les ombragent, les étangs qui fournissent le poisson en abondance, les rivières qui répandent partout la fraîcheur, la mer qui baigne la côte : tout se réunit pour faire de cette contrée un séjour délicieux.

Saint-Pons a six mille habitans qui fabriquent des draps légers. On ne s'y arrêta pas, et l'on poussa vers Béziers, où l'on n'arriva que de nuit.

Si Dieu en terre voulait naître,
C'est à Béziers qu'il voudrait être :

disent fièrement les habitans de cette ville aux étrangers qui vont chez eux ; et il faut convenir qu'à beaucoup d'égards le vieux dicton n'a pas tort. Cette ville, située sur une hauteur, à deux lieues de la mer, voit à ses pieds la rivière d'Orbe et le canal du Languedoc. Du haut des murs et de la grande place voisine de la citadelle, de quelque côté que les regards se portent, le coup-d'œil est admirable. Au nord, des jardins, des vignes, des champs de blé, des bouquets d'arbres, des villages, des fermes s'élèvent en amphithéâtre ; une chaîne de montagnes bleuâtres forme le fond du tableau. Les neuf écluses qui font monter les bateaux du canal sur le sommet d'une colline, ajoutent à l'intérêt, en animant la scène. A l'orient, c'est une forêt d'oliviers ombrageant des vignes; au midi, une plaine immense, où l'Orbe roule lentement ses eaux, et qui se termine à la mer, au-delà de laquelle se montre la cime des Pyrénées.

Béziers est une ville fort ancienne, que sa situation heureuse au sein d'une contrée superbe a souvent exposée à tous les fléaux de la guerre, en tentant la cupidité des conquérans. Détruite par Charles Martel, relevée de ses ruines, pillée tantôt par les Albigeois, tantôt par leurs ennemis; prise, reprise par les Anglais, maîtres de la Guienne, elle ne jouit de quelque repos qu'après l'expulsion de ces derniers. On y compte dix-sept mille habitans. On y voit peu de beaux édifices et ses rues sont peu régulières; plusieurs d'entre elles offrent des pentes rapides. Les mulets, les ânes surtout, y sont fort communs.

Paul Riquet, dont le nom vivra autant que le canal qu'il a construit; l'honnête Pélisson, qui osa défendre l'ex-ministre Fouquet; Barbeyrac le publiciste; Vanière, auteur de plusieurs poëmes latins que personne ne lit, quoiqu'ils renferment de très-beaux vers; Mairan, physicien célèbre, et le compositeur Gaveaux, sont tous nés à Béziers.

Nos deux voyageurs quittèrent à regret cette ville et ses belles campagnes; ils crurent les retrouver à Pézénas, dont les huit mille habitans sont presque tous tanneurs, tisserands, distillateurs, marchands de vins, de liqueurs, de fruits secs ou confits.

Te douterais-tu, dit Dorville à son frère, en passant devant la petite salle de Pézénas, que c'est sur ce théâtre que notre Molière a fait ses débuts avec sa troupe? On conserve dans les archives l'ordre donné par le prince de Conti aux autorités de Pézénas de fournir au sieur Poquelin de Molière les charrettes nécessaires pour le transporter, lui, sa troupe et ses décorations, dans les communes voisines où il allait jouer ses pièces. Chacun ici te dira qu'il se rendait assez régulièrement chez le barbier Gély, suivant la coutume du temps de faire, des boutiques de barbiers, des rendez-vous de désœuvrés; on te dira qu'il se plaçait ordinairement dans un fauteuil que nul n'osait occuper lorsqu'il n'allait pas l'occuper lui-même.

De Pézénas, nos deux voyageurs firent une excursion à Cette, ville moderne, bâtie sous le règne de Louis XIV, partie sur le roc, partie sur pilotis, à l'embouchure du canal, dans la Méditerranée. Elle est peuplée de huit mille habitans; mais tout son commerce n'est guère que d'entrepôt. L'entrée du port est défendue par une citadelle. Une branche du canal se dégorge dans la mer, auprès d'Agde, située à l'embouchure de l'Hérault. Les curieux vont voir à Agde le passage du torrent de Libron à travers les eaux du canal; ce passage s'effectue par le moyen d'un bateau ponté, qui sert de conduit ou d'aqueduc aux eaux du torrent.

Les environs de Montpellier parurent moins gais, moins rians à nos voyageurs, qu'on ne le dit communément : on n'y voit guère que des oliviers à teinte pâle et blanchâtre, quelques mûriers et des vignes rampantes. La ville elle-même leur parut triste et sombre : ses rues sont en effet étroites et tortueuses. La grande rue même est très-irrégulière. On y voit, il est vrai, un grand nombre de belles maisons et d'édifices remarquables; mais le défaut d'espace dans les rues où ils sont situés permet à peine de les remarquer. L'esplanade qui sépare la ville de la citadelle est vaste, aérée, plantée de beaux arbres, et forme une promenade immense. Du côté opposé de la ville, et dans sa partie la plus élevée, est la place du Peyrou, qui se compose de deux terrasses. La terrasse inférieure offre plusieurs allées d'arbres et deux fontaines. La terrasse supérieure forme un grand parallélogramme orné d'une balustrade en pierre, et planté de beaux arbres sur les côtés. A l'extrémité de cette terrasse est un pavillon octogone servant de château-d'eau. C'est à ce pavillon qu'aboutit le bel aqueduc qui, sur deux rangées d'arcades superposées, conduit à la ville les eaux du mont Ferrier.

Le lendemain de leur arrivée, Dorville et son frère allèrent voir le jardin de botanique, qui renferme un très-grand nombre de plantes et d'arbres exotiques, auxquels le climat de Montpellier paraît en général favorable. Une inscription placée sur un monument funèbre leur apprit que c'était là que reposaient les restes de Narcisse, fille adorée de l'auteur *des Nuits* (1). Ils parcoururent ensuite les boulevards extérieurs, rentrèrent dans la ville, virent les bâtimens de l'École de médecine, la plus ancienne de France, fondée dans le douzième siècle par des médecins arabes venus d'Espagne; sa bibliothèque, où l'on compte plus de trente mille volumes; la salle où l'on examine les candidats et la robe de drap rouge, à larges manches, dite de Rabelais (2); le buste en bronze d'Hippocrate, l'amphithéâtre d'anatomie, et le siége en marbre sur lequel se place le professeur.

Montpellier a trente-six mille habitans. Elle a produit plusieurs hommes célèbres : le peintre Bourdon, l'un des premiers maîtres de l'École française; le P. Castel, qui a inventé le clavecin oculaire, où les sept couleurs font, suivant lui, l'office des sept tons de la gamme; l'auteur dramatique Brueys, La Peyronie, qui a fondé à Paris l'École de chirurgie; le poète Roucher auteur *des Mois*, qui tomba jeune encore, sous la hache révolutionnaire. Cambacérès était aussi de Montpellier, de même que Chaptal, Daru, et plusieurs autres.

(1) Le docteur Young.
(2) Rabelais professa la médecine à Montpellier, et y laissa, dit-on, sa robe.

Une tournée aux environs de Montpellier conduisit nos voyageurs au bourg de Maguelonne, qui fut jadis une ville florissante, sur les bords de l'étang du même nom, et au clos de Saint-Martial, où on leur fit voir, dans une vieille église, les tombeaux, vrais ou supposés, de Pierre de Provence, de la belle Maguelonne et de leurs enfans. Cet étang communique avec celui de Thau, long de douze lieues, séparé de la mer par une langue de terre très-étroite, et au milieu duquel s'élève le rocher de Rocquerol. Ce rocher est environné d'eau douce; les eaux du reste du lac sont salées. Non loin de là, on voit Lunel, ville fameuse par ses vins doux, et Balaruc, village que ses eaux thermales ont rendu célèbre.

Les deux frères sortirent du département de l'Hérault par Ganges, située aux sources de l'Hérault, et très-renommée pour ses bas de soie. Ils s'y arrêtèrent quelques heures pour aller visiter la grotte qu'on appelle dans le pays *Baume de las Doumaïsellas*, c'est-à-dire retraite ou grotte des fées. Les congélations qui décorent ses salles, variées à l'infini, offrent aux yeux toutes sortes d'objets: des animaux, des paysages, des groupes d'hommes, des temples, des ports, des maisons, etc. Il n'est pas surprenant que le peuple n'ait vu là qu'un ouvrage de fées ou de génies. Durant les guerres de religion, beaucoup de proscrits se réfugièrent dans cette grotte, et y vécurent long-temps ignorés. Les habitans de Ganges sont presque tous de la religion réformée.

Après avoir traversé le Vigan, patrie de cet héroïque chevalier d'Assas, qui périt victime du plus généreux dévouement (1), les deux frères pénétrèrent dans l'ancien Gévaudan, aujourd'hui département de la Lozère, et ils prirent la route de Mende. Le Gévaudan, dit Dorville, n'est guère qu'un plateau de granit de huit ou dix lieues de long, sur une largeur à peu près égale. Le Tarn, le Lot, l'Allier descendent de ses montagnes, dont quelques pâturages font toute la richesse. La plupart des habitans tissent eux-mêmes les laines que leurs brebis leur fournissent; ils en font des serges, des cadis, qu'ils vendent pour se procurer, au moins en partie, les objets que leur sol ne leur donne pas. D'autres élèvent des mulets que les Espagnols achètent; d'autres encore vont, comme les Auvergnats, chercher hors de leur pays des moyens d'existence.

Des hivers longs et rudes, une température très-variable distinguent le climat du Gévaudan. Les montagnes renferment quelques métaux; mais il faudrait se livrer à des travaux qui excèdent les ressources des habitans; ils se contentent des pommes de terre et des châtaignes que leur sol produit. L'un des meilleurs cantons de ce département est celui de Marvejols, où certains fruits tels que les cerises et les poires vien-

(1) Les habitans du Vigan viennent de lui ériger une statue.

nent assez bien. Je ne te dis rien de Mende : tu ne tarderas pas à la voir de tes yeux.

Quelque disposé que se trouvât Alfred à se montrer peu exigeant, il trouva Mende au-dessous encore de ce qu'il comptait voir. Cette ville de six mille habitans, mal construite, mal percée, triste et pauvre, n'a rien qui puisse la recommander à l'attention des voyageurs.

Les deux frères allèrent visiter l'ermitage de Saint-Rivat, à cent toises de hauteur perpendiculaire au-dessus de Mende, le monument de Lanuéjols à une lieue de la ville, et les eaux sulfureuses de Bagnols, un peu plus loin. L'ermitage n'a rien de remarquable que la vue dont on y jouit, et l'histoire du saint auquel l'église est consacrée. Rivat était évêque de la contrée, quand les Vandales y pénétrèrent. Les habitans s'étaient sauvés dans les montagnes. L'évêque seul était resté au pied de ses autels ; les barbares l'en arrachèrent, et le menacèrent de la mort, s'il ne découvrait la retraite des habitans. Le généreux évêque garda le silence, et la menace fut exécutée. Les habitans, de retour dans leurs foyers, bâtirent une chapelle sur le lieu même où il était tombé sous le fer des Vandales. Le monument de Lanuéjols est un petit édifice antique, à peu près carré, avec un pilastre d'ordre corinthien à chaque angle. Les eaux de Bagnols jaillissent du fond d'une caverne ; elles ont une température très-élevée : elles sont assez fréquentées vers la fin du printemps.

En s'éloignant de Mende pour continuer leur voyage, les deux frères passèrent sous le village de Châteauneuf-de-Randon, qu'on aperçoit sur un rocher. Ce fut sous ses remparts que périt d'une maladie causée, dit-on, par le chagrin, le brave connétable Duguesclin, le 13 juillet 1380. Le commandant anglais avait capitulé. Ayant appris la mort du connétable, il vint déposer sur le cercueil les clefs de la forteresse. Après avoir rendu hommage à la mémoire du héros, nos voyageurs suivirent leur route vers la petite ville de Pradelles, qui se présente en entrant dans la Haute-Loire. Ce département formé de l'ancien Vélay, produit beaucoup de grains, de bons légumes, quelques fruits et un peu de vin blanc mousseux. Les marrons y sont d'une qualité médiocre, les chevaux petits, les mulets forts et vigoureux. On y fabrique des étoffes de laine et de soie, des épingles, de la faïence, du papier; mais le principal objet de l'industrie des habitans, c'est la fabrication des dentelles et des blondes, commerce un peu tombé, depuis que d'autres départemens ont appris à faire des dentelles aussi belles et à meilleur compte que celles du Vélay.

Le chemin de Pradelles va toujours montant. On trouve en approchant de la ville, des blocs de basalte de toutes formes, placés en tout sens autour d'une grosse butte de lave; mais le basalte qui est adhérent à la butte même, affecte la forme de boules. Toutes ces pièces de basalte sont d'une pâte très-dure et très-nette. Il y a des boules qui ont jusqu'à 50 pieds de diamètre.

La seule ville un peu importante du département, c'est celle de Notre-Dame-du-Puy, ou simplement le Puy, dont la population s'élève à quinze mille ames. Elle est bâtie en amphithéâtre, sur le penchant d'une montagne. Ses maisons sont construites en lave, ce qui leur donne un aspect triste; les rues sont toutes droites et rapides, ce qui les rend très-fatigantes pour les piétons, et tout-à-fait impraticables pour les voitures. L'image de Notre-Dame, image qu'on croit avoir été rapportée par les chrétiens des premières croisades, lesquels l'avaient reçue de ceux du Mont-Liban (1), attirait au Puy un grand nombre de pélerins. L'église qui renferme l'image est située au plus haut quartier de la ville; on y monte par une rampe ou escalier de cent dix-huit degrés; elle est bâtie en lave comme les autres édifices de la ville. La rivière de Borne, qui baigne le pied du coteau, tombe dans la Loire naissante; des maisons de campagne assez agréables bordent cette rivière; quelques promenades offrent aussi de l'intérêt. Ce qui attira particulièrement l'attention des deux frères, ce furent les trois rochers isolés qui s'élèvent dans la plaine voisine, comme trois pyramides.

Le premier, près du Puy, s'appelle le *rocher*

---

(1) D'autres pensent qu'elle fut apportée d'Égypte par saint Louis.

Corneille. On jouit de son sommet d'une vue superbe. Le second un peu plus éloigné, s'appelle le *rocher de l'Aiguille*. On a bâti sur le faîte une église dédiée à Saint-Michel. On y arrive par un escalier taillé dans le roc, de 260 marches. L'église est fort ancienne, et paraît avoir été construite à plusieurs reprises, sur les ruines d'un ancien temple. Sur la cime du troisième, on voit les ruines du château de Polignac, qui occupait l'emplacement d'un temple d'Apollon, *Apolloniaque*, d'où est venu, dit-on, le nom de Polignac. Ce fut dans ce château que reçut le jour le cardinal auteur de *l'Anti-Lucrèce*, ouvrage dont le mérite a été un peu trop exalté.

Nos voyageurs se rendirent ensuite à Espali, où la nature dans ses jeux ou dans ses écarts, a figuré des ruines de villes, des canons sur leurs affûts, des orgues d'église, et mille autres objets semblables. Ils visitèrent aussi le lac de Bouchet, de forme circulaire, très-profond, et fermé de toutes parts d'une enceinte de rochers.

Vieille-Brioude sur l'Allier, avait un pont qui faisait l'admiration des voyageurs. La dauphine d'Auvergne l'avait fait construire à ses frais en 1368. Il était d'une seule arche de 170 pieds d'ouverture : quelques écrivains l'ont attribué aux Romains. Ce pont s'est écroulé depuis peu d'années. Brioude-Église, dont la population est de cinq mille ames, n'a que des tisserands. Elle avait avant la révolution une église, dont les chanoines prenaient orgueilleusement le titre de comtes de Saint-Julien.

De retour au Puy, nos voyageurs visitèrent la chapelle de Saint-Clair, ancien temple de Diane, le chœur de l'église de la Chaise-Dieu, où l'on compte 743 stalles, et la bibliothèque publique de cinquante mille volumes. Ils partirent ensuite pour l'Ardèche, et se dirigèrent vers l'Argentière, petite ville qui possède dans son terrain des mines d'argent, que le peu de profit qu'on en retirait a fait abandonner. Laissant à leur droite l'ancienne capitale du Vivarais, Viviers, qui n'a que deux mille habitans et une ancienne cathédrale bâtie sur un rocher, ils entrèrent dans Aubénas, qu'entourent des châtaigniers, des plantations de mûriers, et un vignoble considérable. Ils apprirent qu'on y élève avec succès le ver à soie; ils y virent une filature où l'on emploie les machines perfectionnées par Vaucanson, où trois roues mettent en jeu trente-six métiers. Aubénas exporte, outre ses soies, des truffes et des marrons, dont l'entrepôt est à Lyon. C'est de cette dernière ville que, sous le nom de marrons de Lyon, sont expédiés à Paris les marrons de l'Ardèche.

Privas, où ils arrivèrent en deux heures, est le chef-lieu du département. Cette petite ville contient à peine quatre mille habitans qui font le commerce des soies, des cuirs du pays, et des marrons; mais elle n'a ni monumens publics ni beaux édifices, l'hôtel de la préfecture excepté.

De Privas, nos voyageurs se rendirent à Tournon, où les Jésuites eurent autrefois un collège célèbre, et continuant leur route, ils gagnèrent Annonay, ville de neuf ou dix mille ames, bien connue pour ses papeteries, d'où sort le beau papier qui sert aux éditions de luxe. On croit que c'est à la qualité particulière des eaux qu'est due celle du papier. Les frères Montgolfier, inventeurs du bélier hydraulique et de l'aérostat, avaient contribué, par leurs procédés et les soins apportés dans la fabrication, plus encore peut-être que par la vertu des eaux, à donner la plus grande perfection aux produits de leurs ateliers. Annonay a érigé un monument en l'honneur de l'aéronaute ; le même hommage a été rendu au pair de France Boissy d'Anglas, mort en 1826.

Tu t'es convaincu, mon cher Alfred, dit Dorville, monté sur une excellente mule, à son jeune frère qui chevauchait auprès de lui, monté de la même manière, que les villes de l'Ardèche n'offrent aux voyageurs que des objets peu intéressans ; il n'en sera pas de même des lieux que nous allons visiter. Ici la nature a tout fait, et tu sais que dans tous ses ouvrages il y a quelque chose qui surpasse toujours les forces ou l'industrie des hommes. Nous voici bientôt arrivés au Pont-de-l'Arche. Vois les eaux de l'Ardèche, roulant sur un lit de cailloux à deux cents pieds de profondeur, entre deux montagnes de marbre gris. A mesure que nous avançons, vois comment se développe entre les deux montagnes cette arche qui les unit. Eh bien! cette arche n'est qu'une partie de la montagne même. On dirait que les eaux, dont le cours est ici très-rapide, profitant d'abord de quelque fente par où elles se glissaient, ont peu à peu agrandi l'ouverture, laissant subsister toute la partie supérieure qui ne s'opposait point à leur cours.

Mais quel est ce bruit que j'entends? dit Alfred; il me semble que les eaux le produisent, et ce bruit pourtant n'est pas celui qui se fait à nos pieds. Tu ne te trompes pas, lui dit Dorville; dans peu d'instans tu verras l'Ardèche tomber en écumant d'une hauteur de cent vingt pieds. — Et quelle est cette belle ville ruinée que j'aperçois là-bas sur les bords de la rivière? Je vois des chênes sortir du milieu de ces débris. — Ces débris, ces ruines, ce sont des roches isolées, que le temps et les eaux ont disjointes. Ces chênes ont profité, pour pousser et s'enraciner, de quelques fragmens peut-être d'un sol étranger, apportés par les torrens. Alfred admirait; c'était tout ce qu'il pouvait faire.

Le lendemain, ils se dirigèrent d'un côté opposé. Ils allèrent au village de Rochemaure, dont les maisons sont toutes construites en lave et en basalte. Des masses de colonnes basaltiques s'appuient contre la montagne: c'était sur ces colonnes qu'était bâti l'ancien château. Près d'Antraigues, ils virent une colonnade immense. Les prismes de basalte, collés par milliers les uns contre les autres, mais de longueur inégale, renouvellent le phénomène de la fameuse chaussée des Géans. Vers le Mont-Jaujeac on voit d'autres colonnades du même genre, se prolongeant sur un espace de plusieurs lieues.

La roche rouge, à une lieue et demie de Brives, n'est qu'un banc de granit de couleur rougeâtre. Du milieu de ce banc sort un rocher pyramidal isolé, de lave noire; il a 180 pieds de tour et 100 pieds de hauteur; une ceinture de granit presse la base du rocher jusqu'à 7 pieds de hauteur.

De Rochemaure, on voit à peu de distance l'ancien volcan de Chenavari. Nos voyageurs s'y transportèrent; ils virent avec surprise que le plateau du volcan n'était formé que par les sommets d'un amas de colonnes basaltiques, hautes de quarante pieds et occupant un espace de six cents pieds de tour, recouvertes, par leurs extrémités supérieures, de masses de basalte irrégulièrement jetées.

Des sentiers taillés dans les laves conduisent au hameau de Montbrun. Au-dessus du hameau, on trouve une espèce d'abîme: c'est un trou rond de 300 pieds de diamètre et de 480 de profondeur. Du côté du sud-ouest, il y a une large déchirure, par laquelle on peut pénétrer dans l'intérieur. La route n'est point sans danger; mais l'aspect de l'abîme, vu de bas en haut, cause un sentiment de surprise mêlée d'admiration qu'on ne saurait exprimer.

Le gouffre de la *Goule*, dans une vallée des montagnes d'Usèche, offre un phénomène d'un autre genre. Au milieu de la vallée qu'arrosent sept ruisseaux, est un abîme où toutes ces eaux réunies se précipitent. Le gouffre est ovale ; l'intérieur offre trois étages ou gradins ; les eaux tombent d'un étage à l'autre, formant ainsi trois cascades. La rivière de Borne tombe dans un autre précipice, dont on n'ose sonder de l'œil la profondeur, qu'on estime être au moins de six cents pieds. On donne à ce gouffre le nom de *Bout-du-monde*.

L'ancien volcan de Saint-Léger était situé au milieu d'une enceinte circulaire formée par des roches granitiques. On voit dans cette enceinte des champs cultivés, et plusieurs sources minérales, les unes chaudes et les autres froides. Du cratère même sortent des vapeurs méphytiques, mortelles pour tout être vivant, et des vapeurs non moins dangereuses s'échappent des champs cultivés et des bassins des fontaines ; mais la moindre pluie ou même le brouillard suffisent pour les abattre.

La première ville que nos voyageurs rencontrèrent en entrant dans le département du Gard, dont ils avaient traversé la pointe occidentale en allant visiter les Cévennes, ce fut celle d'Alais que le Gardon arrose. Elle a douze mille habitans, une citadelle, de belles promenades, quelques jolies maisons, des filatures de soie. On voit dans les environs des mines de houille et de vitriol, et des sources d'eaux thermales.

En avançant vers Nîmes, Dorville fit remarquer à son frère la beauté, la fertilité surtout de la campagne. La plupart des villages se montraient entourés d'oliviers, de mûriers, de figuiers, d'arbres à fruit; on voyait aussi beaucoup de vignes, peu de champs à blé. Ce qu'ils remarquèrent presque partout, ce fut que la principale occupation des habitans tant dans les villes que dans les villages, consistait à élever de vers à soie, à filer, à teindre, à tricoter ou à tisser.

Ils commencèrent leur tournée dans Nîmes, par la Maison Carrée, temple élégant qu'entoure un péristyle de trente colonnes corinthiennes. Les Vandales avaient enlevé les lettres de bronze qui formaient l'inscription du fronton, et depuis, ce bâtiment a servi à divers usages, sans subir de dégradations notables. On a conjecturé d'après la position des clous qui tenaient les lettres, que l'inscription avait été placée en l'honneur d'Auguste par ses deux fils adoptifs, Caius et Lucius. Ce monument a été isolé depuis peu. Des fouilles faites à l'entour jusqu'à l'ancien sol, ont mis à découvert plusieurs morceaux de sculpture. Une grille de fer défend l'approche de ce monument à la curiosité indiscrète. La Maison-Carrée a été convertie en musée.

L'amphithéâtre, plus connu sous le nom *d'Arènes*, est un vaste édifice en pierre de taille; deux rangs de portiques en faisaient le tour. On comptait dans l'intérieur trente-deux rangs de gradins : des milliers de spectateurs pouvaient assister aux spectacles qu'on y donnait. Sous les rois visigoths, les Nîmois convertirent les Arènes en forteresse. Dans les temps modernes on les avait abandonnées à la destruction ; on avait laissé des gens sans domicile y construire des cabanes ou des barraques; plus tard, elles furent un peu déblayées : on y donna des courses de taureaux. Enfin, dans les derniers temps, l'amphithéâtre a été réparé : on a fermé de grilles toutes les avenues, et l'on peut espérer que cet édifice, témoin muet des beaux jours de l'ancienne Rome, ira redire à nos neveux la gloire de la France.

La Tour-Magne est, à ce qu'on croit, la plus grande de celles qui flanquaient les anciens murs de Nîmes. Suivant les uns, c'était un phare; on suppose que Nîmes, aussi ancienne que Marseille ou même plus ancienne, était jadis sur le bord de la mer, qui en trois mille ans s'est retirée d'environ cinq lieues; d'autres pensent que c'était la tour du Trésor. Elle fut ruinée par Charles Martal, qui n'en laissa subsister qu'un fragment d'environ treize toises de hauteur.

La fontaine de Diane naît au pied d'un rocher, et elle répand ses eaux dans de grands bassins et de larges canaux, d'où elles circulent dans la ville, et vont alimenter un grand nombre de fontaines. Il y avait autrefois des bains de construction romaine; on les a rétablis en suivant les anciennes constructions ou les traces qu'elles avaient laissées. Le temple, consacré à la même déesse, n'offre plus que des ruines, des tronçons, des chapiteaux, des colonnes brisées. Il avait dix-neuf toises de long sur sept de large et six de haut; seize colonnes corinthiennes en marbre blanc supportaient la voûte dans l'intérieur.

Nîmes, quoique bien déchue de son antique splendeur, est encore aujourd'hui belle, riche et florissante. Elle possède toutes sortes d'établissemens publics, de beaux édifices modernes, et plus de quarante mille habitans. Des boulevards plantés d'arbres entourent la ville, qu'ils séparent de ses faubourgs. On y fabrique des soieries de toute espèce, taffetas, gazes, baréges, tulles, façon de cachemire, crêpes, bas, bonnets, etc. etc. On y voit des manufactures qui occupent jusqu'à douze cents ouvriers.

La cathédrale renferme le tombeau de Fléchier, orateur spirituel et fleuri, et celui du cardinal de Bernis apporté de Rome. Le savant Court de Gebelin et l'ambassadeur Nicot, qui apporta le tabac de Portugal en France, étaient tous deux Nîmois.

Les deux frères se trouvaient trop près de Beaucaire pour ne point céder au désir de s'y rendre. L'époque de la foire n'était pas encore arrivée (1); mais on n'en était pas loin, et déjà

---

(1) Cette foire a lieu dans le mois de juillet.

beaucoup de marchands y accouraient. Beaucaire a neuf ou dix mille habitans; mais elle a cessé d'être une place importante depuis que Louis XIII, ou plutôt son ministre, en fit démolir la citadelle. On y voit un canal qui se dirige sur Aigues-Mortes. Cette dernière ville, qu'on suppose avoir été un port de mer, parce que Louis IX s'y embarqua deux fois, communique à son tour avec la mer par un canal qui n'a cessé d'être navigable, que parce qu'on a négligé de l'entretenir.

Le Pont-Saint-Esprit est une petite ville qui s'éleva peu à peu sur la rive droite du Rhône, autour d'un ancien oratoire dédié au Saint-Esprit. Cet oratoire, par les offrandes qu'il recevait des fidèles, devint assez riche pour qu'on pût entreprendre la construction d'un pont sur le fleuve. Commencé en 1265, ce pont fut terminé en 1309. Sa longueur était de 420 toises, sur une largeur de 16 pieds 4 pouces. Sa solidité, mise à l'épreuve par la rapidité du Rhône, ne s'est jamais démentie. Cependant les voitures fortement chargées n'y passaient point; il en était de même des marchandises, qu'il fallait placer sur des radeaux; ce qui a produit souvent des accidens fâcheux. Des travaux faits récemment l'ont rendu praticable pour les plus lourdes voitures. En 1622, la chapelle fut enfermée dans une citadelle à six bastions, destinée à défendre ce passage important. Ce pont de 26 arches ne coupe point le Rhône en ligne droite; ses deux moitiés forment au milieu du courant un angle obtus, de manière à ce que chacune d'elles serve d'arc-boutant à l'autre.

Les deux frères, que leur chaise emportait rapidement, étaient déjà loin de Nîmes; ils s'entretenaient de ce qu'ils avaient vu, et Alfred, avec tout l'enthousiasme de son âge, parlait de la Maison-Carrée et des superbes Arènes. Je partage bien, lui dit Dorville, toutes les sensations que tu éprouves. Les Romains, convenons-en, savaient attacher à tous leurs ouvrages un caractère de grandeur qui étonne et plaît en même temps : on dirait qu'ils travaillaient pour la postérité autant que pour eux-mêmes. Mais dis-moi, cher Alfred, n'avons-nous rien oublié? Je ne le voudrais pas. Et le pont du Gard, mon frère, le pont du Gard! s'écrie Alfred, comme s'il revenait d'une distraction involontaire. Tourne un peu les yeux sur ta gauche, reprit Dorville en souriant.

C'était le pont du Gard qui s'offrait à sa vue, frappé des rayons du soleil; ce qui lui permettait d'en saisir tous les détails d'un coup-d'œil. Les deux frères descendirent pour quelques instans de leur chaise, et ils se rapprochèrent du pont. Ses trois rangs d'arcades à plein cintre forment trois ponts l'un sur l'autre. Les deux premiers servaient pour le passage des voyageurs; le troisième, ou le plus élevé, soutenait un aqueduc qui conduisait les eaux de la fontaine d'Anse à l'ancienne *Némeuse*, la Nîmes romaine. Le pont supérieur est aujourd'hui trop dégradé pour pouvoir être employé au passage des eaux. Ce n'est point le temps seul, dit Dorville à son frère, qui a nui à ce beau monument : c'est un homme dont je suis fâché de retrouver le nom toutes les fois qu'il est question de quelque ville ruinée du midi : je veux dire Charles Martel. Il avait commencé à faire démolir ce pont inoffensif. Heureusement d'autres soins l'appelèrent vers Paris, et l'ordre ne reçut qu'un commencement d'exécution. C'est au même Charles Martel qu'on attribue la destruction de la Tour Magne, du temple de Diane, et d'un grand nombre de monumens anciens. Quand on songe à ce système de dévastation que le guerrier franc avait adopté, on s'écrie : « Que n'eut-il pour les arts ce goût vif qu'avaient les Arabes qu'il combattit et qu'il vainquit dans les champs du Poitou! »

CHAPITRE IX.

VAUCLUSE, BOUCHES-DU-RHONE, VAR, BASSES-ALPES, OU ANCIENNE PROVENCE; HAUTES-ALPES, DROME, ISÈRE, OU DAUPHINÉ; AIN OU ANCIENNE BRESSE; RHONE, LOIRE, OU LYONNAIS; PUY-DE-DOME, CANTAL, OU AUVERGNE; CORRÈZE, HAUTE-VIENNE, OU LIMOUSIN; CREUSE OU MARCHE.

Un sol tout couvert de cailloux roulés, comme s'il venait de sortir de dessous les eaux, annonçait depuis quelque temps à nos voyageurs la ville d'Orange, autrefois célèbre par son université, qui, dit-on, se montrait si facile pour l'admission au doctorat, que tous ceux qui craignaient les résultats d'un examen sévère allaient chercher auprès d'elle le grade qu'on leur aurait refusé partout ailleurs. Orange, dit Dorville, était une ville romaine, ainsi que l'indiquent les monumens dont les débris couvrent le sol d'alentour.

Ces monumens consistent d'abord en un arc-de-triomphe de trois arcades, qui, suivant les uns, fut élevé en l'honneur de Marius, vainqueur des Cimbres; suivant d'autres, sous le règne des Antonins, ou qui même, s'il faut en croire quelques antiquaires, fut construit par les Gaulois Marseillais, plus de cent vingt ans avant Jésus-Christ; en second lieu, en une grande muraille épaisse de douze pieds, longue de trois cents, haute de cent huit, laquelle faisait partie d'un théâtre, non d'un cirque, bien que les naturels l'appellent de ce dernier nom; en fragmens d'un aqueduc et d'autres édifices. Orange, après avoir été souvent ruinée, devint la capitale d'une petite principauté, qui, au dix-septième siècle, appartenait à la maison de Nassau. Quand le prince d'Orange, de stathouder de Hollande en 1689, devint roi d'Angleterre, sous le nom de Guillaume III, Louis XIV se saisit d'Orange, et le traité d'Utrecht lui en assura la possession. Lorsqu'il eut fini de parler, Dorville fit remarquer à son frère des champs de safran et de garance, un grand nombre de moulins à huile, des plantations considérables de mûriers, et, jusque dans les villages, des ateliers de filature de soie.

— Que cette langue provençale est rude, surtout dans la bouche de ces gens-ci, dit Alfred. J'aimais bien mieux le patois de Montpellier, et la physionomie bien moins âpre et sauvage de ses habitans. La langue, ou plutôt le jargon provençal, répondit Dorville, se compose d'italien, de français, d'espagnol même; sa rudesse lui vient plutôt, je pense, de la manière dont on le prononce que des élémens qui le forment. Les Provençaux ont passé de tout temps pour brutaux et grossiers; ils sont au moins brusques, emportés, et têtus jusqu'à la fureur; leur physionomie est animée, mais dure; et leur accent, toujours passionné, est en harmonie avec la disposition habituelle de leur esprit. Au surplus, les provençaux ont des qualités solides, et les lumières, en s'étendant parmi eux, ont contribué à polir leurs manières et adoucir leur humeur.

En passant à Carpentras, dont la population, comme celle d'Orange, est d'environ dix mille âmes, nos voyageurs allèrent voir, enchâssés dans les murs des cuisines de l'évêché, les restes d'un arc-de-triomphe dont l'origine est inconnue; les colonnes qui ornent la cathédrale, et qu'on a tirées d'un temple de Diane à Vénasque, la voûte très-hardie de l'escalier de l'hospice, l'aqueduc moderne de quarante-huit arches qui conduit à la ville l'eau dont s'alimentent ses fontaines, et le mont Ventoux, peu éloigné de la ville, excédant en hauteur toutes les montagnes de la Provence.

Avignon n'est qu'à trois lieues de Carpentras; quoiqu'il fût déjà tard, Dorville jugea à propos de s'y rendre, afin de pouvoir profiter le lendemain matin du départ des voitures de Vaucluse. Avignon, que le séjour qu'y ont fait les papes pendant soixante-huit ans a rendue célèbre, est heureusement située sur la rive gauche du Rhône, un peu au-dessous du confluent de la Durance, au milieu d'une plaine couverte de mûriers, d'arbres à fruit et de prairies. Elle est peuplée de plus de trente mille habitans, qui s'occupent à fabriquer de la soie, du vert-de-gris, de l'eau forte, des vins, des huiles; ils ont aussi des ateliers de teinture et des tanneries. Ils emploient pour la teinture, outre la garance et le safran, la graine que leur territoire produit, et qui porte le nom de graine d'Avignon.

Ancienne ville des *Cavares*, Avignon devint colonie romaine; les Barbares s'en emparèrent sur les Romains; des mains des Goths, elle tomba dans celles des Bourguignons; bientôt après elle fit partie du royaume d'Austrasie. Les Arabes s'en rendirent maîtres, Charles-Martel les en expulsa. En 1220, profitant des circonstances, elle se constitua en république; cent vingt-huit ans plus tard, Jeanne, comtesse de Provence et reine de Naples, la vendit au pape Clément VI pour 80,000 florins d'or; la révolution l'a rendue à la France en 1791. Avignon a vu naître le fameux Crillon, la belle Laure, chantée par Pétrarque; le chevalier Folard, qui s'illustra dans l'art de fortifier les places; le peintre Vernet, le prédicateur Poule, l'académicien Saurin. Parmi les édifices qu'elle possède, nos voyageurs distinguèrent l'Arsenal et sa fonderie de canons, le Musée et sa bibliothèque, la cathédrale dont le portail a fait partie d'un temple d'Hercule, et l'ancien palais papal, qui ressemble à une forteresse, et dont une partie a été convertie en caserne.

Il existait autrefois un pont sur le Rhône, ouvrage du douzième siècle, attribué par la légende au berger Benezet, qui, dans la suite, a été canonisé. Ce pont avait dix-huit arches en ogive;

depuis long-temps il a été détruit, à l'exception de quatre arches qu'on entretient avec soin pour les empêcher par leur chute d'obstruer le canal du Rhône et de gêner la navigation. Un très-beau pont en bois l'a remplacé.

La fontaine de Vaucluse, que Pétrarque a célébrée dans ses vers, jaillit du fond d'une caverne ouverte en arcade, au pied d'une montagne qui forme, au sud, un vallon étroit, que les Romains désignèrent sous le nom de *Vallis Clausa*. A peine sortie de terre, l'eau se précipite en cascade par des roches disposées en amphithéâtre. Une vingtaine de sources, placées au-dessus du bassin de la fontaine, versent leurs eaux du haut des rochers : toutes ces eaux réunies forment la rivière de Sorgues, qui va se jeter dans le Rhône après un cours de sept à huit lieues. Entre Avignon et la vallée de Vaucluse, on trouve à Lisle, petite ville où l'on fabrique de la soie, du papier et des couvertures, une auberge qui a pour enseigne : *Pétrarque et Laure*. Nos voyageurs s'y arrêtèrent pour dîner, et l'aubergiste ne manqua pas de leur dire qu'ils étaient assis à la même place où les originaux de l'enseigne s'asseyaient pour prendre leurs repas.

Le département des Bouches-du-Rhône, plus encore que celui de Vaucluse, renfermait des villes intéressantes ; Aix, Arles, Marseille, promettaient au jeune Alfred une ample moisson d'observations curieuses, et en même temps instructives ; aussi, malgré tout le plaisir que lui avait causé le pittoresque aspect de Vaucluse, il appelait de ses vœux le moment du départ. Son frère alla au devant de ses désirs, et le soleil n'avait pas encore atteint le tiers de sa carrière, que nos deux voyageurs entraient dans Tarascon.

C'est une assez jolie ville, sur la rive gauche du Rhône, en face de Beaucaire, et peuplée d'environ dix-huit mille habitans suivant les uns, de onze mille seulement suivant les autres. Un pont de bâteaux unissait les deux villes; il a été remplacé par un pont en fil de fer. Dorville et son frère visitèrent non sans plaisir l'antique château du *Roi Réné*, de ce bon roi Réné, qui présidait aux tournois et aux exercices poétiques des Troubadours, et se chauffait l'hiver au soleil, ce qui a donné lieu au vieux dicton *la cheminée du roi Réné*. Ce château, assez bien conservé, sert aujourd'hui de prison. De sa plate-forme on a une très-belle vue sur le Rhône. L'église souterraine de Sainte-Marthe renferme le tombeau en marbre de cette Sainte qui, suivant les traditions populaires, délivra le pays de la *Tarasque* : or la Tarasque était un monstre, qui se tenait sur une arche du pont de Tarascon, et de là renversait les bâteaux et tuait ou dévorait les bateliers.

Avant de se rendre à Arles, nos voyageurs visitèrent à Saint-Remy, petite ville très ancienne, patrie du fameux *Nostradamus*, les restes d'un bel arc de triomphe des Romains, et auprès de l'arc un mausolée de forme pyramidale, haut de cinquante un pieds, sous lequel repose, à ce que les habitans prétendent, le prophète astrologue de la Provence; prétention que repoussent les habitans de Salon, qui montrent son tombeau dans leur église (1).

En entrant dans la ville d'Arles, Dorville éprouva un sentiment pénible, que bientôt après Alfred partagea. Voici donc, s'écria Dorville, cette Arles superbe, l'une des métropoles de la Gaule, siège d'une préfecture romaine, séjour favori de l'empereur Constantin! Oh! combien elle est déchue! Dans cette ville mal construite, percée de rues tortueuses, dépourvue de monumens modernes, qui pourrait reconnaître l'Arles romaine?

Le palais impérial n'offre plus que des ruines; du magnifique théâtre, il ne reste que des fragmens, les uns encore apparens, les autres, qu'il faut chercher dans les caves de maisons particulières, ou bien engagés dans les murs de la ville. Un superbe amphithéâtre, plus vaste que celui de Nîmes, dominait la ville; des galeries souterraines existaient sous les galeries supérieures; tel qu'il est encore, il appelle l'attention du voyageur. L'obélisque monolithe, qui aujourd'hui décore la place de l'hôtel-de-ville, gisait ense-

(1) Salon, petite ville de six mille ames, sur un canal qui unit la Durance à la mer, a vu naître le bailli de Suffren, et le naturaliste Lamanon, compagnon de voyage de La Pérouse.

veli depuis plusieurs siècles sous les sables des bords du Rhône, lorsque vers le milieu du siècle passé on eut l'heureuse idée de le relever. Il a 47 pieds de haut sur une largeur à sa base de cinq pieds trois pouces. Le piédestal formé par quatre lions a quatorze pieds. Le musée établi dans l'église Sainte-Anne renferme un très-grand nombre de morceaux antiques, de colonnes, de bas-reliefs, de sarcophages.

Après avoir contemplé ces débris de la grandeur romaine, nos voyageurs trouvèrent encore du charme à visiter l'église gothique de Saint-Trophyme, en face de l'obélisque; ils admirèrent son portail, qui passe pour un des chefs-d'œuvre de l'architecture du treizième siècle. Le clocher de Notre-Dame-de-Grâce à cinq cents pas de la ville, la tour de Monte-Major haute de quatre vingts pieds, la jolie chapelle de Sainte-Croix, leur semblèrent aussi mériter l'attention. Ils terminèrent leur tournée par l'hôtel-de-ville, édifice moderne, construit sur les dessins de Mansard, et digne de cet artiste célèbre. On y remarque la statue de Villars et une bibliothèque de cent mille volumes. Du haut des tours de cet édifice, ils virent le Rhône se diviser en deux branches pour se rendre à la mer. L'île que forment les deux bras du fleuve porte le nom de La Camargue; elle est toute l'année couverte de troupeaux qu'on y voit paître en liberté, sous la seule marque de leurs propriétaires. Les taureaux de la Camargue, de même que les chevaux qui s'y nourrissent, sont noirs, petits, mais vifs et pleins de feu.

La ville d'Aix, ancienne capitale de la Provence, n'est aujourd'hui qu'une sous-préfecture du département des Bouches du Rhône. Elle s'élève sur le bord de la rivière d'Arc au milieu d'une grande plaine. Elle fut fondée par le proconsul Sextus-Calvinus qui, vers l'an de Rome 631, appelé au secours de Marseille que les Salyes menaçaient, posa son camp près d'une source thermale, sur le lieu même où il venait de combattre et de vaincre les barbares. Les tentes ne tardèrent pas à se transformer en cabanes, en maisons, en palais, et la ville d'*Aquæ Sextiæ*, première colonie romaine dans les Gaules, devint au quatrième siècle métropole de la *Seconde Narbonaise*. Le séjour qu'y firent les comtes de Provence dans le moyen âge, rendit cette ville riche populeuse et florissante. Ces princes y attirèrent les troubadours. Alphonse II, troubadour lui-même, y fixa les plaisirs et les jeux et l'académie du *Gai Savoir* étendit sa réputation sur toute l'Europe. Le roi Réné qui perdit assez gaîment son royaume de Sicile et de Jérusalem et ne gardant que son titre vint chercher un asile dans son comté de Provence, concourut de tout son pouvoir à la renaissance des arts qu'il protégea et qu'il cultiva. On voit dans la cathédrale un tableau peint de la main de ce bon prince, dont la mémoire a toujours été chère aux Provençaux. Sous le règne de Réné, dit un poète provençal, *l'âge d'or était dans la Provence.*

La promenade moderne du Cours au milieu de la ville, est l'une des plus belles du midi; on y voit trois fontaines, dont l'une donne des eaux thermales. A la tête du Cours est la statue de Réné, par David. La cathédrale est un bel édifice gothique; on y admire les huit colonnes de marbre et de granit, qui ornent les fonts baptismaux. Elles proviennent d'un temple d'Apollon bâti sur le même emplacement.

Cette ville peuplée de vingt-quatre mille habitans, fait un grand commerce de vins, d'eaux-de-vie, d'huile d'olive très renommée, de draps, d'indiennes, de soieries, etc. C'est la patrie du célèbre botaniste Tournefort, des deux peintres Vanloo, du marquis d'Argens courtisan et philosophe du dix-huitième siècle. Le célèbre Mirabeau, le premier des orateurs modernes, reçut le jour dans le château dont il portait le nom, à quelques lieues d'Aix, sur la Durance. Dans un village des environs naquit le philosophe caustique Vauvenargues, émule de Labruyère et de la Rochefoucauld.

Nos voyageurs s'arrêtèrent, avant d'arriver à Marseille, au bourg du Pin qui s'élève à l'extrémité supérieure de la longue descente par laquelle on arrive à cette ville. De cette place, en promenant la vue autour de soi, on découvre à droite l'étang de Berre, couvert de barques et de tartanes, les bourgades qui s'étendent jusqu'au bord de l'eau entre l'étang et la mer, Martigues qui semble naître du sein des eaux et qu'on a surnommée la Venise de Provence; à gauche sont des plaines coupées de collines verdoyantes, et les *bastides* (1) sans nombre où les citadins vont chercher les plaisirs des champs; en face on voit Marseille, son port et la mer.

Cette vue est superbe, dit Dorville; tu n'auras pas perdu les deux heures que nous avons passées ici. Outre que nous y avons fait un excellent déjeuner, ce qui en voyage n'est pas chose à dédaigner, nous avons eu constamment sous les yeux le plus beau des panoramas. Il faut convenir, dit Alfred, que les Phocéens qui fondèrent Marseille, ne choisirent pas mal l'emplacement où ils voulaient s'établir. Ce ne fut pas seulement par les avantages de sa position, répliqua Dorville, que cette ville se rendit célèbre, ce fut par la culture qu'y reçurent les arts et les lettres. Alliée des Romains sous le nom de *Massilia*, elle mérita d'eux d'être appelée la Nouvelle Athènes. Fidèle au parti de Pompée, cette ville soutint un siège meurtrier contre Jules César qui finit par la prendre. Conquise plus tard par les Vandales à qui les Bourguignons l'arrachèrent, elle passa dans le huitième siècle au pouvoir des Sarrasins. Pendant les croisades elle reprit tout son ancien commerce maritime; devenue riche et puissante elle s'érigea en répu-

---

(1) Nom que les Marseillais donnent à leurs maisons de campagne. On en porte le nombre à cinq mille environ.

blique; les rois d'Aragon et de Provence ne voulurent ou ne purent lui ravir ses libertés, ce qui a duré jusqu'au règne de Louis XIV. Ce prince dépouilla les Marseillais de leurs privilèges, et s'assura de leur soumission par une citadelle.

Il n'est personne qui n'ait entendu parler de l'horrible peste qui désola cette ville en 1720, et lui enleva soixante mille habitans; personne qui ne connaisse le généreux dévouement de l'évêque Belzunce, d'un magistrat nommé Fortia de Piles, de quelques religieux et de plusieurs médecins, qui tous exposèrent leur vie en faveur des malheureux pestiférés. Cet affreux désastre porta le gouvernement à prendre des précautions contre le retour du fléau, et le lazaret ou maison de quarantaine fut établi dans l'île de Pomègue. Depuis cette époque, et grâce au régime sévère auquel est soumis cet établissement, la ville a été préservée de tout mal contagieux.

Marseille servait autrefois d'entrepôt à tout le commerce du levant, ce qu'elle devait à la franchise de son port. La révolution ayant créé d'autres intérêts, et les Anglais ayant acquis Malte, Marseille vit décroître sa prospérité commerciale; elle devint manufacturière et industrielle. Elle exporte des savons, des parfumeries, du sucre, des marroquins, des olives, des huiles, des denrées coloniales. La conquête d'Alger a été pour Marseille un événement heureux. Son port, un des plus beaux de la Méditerranée, peut contenir de mille à douze cents navires. La ville neuve qui forme les deux tiers de Marseille est en général bien bâtie, et l'on y voit plusieurs rues magnifiques. Cette ville possède au surplus tous les établissemens qu'on trouve dans les grandes cités, outre ceux qui lui sont particuliers comme port de mer. Beaucoup de voyageurs préfèrent le séjour de Marseille à celui de Bordeaux. Il y en a qui lui assignent le premier rang après Paris. On y compte cent cinquante mille habitans, et cette population tend sans cesse à s'accroître.

Les deux frères employèrent plusieurs jours à voir Marseille et ses monumens, dont le plus grand nombre attestent le triple talent du fameux Le Puget, comme architecte, comme peintre et comme sculpteur. Outre ce grand artiste, plusieurs hommes célèbres sont sortis de Marseille : le prédicateur Mascaron, Dumarsais le grammairien, Della-Maria à qui l'opéra-comique doit le *Prisonnier*, l'acteur Dazincourt, etc. L'auteur du voyage d'Anacharsis, l'abbé Barthélemi, était d'Aubagne, petite ville à deux lieues de Marseille.

Les Marseillais aiment beaucoup les danses, les fêtes, le spectacle, les plaisirs vifs et bruyans; ils aiment aussi les fleurs avec passion, et la culture et la vente des fleurs sont l'occupation d'un grand nombre d'entre eux.

Ce fut avec une vive satisfaction qu'après avoir vu Marseille, Alfred entra dans Toulon, et qu'il promena ses regards sur ce port qui n'existe que parce que la jalouse Angleterre ne put le détruire. L'entrée entre deux môles en est défendue par plusieurs forts. Deux grands bassins qui communiquent ensemble par un canal, s'ouvrent dans une rade commune, l'une des plus belles et des plus sûres du monde. La ville se divise en vieille et neuve ; celle-ci est bien bâtie, a de belles rues et de grandes places qu'ombragent de très-beaux platanes. Toulon qui, selon les uns, doit son nom à un tribun militaire nommé *Telo-Martius*, et, selon les autres, est le *portus citharissa* de Pline, a été plusieurs fois prise et reprise jusqu'au moment où Louis XIV la fit fortifier avec soin. La flotte anglaise s'en empara, il est vrai, en 1793, mais ce fut avec la coopération de la plus grande partie des habitans qui, menacés par une armée républicaine, appelèrent à leur secours les Anglais, et leur livrèrent la ville pour qu'ils en prissent possession au nom de Louis XVIII. On sait comment ces alliés généreux répondirent à la confiance des Toulonnais : en se retirant, ils brûlèrent nos vaisseaux, l'arsenal, les chantiers, et ne laissèrent aux vainqueurs que des monceaux de cendre et de ruines. Tu sais aussi, mon frère, dit Dorville, que ce fut au siége de Toulon que Napoléon débuta dans la carrière militaire, et qu'il y annonça dès ses premiers pas les talens qui dans peu devaient le porter aux plus hauts rangs de l'armée.

Le dégât commis par les Anglais a été depuis

long-temps réparé, et les établissemens de Toulon sont aujourd'hui dans le meilleur état. Dorville admira l'arsenal, les chantiers, les forges, la corderie, la voilerie, le lazaret militaire, la grande salle d'armes, etc. Outre ces établissemens, Toulon a plusieurs beaux édifices parmi lesquels on distingue l'hôtel-de-ville et l'hôtel de la préfecture maritime. Ses quais servent de promenade le matin et le soir ; au milieu du jour, les promeneurs vont chercher l'ombrage sous les arbres de la place appelée *le Champ de bataille*, ou dans les promenades qui sont hors de la ville.

De Toulon nos deux voyageurs se rendirent à la petite ville d'Hyères, patrie de l'immortel auteur du Petit-Carême, de ce Massillon dont l'éloquence fut toujours celle d'un homme d'esprit et d'un véritable philosophe chrétien. Le climat d'Hyères est délicieux ; la ville s'élève au milieu d'une campagne couverte d'orangers, d'oliviers et de vignes. Les orangers, dit-on, ne datent en ce lieu que depuis le dix-septième siècle. Ce fut un habitant d'Hyères, nommé Arène, qui transplanta dans sa patrie des orangers, des limoniers, des palmiers et même des cannes à sucre. Les orangers y ont prospéré. L'exposition du sol ne saurait être meilleure ; il est ouvert au Sud, et fermé au Nord par une chaîne de montagnes. Les îles d'Hyères jouissent d'un climat aussi doux que la ville, mais elles ne produisent presque rien.

En suivant la côte, nos voyageurs virent le

golfe de Grimaud, où l'on pêche du corail qu'on envoie à Marseille pour être employé dans la bijouterie. Plus loin ils trouvèrent Fréjus, l'une des plus anciennes villes de la Provence, dont le port, ouvrage des Phocéens de Marseille, fut agrandi et restauré par Auguste. Ce fut à une demi-lieue de Fréjus que Bonaparte prit terre à son retour d'Égypte. La Fréjus romaine donna naissance au beau-père de Tacite, Agricola, et au poète Gallus, ami et contemporain de Virgile. La Fréjus moderne a été la patrie de l'abbé Sièyes. Elle n'a que deux mille habitans. Entre le port de Cannes qu'on trouve ensuite et celui d'Antibes, est le golfe Jouan, devenu fameux depuis 1815. Antibes est une petite ville bien fortifiée qui soutint en 1746 un siége opiniâtre contre l'armée Austro-Anglo-Sarde, et résista de même en 1815 aux troupes alliées qui la tenaient bloquée étroitement.

En sortant d'Antibes, les deux frères gagnèrent Grasse qui, après Toulon, est la ville la plus peuplée et la plus industrieuse du département. Elle a treize mille habitans; ses maisons sont irrégulières, et si l'on excepte la cathédrale, où l'on voit trois églises l'une sur l'autre, elle n'a point de monumens; mais rien en France n'est comparable à la beauté de la campagne qui l'environne. Cette ville, a-t-on dit, ressemble à une corbeille de fleurs au milieu d'une forêt. Alfred ne pouvait se lasser d'admirer ces bosquets d'oliviers, d'orangers, de mûriers, de cédrats, ces buissons de roses, de jasmins, de jonquilles, de tubéreuses, ces vertes prairies, ces coteaux en terrasse tout tapissés de fleurs, cette montagne d'où jaillissent mille sources limpides, ces jardins si féconds en fruits et en fleurs. Il croyait se trouver dans un lieu enchanté ; ce sont ici, s'écria-t-il, les jardins d'Armide !

Au moyen des parfums qu'elle retire de ses campagnes, Grasse apprête des savons odorans, des pommades, des eaux de senteur, des liqueurs, des bonbons, des citrons confits, des oranges au sucre, etc.

Nos voyageurs n'avaient plus rien à voir dans le département du Var, hormis Draguignan qui en est le chef-lieu. Dorville savait que cette ville, de huit ou neuf mille habitans, recueille d'excellens fruits et de bons vins, qu'une rivière la traverse, et que plusieurs belles fontaines lui fournissent des eaux abondantes ; mais il lui semblait aussi qu'elle ne méritait ni par son importance agricole, commerciale ou manufacturière, ni par ses monumens ou par d'anciens droits, l'honneur d'être le chef-lieu d'un département qui avait Toulon et Grasse. Il crut pouvoir se dispenser d'alonger sa route par un circuit, et il prit avec son frère la route de Digne, chef-lieu des Basses-Alpes.

Nous ne devons pas beaucoup regretter ce que nous ne voyons pas, dit Dorville ; nous aurions pu visiter plusieurs grottes où les stalactites abondent, aller chercher par d'affreux chemins, à plus de 450 toises de hauteur, la *Sainte-Baume* où, suivant les traditions vulgaires (1), Madelaine repentante se retira pour expier ses péchés par la pénitence; traverser la plaine où l'on dit que Marius fit égorger deux cent mille prisonniers, ce que je croirais difficilement, lors même que plusieurs historiens l'affirmeraient : mais nous avons assez vu déjà de stalactites, de rochers, de lieux qu'arrosa le sang des hommes.

Quant au département où nous allons entrer, il nous offre bien moins d'intérêt encore que ce que nous laissons ici. Nous verrons de bons pâturages, mais peu de terres fertiles, des montagnes dont on tire un peu de plomb, du charbon de terre, du marbre, des pierres de meulière et du plâtre; des rivières flottables non navigables, les arts fort peu avancés, le défaut presque absolu d'industrie, tout le commerce borné à l'échange d'un peu de bois, d'huile, de blé, de laine et de soie grège.

Tout en s'entretenant de la sorte, ils arrivèrent à Digne, qui n'a que quarante mille habitans, depuis qu'un mal contagieux, plus terrible encore que la peste, dépeupla la ville en 1629. Cette ville a des bains d'eaux thermales qui jaillissent du pied d'un rocher. Les habitans livrent au commerce de l'huile d'olive, de la cire, du

---

(1) Et probablement erronées. La Madelaine qui se retira à la Sainte-Baume était une religieuse du monastère de Sainte-Zacharie, détruit par les Gaulois.

miel, du chanvre, des prunes sèches. Digne était autrefois la ville de Caturignes, *Digna* ou *Dinia* de Jules-César.

Les deux frères firent une excursion à Riez où ils virent des ruines antiques, notamment quatre superbes colonnes d'ordre corinthien sur le bord d'une route, et non loin de là une rotonde formée de huit colonnes semblables. Entre Riez et Castellane, ils visitèrent l'ancienne chapelle de Notre-Dame de Beauvezet, qui paraît suspendue entre deux montagnes très-escarpées, ils remarquèrent avec étonnement une chaîne de fer de 250 pieds, tendue d'une de ces montagnes à l'autre. Au milieu de la chaîne est attachée une grande étoile à cinq rayons; on ignore à quelle occasion ni à quel dessein cette chaîne fut placée.

Une seconde excursion conduisit nos voyageurs à Manosque, ville de six milles âmes, entourée de vignes, d'oliviers et d'amandiers. Dans un village voisin naquit Gassendi, contemporain et rival de Descartes; la vallée et la ville de Barcelonnette furent à leur tour visitées. La vallée au fond de laquelle on voit s'élever le mont Viso, est étroite et plus pittoresque qu'agréable et riante. Les habitans y sont pauvres, ce qui les oblige à émigrer presque tous aux approches de l'hiver. En retournant vers Digne, nos voyageurs s'arrêtèrent quelques instans à Calmars où coule une fontaine intermittente.

Ils sortirent des Basses-Alpes par Sisteron, ville non moins ancienne que la capitale, située dans une gorge fort étroite, dont la Durance occupe le fond. Ils virent la citadelle où fut détenu Casimir V, roi de Pologne, qui fut successivement jésuite, cardinal, roi, abbé, et mourut très-bourgeoisement à Nevers, après avoir épousé Françoise Mignot, qui de simple blanchisseuse était devenue femme d'un conseiller au parlement de Grenoble, et de veuve du conseiller femme du maréchal de l'Hôpital.

Des vallons solitaires, des rochers arides, des torrens qui tantôt coulent au fond des vallées et tantôt se précipitent du haut des montagnes, des arbres que plus d'une fois les eaux ou les vents battent et renversent, des quartiers de roche amoncelés, quelques lambeaux de terre fertile, de la neige sur les montagnes, souvent des avalanches, des blocs de pierre qui roulent avec elles, des lacs situés sur des cols élevés, des mœurs agrestes chez les habitans : voilà ce que nos voyageurs observèrent sur la route de Gap. Cette ville, siége de la préfecture, n'a que sept ou huit mille habitans. Avant les guerres de religion elle en avait le double. La révocation de l'édit de Nantes porta un coup fatal à son industrie et à son commerce. On voit dans les environs les ruines très-étendues d'une ville romaine, auprès de laquelle Magnence perdit une grande bataille en 353 contre les troupes de Constance. On conserve à Gap plusieurs objets que les fouilles ont fait découvrir.

Embrun s'élève sur les bords de la Durance, à

huit lieues de Gap. Elle a été plusieurs fois ruinée, tantôt par les Arabes, tantôt par les protestans ; ceux-ci ont brûlé ses archives et détruit sa citadelle. Embrun avait autrefois un archevêque qui battait monnaie et se prétendait prince de l'empire germanique : l'archevêché, la cathédrale et le collége sont encore les principaux édifices de cette ville. Le fort Mont-Dauphin, bâti en marbre rouge au lieu où se réunissent quatre vallées et deux rivières, fut construit sous le règne de Louis XIV pour défendre le passage des Hautes-Alpes.

De Mont-Dauphin en remontant la Durance, on se dirige vers Briançon ; cette place où l'on n'arrive que par les rochers, est défendue par sept forteresses placées sur les sommets d'autant de montagnes. De la ville à l'une de ces forteresses, on communique par un pont d'une seule arche de cent vingt pieds d'ouverture. La ville est petite, assez mal construite ; elle n'a que trois mille habitans qui pour toute industrie fabriquent des clous, des faux, et apprêtent du cristal qu'on emploie dans la bijouterie. Ils fournissent aussi au commerce une espèce de talc qu'on nomme craie de Briançon, et un peu de manne qu'ils recueillent sur les mélèzes de leurs forêts.

Le Mont-Genèvre qu'on aperçoit au-delà de Briançon, est l'un des principaux passages qui conduisent de l'Italie en France. Le même désir qu'avait montré Alfred sur les rivages de la Bidassoa, se réveilla dans son cœur au nom de l'Italie. Dorville consentit aisément à le satisfaire. Des chevaux, des guides furent amenés par Bourguignon à ses maîtres qui ne tardèrent pas à s'élever sur les Alpes. Une rampe commode, ouvrage des habitans de l'arrondissement, conduit au plateau qui termine le col, à mille toises environ de hauteur; de ce plateau que couronne un obélisque érigé depuis peu d'années, on arrive en peu de temps à un lieu d'où l'on aperçoit les campagnes de l'Italie. Alfred avait compté sur un coup d'œil ravissant; mais le pays qui s'offrait à ses regards n'avait que des contrées montagneuses, peu différentes de celles qu'il venait de traverser.

Alfred fut dédommagé en partie par la route de Briançon à Grenoble. Cette route traverse d'abord la belle et pittoresque vallée de Romanche; ensuite, elle s'élève sur le Mont-Lauteret, qu'il faut franchir. Cette montagne est couverte de pâturages où se nourrissent de nombreux troupeaux. Du milieu des prairies et des vergers, on voit s'élever l'hospice de Loche, ouvert en tous temps aux voyageurs. Bientôt après, à l'entrée de la gorge de Malaval, on trouve le village de La Grave, où le froid domine en tout temps, où même il est si rude l'hiver, que la terre est gelée à quinze ou dix-huit pouces de profondeur. Aussi, pendant cette saison, lorsqu'un individu vient à mourir, on garde son corps à la cave ou au grenier, jusqu'à ce que le dégel permette de creuser dans la terre sa dernière demeure.

On entre ensuite dans une vallée sauvage que le Drac traverse, entraînant de ses eaux tumultueuses des blocs de marbre ou de jaspe, qu'il arrondit en les roulant. Le Val-Louis, qui vient après, est tout bordé de roches granitiques, dont les sommets se cachent sous la neige et les glaces. Cette contrée, que la guerre avait dévastée, fut repeuplée par Louis XII; on trouve sur les lieux les plus élevés une race d'hommes petits, basanés, qu'on regarde comme les descendans des Arabes, qui tentèrent à plusieurs reprises de gagner l'Italie, après avoir conquis l'Espagne.

Grenoble, ville de vingt-cinq mille habitans, située au confluent de l'Isère et du Drac, ancienne capitale du Dauphiné, chef-lieu du département de l'Isère, est divisée en deux parties, dont l'une est resserrée entre les rivières et la montagne, et l'autre s'étend librement dans la plaine. Elle a des remparts et une petite citadelle qu'on a jugée insuffisante, et l'on travaille à reconstruire, sur de grandes dimensions, l'ancien fort de la Bastille. Un pont de pierre et un pont de bois sur l'Isère, un pont en *chaînes de fer* sur le Drac, unissent les divers quartiers de la ville. Ce pont du Drac est d'une seule jetée, et de deux cents pieds d'ouverture; c'est le premier pont de ce genre exécuté en France. Grenoble a quelques belles rues, mais peu d'édifices remarquables : le cours de Grailly, qui est hors de la ville, et s'étend à une lieue de distance, est l'une des plus belles promenades qu'il y ait en France.

Nos deux voyageurs remontèrent l'Isère pour aller visiter la Grande-Chartreuse, enclos immense dont les côtés ont plus de quatre cents toises, situé au milieu d'un désert où l'on n'arrive qu'à travers des précipices et des lieux sauvages, qui n'ont pour habitans que des chamois et des ours. On voit sur les montagnes voisines un grand nombre de scieries, où les sapins sont taillés en planches ou en solives; on y voit aussi de gros bourgs, tels que Saint-Laurent, Voiron, Voreppe, où l'on fabrique des toiles, du papier, des cuirs; où l'on apprête des fers, que fournissent les mines d'Allevard. Près du bourg de Visille, situé sur la Romanche, on voit une partie de l'ancien château de Lesdiguières, qui, devenu propriété de la famille Périer, s'est convertie en manufacture de belles indiennes.

Avant de se rendre à Vienne, la seconde ville de l'Isère, Dorville voulut visiter le département de la Drôme, qui, avec l'Isère et les Hautes-Alpes, forme l'ancien Dauphiné. Il y entra du côté de Die; il vit en passant le mont *inaccessible*, qui fut pourtant escaladé en 1492, ce qu'on regarda comme un prodige d'adresse et d'audace, et il s'arrêta le soir à la jolie ville de Romans, qui produit d'excellens melons, presque aussi sucrés que ceux de la Valence espagnole. Quant à la Valence française, siége de la préfecture, c'est une ville fort ancienne, et par conséquent mal percée et mal bâtie. On y voit à peine une maison régulière; on s'occupe d'y construire quelques édifices publics. Les Romains avaient fondé une colonie à Valence, mais il n'en reste aucune trace. On voit dans la cathédrale le tombeau, ou plutôt le cénotaphe de Pie VI, mort dans cette ville. Son corps fut transporté à Rome. Cette ville, la plus grande du département, ne compte que dix mille ames. Elle exporte des soies et des vins; ses manufactures sont presque nulles; il n'en sort que du papier ordinaire et des indiennes. Nos voyageurs ne tardèrent pas à rentrer dans l'Isère, et reprendre la route de Vienne. Cette ville, aussi ancienne que Grenoble, conserve beaucoup de restes d'antiquités romaines. On y voit un très-beau quai sur le Rhône, des fabriques de draps, des tanneries, des fonderies de métaux; une belle cathédrale gothique, un musée et une belle bibliothèque publique dans l'ancien temple d'Auguste, les restes d'un théâtre, d'un amphithéâtre, d'un portique : mais elle a des rues étroites et tortueuses, des maisons mal construites, et une apparence de vétusté qui ôte à ses monumens une partie de leur mérite.

Nos voyageurs allèrent visiter hors de la ville le *plan de l'aiguille*, espèce de cénotaphe pyramidal porté sur quatre arcades. Quant au pont que les Romains avaient jeté sur le Rhône, il est détruit depuis plus de trois siècles; on l'a remplacé par un pont très-solide en fil de fer. Ce fut dans un concile tenu à Vienne en 1312 que l'ordre des Templiers fut supprimé. Il fut présidé par Clément V; Philippe-le-Bel, le roi d'Angleterre et celui d'Aragon y assistèrent.

L'arrondissement de St-Marcelin, que nos voyageurs avaient traversé en quittant Grenoble, n'a point de villes, St-Marcelin lui-même n'est qu'une bourgade de deux mille habitans; mais il n'y a pas de bourg, de village, de hameau, qui ne possède quelque industrie; de toutes parts on voit des forges, des moulins à soie, des filatures de coton, des ateliers de tisserands, des papeteries, des fabriques de tissus de paille.

L'ancienne Bresse, aujourd'hui département de l'Ain, offrait peu d'intérêt à nos voyageurs. L'industrie manufacturière n'y fait point de progrès; les villes peu étendues manquent de monumens remarquables, la nature même s'y montre paresseuse ou avare. Les deux frères ne firent pour ainsi dire que traverser la contrée. Ils allèrent d'abord à Nantua, située sur les bords d'un lac resserré entre deux montagnes, et ils virent ses moulins à scie, ses filatures, ses fabriques d'ouvrages en corne et en buis; de là ils se dirigèrent par le petit pays de Gex, vers le château de Ferney, où ils virent dans la chambre qu'occupa Voltaire, son bonnet, sa canne et une partie des meubles: l'autre partie a été peu à peu enlevée par les curieux, qui rarement sortent de cette chambre sans emporter quelque chose, ne fût-ce qu'un fragment de rideau ou de tapisserie.

De Nantua, ils se rendirent à Bourg, ancienne

capitale de la contrée, et siége actuel de la préfecture. Ils la trouvèrent assez bien bâtie, embellie par des fontaines et des promenades. L'église du village de Brou attira leur attention. Ce fut Marguerite, femme du duc de Savoie, Philippe II, qui la fit construire par suite d'un vœu. On y voit deux mausolées, l'un du duc Philibert, l'autre de sa mère. Une fontaine de Bourg a reçu des formes monumentales, en l'honneur du général Joubert, tué au combat de Novi. Bourg fut la patrie de Vaugelas et de l'astronome Lalande.

Les environs de Bourg ont beaucoup d'eaux stagnantes, ce qui nuit à la salubrité; cet inconvénient est plus sensible encore du côté de Trévoux, ville autrefois célèbre par son collège, que dirigeaient les jésuites, et plus encore par le fameux dictionnaire universel et le journal littéraire, ouvrage de ces pères. Les paysans ont presque tous l'air languissant, le teint blême, tous les symptômes d'une mauvaise santé, ce qui ne peut être attribué qu'aux pernicieuses qualités de l'air. En creusant un puits il y a plusieurs années, on trouva sous un banc de gravier un noyer fossile debout, parfaitement conservé, ce qui fait supposer de bien grands changemens dans la configuration du sol. Dans une autre vallée qu'on nomme Val de Drôme, on voit de temps en temps des jets d'eau s'élancer de terre. Lorsque cela arrive, un puits qui est dans la vallée déborde avec tant de violence que tout le sol s'inonde, mais l'eau ne tarde pas à s'infiltrer. Il paraît que le sol de cette vallée recouvre de vastes cavités pleines d'eau.

On assure que sur les bords de la Saône, on trouve une race d'individus issus des anciens colons arabes qui vinrent à la suite des armées, et qui s'établirent dans le pays envahi.

Lyon, dit Dorville à son frère, lorsqu'ils entrèrent dans cette grande ville, fut grande, riche, populeuse, long-temps avant que Lutèce sortit de l'obscurité ; elle était, sous Auguste, capitale de la Gaule Celtique. L'empereur Claude, né dans ses murs, lui accorda le droit de cité romaine, et les Lyonnais par reconnaissance firent graver sur le bronze le discours qu'il prononça au sénat en cette occasion. Cette inscription se conserve encore à l'hôtel de ville. Peu de temps après, Lyon fut presque dévorée en entier par un incendie ; et ce qui doit surprendre, c'est qu'elle fut restaurée par ce même Néron à qui l'incendie de Rome avait plu. Sous Trajan, Lyon s'embellit de nouveau, et la munificence des empereurs la dota de tous les établissemens qui pouvaient augmenter sa prospérité. L'invasion des barbares priva Lyon d'une partie de ses avantages. Elle ne laissa pas d'être regardée comme une des premières villes de l'empire. Plus tard, et quand la culture de la soie se fut introduite et propagée en Europe, elle devint industrieuse, manufacturière, et commerçante. La révolution lui fut plus fatale que l'invasion des Goths, des Bourguignons, des Francs, des Arabes. Bonaparte releva ses édifices et ses murs abattus ; en peu de temps, elle redevint la première ville du monde pour la fabrication des soieries.

L'intérieur de Lyon parut un peu sombre au jeune Alfred ; il trouva les rues étroites, tortueuses, les maisons trop hautes ; il trouva surtout que les cailloux du Rhône, pointus et inégaux, forment un pavé très-incommode. La place de Bellecour, entourée de beaux édifices, ornée de la statue équestre de Louis XIV, celle des Terreaux où l'on voit l'hôtel de ville, le palais des Beaux-Arts et la nouvelle salle de spectacle, attirèrent tour à tour son attention. La cathédrale, dédié à St-Jean, est un bel édifice gothique. Ses chanoines prenaient autrefois le titre de comtes ; son horloge, à mouvemens très-compliqués, est depuis long-temps dérangée, et l'on ne se met pas en peine d'en rétablir le mouvement. La bibliothèque publique est riche de cent vingt mille volumes imprimés ou manuscrits ; le musée d'antiques et de tableaux mérite d'être cité après la bibliothèque. Le grand hôpital, construit sur les dessins de Soufflot, serait un superbe édifice, si une économie mal entendue n'avait fait supprimer un étage, sans rien réduire sur les autres proportions. Le magnifique quai de St-Clair et celui du Rhône sont couverts de belles maisons, habitées la plupart par des négocians. De la montagne de *Fourvières*, autour de laquelle Lyon est bâti en amphithéâtre, on jouit des plus beaux points de vue.

Les Lyonnais aiment le travail, mais ils aiment aussi les plaisirs et les distractions; un nombre infini de maisons de campagnes embellissent les dehors de la ville: c'est là que les riches vont se délasser de la fatigue des affaires. Les classes moyennes se rendent à l'île Barbe dans la Saône; il y avait autrefois un couvent de moines, et un grand nombre de chapelles, on n'y voit aujourd'hui que des jardins, des cafés, des restaurans. Il y a encore plusieurs autres lieux de réunion qui sont très fréquentés les jours de fête.

Toutes les villes du département du Rhône, la capitale exceptée, ne sont que du quatrième ou du cinquième ordre. Tarare est remarquable par ses fabriques d'étoffes de coton, ses mousselines, ses jaconas, ses organdis et ses cachemires, Villefranche, peuplée de six mille ames, sur la Saône, a des fabriques du même genre et fait en outre le commerce des vins et du bétail. Condrieux, sur le Rhône, a d'excellens vignobles.

Le département de la Loire qui a Montbrisson pour chef-lieu, faisait autrefois partie de celui du Rhône; les deux départemens réunis portaient le nom de Rhône-et-Loire. La Loire actuelle forme une grande vallée qu'arrose le fleuve du même nom, et cette vallée est toute couverte de grains, de chanvre, de vignes, de châtaigniers, de sapins, de pâturages, d'habitations, de villes et de manufactures.

Les deux frères se dirigèrent d'abord sur Roanne, peuplée de neuf mille habitans, industrieuse et manufacturière. Feurs, qu'ils virent ensuite, ancienne capitale du Forez, n'a rien de remarquable que son beau pont sur la Loire. Les montagnes des environs sont couvertes de sapins, qui donnent de la térébenthine que les Savoyards viennent recueillir. Montbrison, siège de la préfecture, n'a qu'une faible population de cinq mille ames ; on y fait un commerce assez important de grains, et de toiles fines qui s'y fabriquent.

Saint-Rambert sur la Loire a un grand chantier de construction pour les bateaux. Ces bateaux servent principalement pour le transport de la houille des mines de Saint-Chamond ; c'est le village de Saint-Bonnet, situé au pied de montagnes qui fournit le bois nécessaire.

Les plus grandes richesses minérales exploitées par une active industrie, des sites pittoresques dans la plaine comme sur les montagnes, distinguent l'arrondissement de Saint-Étienne. La ville de ce nom, l'une des plus commerçantes du royaume, voit sa population s'accroître rapidement. En 1806, elle n'était que de dix-huit mille ames ; elle est aujourd'hui du double. Elle est située sur les deux rives du ruisseau le Furens, dont les eaux, dit-on, sont très-précieuses pour la trempe de l'acier ; les montagnes des environs fournissent de bonnes pierres à aiguiser les outils. On voit dans la ville de belles places, des rues larges, des maisons élégantes ; mais le grand nombre de forges, d'ateliers, de fabriques d'armes de toute espèce, nuisent au coup d'œil en offrant de toutes parts leurs façades enfumées. Outre les manufactures d'armes, Saint-Étienne en a de rubans et d'autres objets de ce genre. On y a placé depuis peu une école de mines, et plusieurs écoles élémentaires.

Quatre-vingts houillères environ, distribuées sur les bords du Gier, qui se décharge dans le Rhône, fournissent, outre le combustible nécessaire aux fourneaux du pays, des quantités considérables qui s'exportent par le Rhône et la Loire. L'intérieur de ces mines est extrêmement curieux. L'escalier est taillé dans le charbon de terre ; les voûtes, les piliers qui les supportent, sont de la même substance. Beaucoup de pièces de houille se détachent par lames, et presque toutes ces lames portent l'empreinte de feuilles. Lorsque le feu prend à une de ces mines, il est presque impossible de l'éteindre, et il dure fort long-temps. Le Gier vient des montagnes du Vivarais ; il forme une belle cascade, à peu de distance de ses sources.

Nos deux voyageurs allaient entrer dans l'Auvergne qui forme les deux départemens du Puy-de-Dôme et du Cantal. Cette province montagneuse, dit Dorville à son frère, est l'une des plus intéressantes de la France sous le rapport géologique et minéralogique ; mais la nature y est si féconde que nous aurions besoin d'un mois entier pour voir avec quelque détail ses divers ouvrages. Nous parcourrons d'abord les villes de l'Auvergne, nous jetterons ensuite un coup d'œil rapide sur ses montagnes.

Clermont, ou Clermont-Ferrand, siége de la préfecture du Puy-de-Dôme, est une ville ancienne, située entre deux rivières sur une éminence qu'entourent des boulevards plantés d'arbres, et qu'habitent plus de trente ou trente deux mille habitans. Ses rues sont étroites et obscures, mais elle a de belles places, des fontaines, des promenades, un obélisque-fontaine élevé en l'honneur de Dessaix. Sa cathédrale, monument du douzième siècle, n'a pas été achevée; elle est d'une construction hardie, et ses vitraux sont très-beaux. L'église de Notre-Dame-du-Port est encore bien plus ancienne. Ses inscriptions en lettres romaines semblent appartenir aux premiers siècles du christianisme. Pascal, Domat, Thomas, l'abbé Girard, Champfort, étaient tous de Clermont; Massillon en a occupé le siége épiscopal.

Riom, ville de douze mille ames, assise sur une colline non loin de la rivière d'Ambène, arrosée de belles fontaines, ornée de boulevards, et assez bien bâtie, offre peu d'édifices dignes de remarque. Cette ville doit en grande partie sa renommée à ses tribunaux et à sa cour royale, dont les arrêts se sont toujours distingués par la sagesse qui préside à leur rédaction. Au Puy-de-Dôme comme aux Bouches-du-Rhône, c'est au chef-lieu d'une sous-préfecture que siége la cour royale. Ce fut à Riom que naquit notre vieil historien Grégoire de Tours. Le chancelier de l'Hôpital et Jacques Delile ont aussi vu le jour dans cette partie de l'Auvergne.

Issoire, l'une des sous-préfectures du département, a des rues larges, des belles maisons, des places publiques, des fontaines, un marché couvert construit en granit. L'église paraît, par le genre de ses constructions, antérieure à l'introduction du style gothique. Outre qu'on y remarque des ornemens extérieurs en mosaïque, on y voit incrustés autour des murailles, les douze signes du zodiaque. Le chœur est placé sur une église souterraine. Mont-Dor-les-Bains est un village célèbre, voisin d'Issoire et des eaux thermales du Mont-Dor. La petite rivière de la Dor, réunie à la Dogne, forme celle de la Dordogne. Le bâtiment des bains est d'une forme simple, mais assez élégante. Il est construit en laves noirâtres, recouvert en dalles de la même substance. Les sites pittoresques et variés de la vallée contribuent peut-être autant que la qualité des eaux à l'affluence des baigneurs ou des curieux qui s'y rendent depuis la mi-juin jusqu'à la mi-septembre.

Le département du Cantal a pour capitale Aurillac, située dans un beau vallon qu'arrose la Jordanne, et peuplée d'environ dix mille ames.

Ce qu'elle a de plus remarquable, c'est son hippodrome situé hors des murs, et destiné aux courses de chevaux, qui ont lieu tous les ans dans la première quinzaine de mai.

Saint-Flour, sur une montagne à pic, qui n'est accessible que d'un côté, a deux rues larges mais irrégulières et fatigantes, parce qu'il faut toujours monter et descendre : on y compte sept mille habitans. Les deux frères visitèrent la cathédrale, qui paraît avoir été construite à plusieurs reprises, le palais de justice, les colonnes basaltiques des environs et la promenade. L'ancien poète Du Belloy, et le brave général Dessaix étaient de Saint-Flour.

Lorsqu'ils eurent parcouru les principales villes de l'Auvergne, les deux frères employèrent trois ou quatre jours à monter au sommet du Puy-de-Dôme, et à visiter les groupes les plus intéressans. A leur retour à Clermont, Dorville voulut savoir de son frère ce qui l'avait le plus frappé dans leurs diverses excursions.

C'est, répondit Alfred, le coup d'œil que j'ai eu du sommet du Puy-de-Dôme; il me semble que je vois encore toutes ces montagnes qui nous paraissent maintenant si hautes s'abaisser sous mes pieds à mesure que je m'élevais et se changer en collines ; je vois ce nombre infini de cratères d'anciens volcans ; ces courans de lave qui ont tapissé le flanc des rochers, ou qui ont formé au fond des vallées des masses énormes des formes les plus bizarres; ces colonnes de basalte qu'on aperçoit tantôt au dessus de ces laves épanchées, tantôt au dessous ; puis cette grande plaine de la Limagne qui paraissait toute verte, où le noyer superbe ne se distinguait pas du cep de vigne ou de la tige de chanvre; les Monts Dor que je voyais très bien à l'aide de notre télescope, tout couverts de troupeaux dont le lait fournit la matière de ces bons fromages dont nous emporterons quelques-uns; ces rivières qui tantôt se précipitent entre les rochers, tantôt coulent à travers les prairies.

Eh bien! mon ami, dit Dorville, apprends que tu as passé quelques heures aux mêmes lieux où Pascal fit avec son baromètre les expériences qui le convainquirent de la pesanteur de l'air; mais te souviens-tu de ce rocher isolé comme un obélisque, près du village de Perriers? Il a été détaché de la montagne par quelque violente secousse, ou par un éboulement ordinaire. Ce qui m'a semblé plus merveilleux, dit Alfred, c'est de voir sur ce rocher les ruines d'une tour antique et ses flancs percés d'excavations artificielles. Et ces cristallisations transparentes que nous avons vues au Vernet?— Les Espagnols, dit-on, recherchaient jadis ces pierres qu'ils employaient dans la bijouterie; mais je doute qu'ils aient pu jamais les tailler à angles bien vifs, parce qu'il m'a semblé que ces cristallisations ne sont pas assez dures.

Nous ne parlons pas d'eaux minérales, ajouta Dorville, car il y en a tant qu'il serait même difficile de les compter. En général elles sont sulfureuses et très chaudes, mais à coup sûr tu n'as pas oublié la source pétrifiante de l'enclos de Saint-Allyre?—Non sans doute, non plus que le pont que les eaux de cette source ont formé d'un bord du bassin à l'autre bord, en déposant leur sédiment sur une planche que l'on avait disposée pour cet effet. C'est une bonne idée qu'a eue le propriétaire de cet enclos de faire incruster des fruits, des corbeilles, des paniers, des coquillages, des insectes, etc., et de vendre ensuite ces objets. — Je l'ai chargé de me faire une petite collection de ce qu'il a de mieux en ce genre et de me l'envoyer. — O mon frère! je te remercie, tu as prévenu mes désirs : je voulais t'en prier. Je serai bien aise d'apporter à Paris quelques-unes de ces pétrifications, je les donnerai à ma bonne mère.

Je me souviendrai aussi, ajouta Alfred, du *Puy-de-la Paix*, d'où suinte une matière liquide et gluante, surtout quand le soleil le frappe de ses rayons; et des colonnades, des piliers, des masses, de basalte qui sont ici tellement communes, que je crois bien que je verrais maintenant la fameuse *chaussée des Géans* sans en paraître bien surpris; et de la fontaine d'Aigueperse dont l'eau gazeuse bouillonne dans le bassin qui la reçoit, comme si elle tombait sur la chaux-vive. Et moi, dit Dorville, je n'oublierai pas qu'en entrant dans Thiers, le bruit des machines hydrauliques m'a assourdi.

Le Cantal a aussi ses merveilles, continua

Dorville ; d'abord, c'est le *Plomb de Cantal* la plus haute de toutes ses montagnes, du sommet de laquelle on peut découvrir, m'a-t-on assuré, les Alpes et les Pyrénées. Ce qu'il y a de plus agréable, c'est qu'on peut arriver à la cime sans prendre beaucoup de peine, tant les montées sont douces. Il ne faut pas omettre cette rivière d'Auze, qui sort d'une gorge, à Salers, par une chute de cent pieds. C'est une des plus belles cascades de l'Auvergne. Nous nous souviendrons aussi du bassin de Fonsboudoire, d'où s'élance, par intervalles plus ou moins longs, une source que les Auvergnats regardent comme surnaturelle. Mais il faut tout dire : j'ai remarqué avec regret que beaucoup de terrains restent en friche dans le Cantal, bien qu'ils soient susceptibles d'une bonne culture. Ces milliers de montaguards, qui tous les ans émigrent et se répandent par tous les départemens de la France, ne vaudrait-il pas mieux qu'ils appliquassent leur bras à la culture des terres qui, bien travaillées, leur rapporteraient ce qu'ils tentent d'aller gaguer ailleurs ?

Les deux frères entrèrent dans le Limousin par la route d'Ussel, petite ville de quatre mille habitans, qui commerce en chanvre, en toiles, et en cire, et paraît bâtie sur l'emplacement d'une ancienne voie romaine. Ils virent en passant Bort sur la Dordogne, patrie de Marmontel. Ils arrivèrent à Tulle après une forte journée de marche. Cette ville, qui compte près de neuf mille habitans, est située au confluent de la Solane et de la Corrèze, partie dans un vallon, partie sur des rochers. Elle est mal construite, n'a pas un bel édifice, une maison passable, une rue régulière. Ce qui lui a donné quelque célébrité, ce sont ses manufactures de dentelles, connues sous le nom de *Point de Tulle*, genre d'industrie dans lequel elle est aujourd'hui surpassée par beaucoup d'autres villes.

Brives, ville de huit mille ames, est située dans un vallon extrêmement fertile, fécondé par les eaux de la Corrèze et de la Vezère. Elle a quelques maisons agréables, quoique ses rues soient mal percées. Ses manufactures ont la plus grande activité; celles qu'on voit sur le canal occupent sans cesse plus de six cents ouvriers. La prospérité que cette ville doit à son industrie, autant qu'à son territoire fertile et agréable, lui a fait donner probablement le nom de *Gaillarde*, sous lequel on la désigne depuis plusieurs siècles. Le fameux Dubois, abbé, cardinal et ministre sous la régence, était fils d'un apothicaire de Brives.

Le costume des habitans de la Corrèze n'a pas changé depuis mille ans : c'est une bure grisâtre fabriquée dans le pays, taillée en veste et en pantalons. Les chataignes font la base de la nourriture des habitans des classes moyennes.

Limoges, ancienne capitale du Limousin, siége de la préfecture de la Haute-Vienne, est située sur le penchant d'une colline que la Vienne baigne de ses eaux. La ville peuplée d'environ vingt-six ou vingt-sept mille habitans, est mal percée, mais grâce à des ruisseaux qui roulent leurs eaux par toutes les rues, elle est toujours propre, ce qui contribue à maintenir la salubrité de l'air. Les maisons sont presque toutes construites en bois depuis le premier étage, ce qui expose la ville à de fréquens incendies. Les seuls édifices remarquables de Limoges sont les églises. Celle de St-Martial, patron révéré des Limousins, se distingue par ses formes pittoresques, et par la hauteur de son clocher, qui s'élève d'abord sur un plan carré, et devient ensuite octogone. Il y a sous le chœur deux chapelles souterraines dans l'une desquelles est le tombeau du saint.

Une des choses que le peuple admirait d'avantage, c'était l'horloge de l'église. On y voyait un squelette représentant la mort; à chaque heure, la mort tournait la tête, ouvrait la mâchoire, levait une faulx, et frappait le timbre. Elle était assise sur un panier de fleurs d'où s'élançait un serpent.

La cathédrale n'a point été entièrement achevée; le clocher paraît être d'une structure plus ancienne que celle du reste de l'église; il s'élève à la hauteur de 194 pieds. Nos voyageurs admirèrent le Jubé, ouvrage du seizième siècle, où l'on trouve en fait d'architecture et de sculpture, tout ce que le goût de ce temps avait de plus délicat. Le genre grec y est mêlé avec le gothique, mais le premier y domine. Ce fut un évêque de Limoges qui fit construire le Jubé, et son propre mausolée où, au milieu de quatre colonnes corinthiennes qui supportent un entablement, on voit la figure en bronze du défunt.

Cette ville possède d'ailleurs tous les établissemens communs aux grandes villes; une de ses places publiques se trouve sur l'emplacement d'un camp romain; il s'y fait tous les ans des courses de chevaux auxquelles concourent les chevaux de neuf départemens voisins. C'est la patrie du chancelier d'Aguesseau. Les habitans fabriquent de la porcelaine, ils tirent de leurs carrières le kaolin ou terre à porcelaine; ils ont aussi des fabriques de lainages, de papiers et de clous, des blanchisseries de cire, des forges pour le fer de leurs montagnes.

La petite ville de Saint-Yrieix a aussi des fabriques de porcelaine où l'on emploie une argile blanche que les environs fournissent en abondance : cette porcelaine va au feu. C'est à Saint-Yrieix que la grande manufacture de Sèvres s'approvisionne de kaolin.

De même que dans la Corrèze, les habitans des classes moyennes se nourrissent principalement de chataignes.

Le département de la Creuse ou l'ancienne Marche offrait à nos voyageurs trop peu d'objets intéressans pour qu'ils y fissent un long séjour : ils le traversèrent sans s'y arrêter. La première ville qu'ils rencontrèrent à peu de distance de la frontière, ce fut celle d'Aubusson, au milieu d'une contrée aride, au fond d'une gorge formée par des rochers nus, et si rapprochés, qu'Aubusson n'a pu avoir qu'une rue; on y compte environ six mille habitans dont toute l'industrie consiste à fabriquer quelques tapis de pied, quelques tentures. La manufacture royale occupait jusqu'à deux mille ouvriers avant la révocation de l'édit de Nantes; elle n'en emploie guère aujourd'hui que trois cents.

Obligés par les mauvaises routes de faire un long circuit, nos voyageurs se portèrent sur Bourganeuf qui possède une bonne papeterie et deux manufactures de porcelaine. Ils y virent une grande tour, dans laquelle habita, disent les habitans, le prince Zizim, frère de Mahomet II, qui vint chercher un asile en France sous le règne de Charles VII.

Guéret située sur la Gartempe, siége de la préfecture et capitale de l'ancienne Manche, n'a pas plus de quatre mille habitans; elle n'avait autrefois quelque importance que parce que les comtes de la Manche y avaient un château dans lequel ils résidaient, lorsqu'ils allaient visiter leurs domaines.

La population de ce département s'élève à deux cent cinquante mille individus, et il ne pourrait peut-être point les nourrir, malgré ses fabriques diverses, si tous les ans, une bonne partie de la classe ouvrière ne s'expatriait, pour aller chercher du travail et du pain dans les autres départemens de la France.

CHAPITRE X.

INDRE, CHER, OU ANCIEN BERRY; ALLIER OU BOURBONNAIS; NIÈVRE OU NIVERNOIS; YONNE, CÔTE D'OR, SAONE-ET-LOIRE, OU BOURGOGNE; JURA, DOUBS, HAUTE-SAONE, OU FRANCHE COMTÉ; HAUT-RHIN, BAS-RHIN, OU ALSACE.

Dorville et son frère pénétrèrent dans le département de l'Indre ou le Bas-Berry, par sa partie la plus méridionale. Ils passèrent au pied du château d'Argenton qui, au moyen âge, était tenu pour l'une des plus fortes places de l'intérieur de la France : il était construit sur un rocher isolé dont la Creuse baignait le pied. Ses murailles de plusieurs pieds d'épaisseur étaient flanquées de grosses tours, et il y avait de vastes souterrains. Il ne reste de ce château lourd et massif que des ruines. A quelque distance d'Argenton, vers l'Ouest, est la petite ville de Leblanc, d'environ cinq mille ames : c'est une des sous-préfectures du département; on y fabrique de gros lainages. Du côté opposé, à une distance à peu près égale, est la sous-préfecture de la Châtre, sur un coteau que l'Indre ceint de ses eaux, au milieu d'une campagne fertile et riante. Son vieux château et ses épaisses murailles ont cédé sous l'effort du temps. Ses habitans au nombre de quatre mille, ont des tanneries et des fabriques de drap commun.

Châteauroux, sur l'Indre, est le siége de la préfecture; ses onze mille habitans ne manquent pas d'industrie, ils fabriquent des parchemins, des cuirs, des gros draps; ils ont dans le voisinage de leur ville de bonnes forges. Cette ville a vu naître le général Bertrand, qui s'est rendu si recommandable par sa fidélité envers son ancien bienfaiteur.

Les deux frères ne firent que passer la nuit à Châteauroux. Ils en partirent le lendemain de grand matin pour Issoudun, ville de douze mille ames, la plus peuplée du département, et la moins mal construite, parce qu'à la suite de plusieurs incendies, plusieurs quartiers ont été rebâtis. Cette ville perdit beaucoup par la révocation de l'édit de Nantes; elle ne se soutient aujourd'hui que par le commerce des laines et des bestiaux. C'est la patrie du jésuite Berthier, principal rédacteur du dictionnaire de Trévoux, et du fameux comédien Baron. Nos voyageurs aperçurent, mais de fort loin, sur leur gauche le superbe château de Valençay, devenu fameux de nos jours par le séjour forcé qu'y a fait le roi d'Espagne Ferdinand VII depuis 1808 jusqu'à 1814.

Ils remarquèrent qu'en général le sol du Bas-Berry est plat, et que ses inégalités ne s'élèvent pas au dessus de la hauteur des collines ordinaires; que la température y est assez douce, le sol abondant en pâturages; que les grains, le froment excepté, viennent assez bien; qu'enfin les troupeaux de bêtes à laine y sont très nombreux, et que leur laine est longue et fine. Ils virent aussi dans les champs des troupes innombrables d'oies et de dindes, et on leur dit qu'il s'en exportait année commune plus de cent mille têtes.

Le département du Cher, ressemble à celui de l'Indre. Les environs même de Bourges n'annonçaient pas une ville bien florissante, et nos voyageurs en y entrant ne remarquèrent ni manufactures, ni ateliers. Bourges a pourtant vingt ou vingt un mille habitans; il est vrai que sa vaste enceinte pourrait aisément en contenir le double.

Cette ville fut jadis la métropole des Bituriges, une des plus puissantes tribus gauloises. Quand les Romains s'en furent rendus maîtres, ils en firent la capitale d'une de leurs provinces, et dans le moyen âge elle fut la première ville du Berry et l'une des plus considérables de la France. Un incendie l'ayant réduite en cendres presque tout entière, le siége des affaires et des relations commerciales fut transporté à Lyon. Aujourd'hui cette ville, assez irrégulièrement construite, n'a de monumens remarquables que sa cathédrale gothique, l'archevêché, dont les jardins servent de promenade publique, et l'hôtel-de-ville, qui fut auparavant la maison de Jacques Cœur, le plus riche négociant de France, qui prêta deux cent mille écus d'or au roi Charles VII, et fut récompensé par l'exil et la confiscation de ses biens. Ce fut dans les murs de Bourges que naquit Louis XI. Le P. Labbe et le prédicateur Bourdaloue étaient aussi de cette ville.

A quatre lieues de Bourges, sur les bords de l'Evre, on voit le vieux château de Méhun où Charles VII se laissa mourir de faim ou plutôt d'inanition. Ce furent les chagrins que son fils lui causa qui le portèrent, dit-on, à cet acte de désespoir. Peu de personnes le plaignirent : on se souvenait qu'il avait abandonné Jeanne d'Arc à ses bourreaux, et livré Jacques Cœur à l'exil et à l'indigence.

En entrant dans l'ancien Bourbonnais, aujourd'hui département de l'Allier, nos deux voyageurs crurent remarquer plus de mouvement dans la population, plus d'industrie et d'activité dans les individus, plus de progrès dans la culture des terres. D'un côté c'étaient des houillères qu'on exploitait, des carrières de marbre et de granit; de l'autre des vignes, dont l'état florissant présageait d'abondantes récoltes, des champs dont la dépouille dorée s'élevait en gerbes; des pâturages où bondissaient de nombreux troupeaux. Plus loin ils voyaient des moulins, des forges, des mines, et, sur les routes, un grand nombre de voyageurs qui se rendaient aux sources thermales, communes dans la contrée.

C'est au grand nombre de moulins établis sur les bords de l'Allier, que la capitale du Bourbonnais doit le nom qu'elle porte. Elle fut construite dans le quatorzième siècle sur l'emplacement de l'ancien *Silvinacum*; et les princes de la maison de Bourbon, qui d'abord y avaient fondé un hospice, l'embellirent de plusieurs monumens. Elle est aujourd'hui peuplée d'environ quinze mille ames. Ses rues sont bien pavées et bien percées, et le mélange des briques rouges et des briques noires dont les maisons sont bâties, forme un coup d'œil un peu singulier mais agréable. On y remarque de belles fontaines, la caserne de cavalerie, le pont sur l'Allier, et, dans l'ancienne église de la Visitation, le mausolée en marbre noir que la princesse des Ursins fit ériger à son époux, Henri de Montmorency, sacrifié par Richelieu à son implacable politique. De l'ancien château des ducs de Bourbonnais, il ne reste qu'une tour carrée, transformée en prison. Moulins a vu naître Berwick et Villars. Cette ville exporte des grains, du vin, de la houille, du fil; elle ne fabrique guère que des couteaux.

Nos voyageurs allèrent visiter les eaux de Bourbon-les-Bains, qu'au sédiment jaunâtre qu'elles déposent sur les bords du bassin qui les renferme, on juge fortement imprégnées de souffre. Elles sont très chaudes; quand le temps est beau, elles se couvrent d'un limon vert, qui disparaît si l'atmosphère est humide. Ce fut dans une maison des Bourbon-les-Bains, que mourut la marquise de Montespan. Les eaux de Néris sont, dit-on, excellentes contre les rhumatismes et les affections cutanées; les Romains qui les fréquentaient y ont laissé des traces nombreuses de leur séjour. Les bains où le beau monde afflue, ceux où il est du bon ton de se rendre, ce sont les bains de Vichy qui offrent de charmantes promenades et des sites très pittoresques.

De Moulins à Nevers, la distance n'est pas grande; nos voyageurs la franchirent en peu d'heures. Cette dernière ville, peuplée de quinze ou seize mille habitans, bâtie en amphithéâtre sur le penchant d'une colline, se présente de loin sous d'assez belles apparences; mais son intérieur répond mal à l'idée qu'on a pu en prendre; elle n'a que de petites rues, des maisons anciennes, des édifices mesquins; seulement on voit avec intérêt ses forges nombreuses, sa fonderie de canons pour la marine, sa fabrique d'ancres et de boulets, ses ateliers de verreries et d'émail, ses manufactures de draps, de faïence, ses tanneries. Le vieux château des ducs de Nevers, le portail de la Visitation et la tour de la cathédrale méritent aussi quelque attention.

Nevers est l'ancienne *Noviodunum*, ville des Éduens, dont César fit une de ses places d'armes. C'est la patrie du menuisier Adam Billaud, plus connu sous le nom de *maître Adam*, qui fit d'assez mauvais vers, vantés dans le temps, et ne fut, par conséquent, ni bon poète ni bon menuisier.

En traversant le Nivernais pour se rendre dans l'Yonne, nos voyageurs furent frappés de voir un pays si couvert de forêts ; ils ne furent pas moins émerveillés du grand nombre de forges et d'usines qu'ils aperçurent sur toute leur route, en pleine activité. Ils s'arrêtèrent sur les bords de la Nièvre, devant l'établissement de Fourchambault, où une machine à vapeur met en jeu les laminoirs et la fonderie, et d'où il sort, année commune, plus de cinquante mille quintaux métriques de fer. D'autres usines donnent des objets en fonte, des aciers cémentés, des tôles et des fers-blancs. Ainsi, dans la Nièvre, le principal article du commerce, c'est le fer ; ensuite, vient le bois de chauffage, dont on exporte des quantités considérables.

À ces coteaux tout couverts de vignes, dit Dorville à son frère, à ces rians jardins qui occupent les bas-fonds, à ces champs où croissent tant de légumes, à ces gras pâturages qui semblent attendre les troupeaux, à ces forêts qui couronnent les hauteurs, n'as-tu pas deviné, cher Alfred, que nous étions sortis du Nivernais ? Au lieu de ces forges, de ces martinets, de ces fonderies où l'on travaille le fer en mille manières, nous verrons quelques manufactures de lainages et de velours de coton, des tanneries, des papeteries ; mais nous remarquerons que l'industrie des habitans se porte principalement vers la fabrication des vins; tout le reste est secondaire; et il en est de même, à quelques exceptions près, dans les trois départemens formés de l'ancienne Bourgogne; non cet ancien royaume des Bourguignons, qui se composait de la Bourgogne propre, de la Franche-Comté, du Lyonnais, du Dauphiné, de la Provence, de la Savoie et de la Suisse; non cet autre duché de Bourgogne du quatorzième siècle, qui comprenait la Flandre et la Belgique, la Picardie, le Luxembourg et d'autres provinces, mais le duché particulier de Bourgogne, saisi par Louis XI, sous prétexte que ce n'était qu'un fief masculin qui devait suivre les mâles, et ne pouvait entrer dans la succession du dernier duc, dévolue à sa fille Marie, qui, par son mariage avec Maximilien I, la transmit à l'Autriche.

Comme la plupart des villes qu'ils avaient vues dans tous les départemens de l'intérieur, Auxerre a de beaux dehors; ses quais sur l'Yonne, et les maisons qui les bordent, promettent une ville bâtie régulièrement, mais on ne tarde pas à être détrompé. Les seuls édifices dignes de remarque sont l'église de Saint-Pierre, où le genre gothique et le genre moderne sont unis assez heureusement, et la cathédrale, qui se distingue par l'immensité de sa nef et la beauté de ses vitraux. On n'oublie pas d'y visiter le tombeau d'Amyot. L'abbaye de Saint-Germain, depuis long-temps dépouillée de ses richesses, a été détruite en partie pendant la révolution. Cette ville, siége de la préfecture, compte douze mille habitans. Outre ses vins, elle expédie du bois, en trains qui se dirigent vers Paris, des cuirs, des lainages, de la bonneterie et des chapeaux.

Nos voyageurs firent d'Auxerre plusieurs excursions dans le département. Ils allèrent d'abord visiter l'ancienne capitale des Gaulois Sénonais, la ville archiépiscopale de Sens, au confluent de la Vanne et de l'Yonne. Ils remarquèrent, avec ce sentiment qu'on éprouve toujours à l'aspect des monumens antiques, et qui tient presque de l'enthousiasme, les restes des édifices dont les Romains l'avaient embellie, des mosaïques, des bas-reliefs et les remparts, assez bien conservés. La grande rue, large, droite, ornée d'assez belles maisons, et décorée à ses deux extrémités de deux portes qui se regardent, attira pendant quelque temps leur attention. Ils la donnèrent surtout à la métropole, superbe monument de l'architecture gothique. Le jubé, l'autel, que recouvre une coupole soutenue par quatre colonnes de marbre, le trésor, qui renferme un christ de Girardon et un autre christ, donné par Charlemagne, le mausolée en marbre blanc du dauphin père de Louis XVI et de sa femme, très-bel ouvrage de Coustou fils, orné de très-belles statues allégoriques, les bas-reliefs du tombeau du chancelier Duprat, le martyre de saint Savinien, et le rideau en marbre devant lequel tombe le saint personnage, ouvrage d'un travail exquis, furent tour-à-tour l'objet de leurs curieuses observations; mais ils ne manquèrent pas d'aller voir, à l'Hôtel-de-Ville, les livres plus qu'étranges que composa un archevêque de Sens pour la *fête des fous*, qu'on a long-temps célébrée, à la honte de la raison humaine. C'est un grand volume in-folio, contenant, outre le rituel de la fête, une prose rimée en l'honneur de l'âne. La couverture du livre est ornée de sculptures en ivoire, très-artistement travaillées, et représentant des objets analogues à la fête.

A leur retour de Sens, les deux frères partirent pour Avallon, dont on leur avait vanté les riantes prairies et le beau vignoble, les maisons de campagne répandues dans la plaine, et les eaux limpides du Cousin, serpentant sous les saules. Parvenus à la moitié de la route, ils se détournèrent pour aller visiter les grottes d'Arcis, sur la petite rivière de Cure. Ils y arrivèrent par un sentier taillé dans le bois. L'entrée en est fort étroite : elle conduit à une première salle qui n'a rien de remarquable. La seconde, dont la voûte a dix pieds de hauteur, offre de belles figures pyramidales. Dans les trois qui suivent, on voit toute sorte de congélations fantastiques : des groupes de figures humaines, des forteresses, des tours, des pyramides, des buffets d'orgue, des colonnes, etc. La sixième salle, qu'habitent des essaims de chauve-souris, se termine par des piliers d'albâtre adossés à des rochers qui traversent la voûte, et ne laissent qu'un passage étroit, qu'on nomme le *Trou du Renard*, et qu'on ne peut franchir qu'en rampant. On arrive par ce détroit à deux salles, dont l'une, longue de cent pas, n'a qu'une voûte unie; l'autre, la plus merveilleuse de toutes, est remplie de blocs de pierre recouverts de nappes d'albâtre, de pyramides, de colonnes, de stalactites des formes les plus variées et les plus bizarres. On y remarque une série de tubes cylindriques, creux, de différentes longueurs, ressemblant à des tuyaux d'orgue, et rendant des sons assez agréables, lorsqu'on les frappe avec un corps dur.

Nos voyageurs trouvèrent qu'Avallon répondait à la description qu'on leur en avait faite. Ils admirèrent le beau vallon qu'arrose le Cousin, et en remontant la rivière, ils arrivèrent à la montagne de Montmartre, sur laquelle on a découvert, il y a douze ans, les restes d'un édifice antique, des statues et des médailles romaines. Ils virent non loin de là, le village qui a reçu le nom de Carré-les-Tombes, à cause du grand nombre de cercueils de pierre qu'on y a trouvés.

Dorville avait donné ordre à Bourguignon de se rendre directement d'Auxerre à Dijon; de sorte qu'après avoir parcouru les environs d'Avallon, il prit directement la route de l'ancienne résidence des ducs de Bourgogne, aujourd'hui siége de la préfecture de la Côte-d'Or. Un château gothique, bâti par Louis XI, et flanqué de grosses tours, est tout ce qui reste de ses anciennes fortifications. La ville est grande, bien percée, ornée de belles maisons, d'hôtels élégans, de places nombreuses, parmi lesquelles on distingue la Place-Royale, où se trouve l'ancien palais des États, dont les salles renferment une bibliothèque de quarante mille volumes, et un beau musée de peinture, de sculpture, d'histoire naturelle et d'antiques. On voit dans la salle de sculpture le tombeau de Philippe-le-Hardi et celui de Jean-sans-Peur, l'un et l'autre ducs de Bourgogne. Le premier, quoique moins riche d'ornemens, est plus estimé des connaisseurs. Parmi les emblêmes qui décorent le second, on remarque un rabot : on sait que Jean-sans-Peur avait mis un *rabot* dans ses armoiries, depuis que le duc d'Orléans, son antagoniste, avait ajouté aux siennes un *bâton noueux*. Le palais des États est surmonté d'une tour qui sert d'observatoire.

L'église cathédrale, dédiée à Saint-Bénigne, parut à nos voyageurs l'une des plus belles basiliques de France. Sa longueur excède deux cents pieds, sa hauteur est de quatre-vingt-quatre, et la flèche qui s'élance du comble de l'édifice, est admirable par sa hardiesse et sa légèreté; le coq qui la termine est à plus de 300 pieds de hauteur au-dessus du sol. Parmi les édifices profanes qui méritent d'être vus, il faut nommer la préfecture, la salle de spectacle, la cour royale, l'école de droit, etc. La bibliothèque est ornée des bustes de tous les hommes qui ont illustré la Bourgogne. On y voit Buffon, Bossuet, Monge, Piron, Crébillon, Saumaise, Fréret, Rameau, Daubenton,

Denon, Carnot, Vauban, Sedaine, Soufflot, Davoust, etc. La population de Dijon est portée à vingt-trois ou vingt-quatre mille ames. Depuis l'ouverture du canal dit canal de Bourgogne, laquelle a eu lieu en 1832, le commerce de cette ville a pris de grands développemens. Ce canal parcourt sous terre l'espace d'une lieue.

L'origine de Dijon remonte à des époques antérieures à la domination romaine. Ce fut Marc-Aurèle qui l'entoura de murailles flanquées de trente-trois tours. L'empereur Aurélien y bâtit des temples et en augmenta les fortifications. Les promenades actuelles de Dijon sont très-belles, celle de l'Arquebuse se termine par un jardin où l'on voit un arbre énorme, mais déjà vieux et décrépit; il est de l'an 1550.

Ce ne fut pas sans une vive émotion que Dorville et son frère s'approchèrent du château de Montbard, sur la route de Châtillon. Buffon était l'un des auteurs favoris de Dorville; il n'admettait pas ses théories de la terre, qu'appuyée sur l'expérience la géologie moderne a renversées; mais il admirait ces pages éloquentes sorties de sa plume, cette imagination vive et brillante qui savait joncher de fleurs les routes les plus arides, ces connaissances profondes et variées qui ont présidé à la rédaction de ses ouvrages. Ils allèrent au château, et ils visitèrent la tour où Buffon faisait ses observations astronomiques, les jardins en terrasse où il se promenait, le pavillon où il composait ses ouvrages.

Châtillon est au-delà de Montbard vers le nord ; c'est la première ville qu'arrose la Seine, très-près encore de sa source. Les vins, les fers et les laines sont les principaux objets de son commerce. La contrée possède des carrières de marbre des plus riches couleurs, gris, couleur de chair, blanc veiné de jaune, de gris et de brun rouge. Ce fut à Châtillon qu'à l'époque de la première invasion, en 1814, se tinrent les fameuses et inutiles conférences qui portent le nom de cette ville, entre les ministres de Napoléon et ceux des souverains alliés.

La ville de Beaune, agréablement située et bien connue par ses bons vins, est après Dijon la ville la plus considérable de la Côte-d'Or. Parmi les divers édifices, tant anciens que modernes, qui la décorent, on remarque un magnifique hôpital, bâti en 1443 par Raulin, chancelier de Philippe-le-Bon. Il a fait tant de pauvres, disait de lui Louis XI, qu'il fallait bien qu'il laissât un hôpital pour les recevoir.

Nos voyageurs allèrent de Beaune à Autun, ville importante du département de Saône-et-Loire, ancienne capitale des Éduens, florissante sous les empereurs romains, spécialement protégée par Constantin, et laissant voir encore dans ses monumens détruits les signes non équivoques de sa grandeur passée. Ils ne manquèrent pas de visiter la porte d'Arroux, celle de Saint-André, un temple de Minerve enclavé dans les locaux d'une ancienne abbaye, des pans de mur, les restes d'un théâtre. Ils virent aussi la cathédrale, où l'on célébrait autrefois la fête des fous, la petite place qui est devant l'entrée, et la belle fontaine qui la décore: c'est un ouvrage de Jean Goujon.

Dans leurs excursions autour d'Autun, peuplée de dix mille ames, ils virent avec le plus vif intérêt la grande fonderie du Creusot, au pied de la chaîne qui sépare les eaux tributaires de l'Océan d'avec celles qui coulent vers la Méditerranée. Ils admirèrent les diverses machines de cet établissement, où l'on travaille le fer avec la plus grande perfection, et qui occupe deux mille ouvriers. Le Creusot possède aussi une belle manufacture de cristaux. Du Creusot ils franchirent les montagnes par un chemin pittoresque où les points de vue se succédaient à chaque instant, passèrent à Cluny, petite ville d'environ quatre mille habitans, autrefois célèbre par son abbaye, l'une des plus riches de la France, et arrivèrent à Mâcon qui, bien que siège de la préfecture, n'est point la ville la plus populeuse du département, car elle a deux ou trois mille habitans de moins que Châlons-sur-Saône. Cette ville, mal bâtie et dépourvue de beaux monumens, n'a guère que son quai à montrer aux curieux. Elle subsiste de son commerce de vins. On sait que les vins de Mâcon jouissent en France et à l'étranger d'une réputation méritée.

Châlons partage ce commerce avec le chef-lieu, qu'elle surpasse en étendue, en population et en beauté. Ses quais sur la rivière, son faubourg St-Laurent, situé dans une île, le pont qui l'unit à ce faubourg, son théâtre, sa bibliothèque publique, ses promenades, la belle campagne qui l'environne, ses fabriques d'étoffes, de cuirs, de chapeaux et de perles fausses, furent pour les deux frères autant de sujets d'observation. Je ne sais, dit Dorville, par où Mâcon a mérité la préférence sur Châlons et même sur Autun; car, toutes choses d'ailleurs égales, la position plus centrale de ces deux villes semblait devoir l'emporter; mais, déjà dans plusieurs départemens nous avons vu de petites villes honorées du nom de capitale, au préjudice d'autres villes plus considérables réduites au rôle subalterne de chef-lieu d'arrondissement ou même de chef-lieu de canton. Il est probable que ces inégalités sont l'effet de quelques faveurs particulières, autrefois obtenues par des patrons influens.

Quoi qu'il en soit, continua Dorville, le département de Saône-et-Loire est l'un des plus populeux de la France, car il contient plus d'un demi-million d'individus. Son sol produit abondamment des grains, des fruits, du vin, du chanvre; on y voit des forêts superbes, des mines de fer, de plomb et de manganèse, des carrières de marbre, des étangs poissonneux. Ajoutons à cela des hommes industrieux et laborieux : ce sont là de véritables sources de richesses réelles, et avec la richesse on voit toujours croître la population.

Après avoir quitté la Bourgogne, nos deux voyageurs employèrent dix jours à parcourir les trois départemens du Jura, du Doubs et de la Haute-Saône, formés du démembrement de la Franche-Comté, qu'on a souvent désignée sous le nom de comté de Bourgogne. Que ferons-nous maintenant? dit Dorville à son frère. Ta mère me presse de retourner à Paris; elle craint, dit-elle, que mon procès ne soit jugé en mon absence. D'un autre côté, le chevalier persiste à soutenir que les voyages sont inutiles; il prétend que tu n'auras rien appris dans celui que tu fais. Quel parti prendrons-nous? Que répondras-tu toi-même à la lettre de ta mère?

Mon frère, répondit Alfred (après un moment de réflexion, je désire beaucoup voir nos provinces septentrionales, finir en un mot ce que nous avons commencé. Si pourtant tes intérêts t'appellent à Paris, je suis prêt à te suivre, et je sacrifierai volontiers tout le plaisir que je me promettais du reste du voyage. Dans le cas contraire, poursuivons notre route et l'exécution de ton plan. J'écrirai à ma mère de Strasbourg, et pour montrer à M. d'Ormessan, qui est franc-comtois, que je n'ai pas tout-à-fait perdu mon temps, et que je connais son pays mieux que lui peut-être, j'insérerai dans ma lettre, que bien certainement ma mère lui fera lire, une petite description bien courte des trois départemens.

Dorville approuva l'intention de son frère : il le loua de sa persévérance, irrita légèrement son amour-propre en lui parlant des préventions de M. d'Ormessan, et, certain d'avance que la lettre projetée prouverait contre le chevalier que son jeune frère n'avait pas voyagé sans fruit, il donna l'ordre du départ pour le lendemain, au point du jour.

Ils entrèrent par Béfort, dans le département du Haut-Rhin. C'est une ville d'environ six mille ames, au pied du Mont-Maudit, assez bien bâtie, et entourée de fortications que depuis la démolition d'Huningue, imposée par les alliés à la restauration, on a considérablement augmentées. De là, suivant le cours de l'Ill, ils arrivèrent à Mulhausen, ville commerçante et manufacturière qui se gouvernait jadis elle-même sous des formes républicaines. Il sort de ses fabriques des indiennes imprimées, des toiles peintes, des mouchoirs, des rubans, de la bonneterie, des cuirs, des maroquins et des draps. On y voit aussi depuis peu des manufactures de machines en fer; sa population est d'environ dix mille ames. Celle de Colmar, chef-lieu du département, va de quinze à seize mille.

Cette dernière ville a peu d'édifices publics, mais ses manufactures la rendent très-importante. Outre les divers articles qu'elle exporte, et qui sont les mêmes que ceux de Mulhausen, elle expédie des denrées coloniales, et principalement des pâtés de foie gras que les amateurs de bonne chère préfèrent à ceux de Strasbourg. Tous les environs de Colmar sont couverts d'usines, de forges, de manufactures de toute espèce.

Les plus beaux établissemens de mines se voient à Giromagny et à Sainte-Marie : on en tire de l'argent, du plomb et du cuivre. Sainte-Marie a une jolie manufacture de guingams; c'est un gros bourg qui appartient moitié à l'Alsace et moitié à la Lorraine.

Le département du Haut-Rhin, dit Dorville, est presque partout couvert de montagnes : les derniers chaînons du Jura s'y unissent aux Vosges. Les hommes qui les habitent se montrent très-attachés aux usages de leurs pères : il les conservent jusque dans la manière de se vêtir et de meubler leurs maisons; les habitans de la plaine semblent mettre plus de prix aux commodités de la vie.

Dans le Bas-Rhin que nous allons voir, la scène s'anime davantage; nous trouverons un peuple très-laborieux, forçant le sol à produire partout où cela n'est pas impossible, ou se livrant au travail des manufactures. Aussi nous verrons de tous côtés des champs couverts de blé, de tabac, de colza, de garance; des vignes, des bois et des prairies, ou des forges, des usines, des fonderies et des carrières qu'on exploite, ou bien encore des manufactures d'étoffes de laine, de cotonnades, de toiles. Pour suffire aux besoins de la culture des terres, de l'exploitation des mines, et de l'industrie manufacturière, ce département a près de cinq cent cinquante mille individus.

Le soleil était près de se coucher lorsque nos voyageurs découvrirent Strasbourg. Depuis long-temps la superbe flèche de la cathédrale, frappée des rayons du soleil, brillait dans les airs, et annonçait la ville. Ce monument que j'ai vu et admiré plusieurs fois, dit Dorville, que demain nous admirerons ensemble, est, après les pyramides d'Égypte, le plus haut de l'univers; la croix de pierre qui la termine s'élève à plus de 440 pieds. Figure-toi un pavillon dont la base est à 150 pieds au-dessus du sol, flanqué de quatre tourelles, ou plutôt de quatre escaliers en spirale, supportés par des pilliers extrêmement déliés, hauts de 150 pieds, et tout percés à jour. Ces tourelles se terminent par des chapiteaux; au-dessus de ces chapiteaux, la tour, de carrée, devient pyramidale, et, s'amincissant par degrés, partout percée à jour et découpée comme de la dentelle, se termine par une pointe qui supporte le bouton octogone, base de la croix de pierre.

La cathédrale fut commencée l'an 1015; le portail et la tour ne datent que de l'an 1276; celle-ci ne fut achevée qu'en 1439. L'horloge placée dans le bas côté de l'église peut être regardée comme un chef-d'œuvre de mécanique. Elle marquait les jours, les heures, les minutes, les mois, les mouvemens des corps célestes; une infinité de petites figures indiquaient le temps par leurs gestes ; cette machine très-compliquée s'est dérangée depuis long-temps.

Strasbourg est une ville fort ancienne, elle existait avant l'invasion des Romains ; Drusus la fit fortifier pour la garantir de l'irruption des Germains, ce qui ne put la défendre contre Attila. Reconstruite par Clovis, elle reprit peu à peu de l'importance, et devint dans le moyen âge, ville libre et impériale ; Louis XIV s'en rendit maître en 1681, et depuis cette époque elle n'a cessé d'appartenir à la France. Ce prince en fit augmenter les fortifications, et chargea Vauban d'y construire une citadelle.

Tu verras une ville très-irrégulièrement bâtie, des rues obscures et des maisons délabrées ; d'autres rues très-larges, ornées de beaux hôtels, des édifices mesquins et des bâtimens modernes où se déploie tout le luxe de l'architecture, de vastes places publiques, une école d'artillerie, une fonderie de canons, un jardin de botanique, un musée, une école de droit, une école de médecine, des églises catholiques, des temples protestans, des synagogues juives; des promenades nombreuses, des bibliothèques publiques, plusieurs ponts sur l'Ill qui la traverse ; mais tu admireras le beau pont sur le Rhin, tout construit en charpente de chêne, et qu'on peut démonter et remonter au besoin en deux ou trois jours. Le mausolée du maréchal de Saxe, dans le temple de Saint-Thomas, attirera aussi tes regards : c'est l'un des chefs-d'œuvre de Pigale. Dans la sacristie de ce temple nous verrons les cercueils vitrés qui renferment deux momies du moyen âge, découverts en 1802, et qu'on croit être celles d'un prince allemand et de sa fille.

Kléber, Desaix, Kellermann, étaient alsaciens. La moitié des habitans de Strasbourg, dont on porte le nombre à cinquante-deux mille, parlent la langue allemande, et l'on trouve en eux les goûts, les mœurs, les habitudes de l'Allemagne. L'ancien évêque de Strasbourg, seigneur suzerain d'une vingtaine de villages et maître de plusieurs châteaux forts, tant dans l'Alsace qu'au-delà du Rhin, jouissait de quinze cent mille livres de rente. Les chanoines de la cathédrale n'étaient admis dans le noble chapitre qu'après avoir fait preuve de la plus haute extraction. Strasbourg a perdu son riche prélat et ses chanoines titrés, mais elle fait un grand commerce qu'alimentent en partie ses propres manufactures et ses nombreux ateliers ; on y fabrique des toiles, des cotonnades, des lainages, des ouvrages d'orfévrerie, de serrurerie, etc.

Nos voyageurs passèrent trois jours à Strasbourg. Dorville crut pouvoir se dispenser de voir Saverne, Haguenau, Wissembourg, Schelestadt, Klingenthal, petites villes de cinq à six mille ames qui n'offrent rien de bien remarquable, excepté peut-être la source de poix liquide de Haguenau, les eaux minérales de Schelestadt, et la fabrique d'armes blanches de Klingenthal. Ce département contient d'ailleurs des grottes, des lacs, des cascades, des points de vue admirables ; mais les deux frères avaient déjà tant vu de merveilles de ce genre, qu'ils résolurent de poursuivre sans délai leur voyage, en se dirigeant sur la Lorraine.

Avant de quitter Strasbourg, la lettre d'Alfred pour sa mère fut mise à la poste. Avec la prolixe abondance d'un jeune homme, il rendait compte de tout ce qu'il avait vu, de tout ce qu'il avait ressenti. Son frère lui fit là-dessus quelques observations qui plus tard lui servirent à resserrer ses pensées dans un style précis, mais il ne voulut rien changer à la rédaction de la lettre, dont nous allons extraire quelques passages.

« Lons-le-Saulnier, patrie du général Lecourbe, m'a paru importante à cause de ses salines ; mais il me tardait d'en sortir pour aller voir les sources de la Seille qui jaillit des flancs d'un rocher et tombe au fond d'un abîme. En passant à Saint-Arnoud j'ai appris qu'aux premiers jours du carême, les jeunes gens parcouraient la campagne pendant la nuit, portant dans leurs mains des torches allumées, et, suivant mon frère, c'est là un reste des anciennes fêtes qu'on célébrait en l'honneur de Cérès cherchant Proserpine sa fille. Le costume des habitans m'a frappé : les hommes portent tous des tabliers de peau suspendus au cou et attachés autour du corps par une ceinture ; les femmes ont des robes d'étoffe bleue, garnies par le bas et sur les paremens de galons de laine ou de soie ; elles mettent par-dessus leur bonnet un tout petit chapeau de feutre noir attaché avec des rubans aussi noirs.

» J'ai vu près des bords de l'Ain les ruines du château d'Oliferne, autour duquel rôdent sans cesse des revenans, à ce qu'assurent les paysans qui n'en parlent pas sans frémir. J'ai vu aussi les ruines de la féodale abbaye de Saint-Claude dont les abbés traitaient, dit-on, les paysans comme de véritables esclaves. Ces paysans, libres aujourd'hui, font des jouets d'enfant : j'en ai trouvé dans le nombre, de fort jolis, que j'aurais achetés je crois pour mon compte, si je n'avais craint les plaisanteries de mon sage mais bien aimable et bien tendre frère.

» Les revenans ne visitent pas seulement le château d'Oliferne; ils habitent aussi les tours du château ruiné d'Arbois, depuis qu'une comtesse de Bourgogne, Mahaut d'Arbois, ne pouvant nourrir tous les pauvres paysans qui lui avaient demandé asile dans un temps de famine, prit l'ingénieux parti de les renfermer tous dans une grange et de les y brûler vifs. Le fameux Pichegru était de la petite ville d'Arbois. A deux lieues de là j'ai remarqué beaucoup de débris antiques. On voit près de Poligny deux grosses pierres qui servirent aux Druides, et, qui une fois tous les ans, dans la nuit de Noël, tournent toutes seules sur elles-mêmes. Mais c'est à Dôle, sur la rive du Doubs, que nous avons rencontré mon frère et moi, des restes nombreux d'antiquités romaines. Parmi ses édifices modernes, j'ai remarqué la prison, dont l'extérieur beaucoup trop orné m'a semblé contraster singulièrement avec un tel séjour.

» Une belle route qui remonte vers le nord avec le Doubs, laisse à droite la chaîne du Jura et traverse une belle plaine, fertile et populeuse, nous a conduits à Besançon, que César appelle *Vesantio*. Cette ville, que les Romains se plurent à fortifier et à orner, fit long-temps partie du duché de Bourgogne; elle était ville impériale et libre quand Louis XIV s'en empara. Elle est située sur les deux rives du Doubs, entre trois montagnes, dont les cimes toutes hérissées de retranchemens, font de cette ville, avec la citadelle et le fort Griphon, l'une des plus fortes places du royaume. Je ne parle pas des édifices modernes de Besançon; beaucoup d'entre eux figureraient très-bien à Paris; j'ai surtout remarqué sa belle bibliothèque où l'on compte, dit-on, cent-vingt mille volumes, et ses nombreux ateliers, qui procurent l'aisance à trente mille habitans. On fabrique principalement de l'horlogerie, de la bonneterie en fil et en soie, des tapis, des fils de fer et d'acier, et depuis quelques années des ouvrages en fer creux, tels que grilles, balcons, balustrades, etc. C'est là une découverte du plus haut intérêt; car les fers creux offrent une économie des deux tiers, et, à très-peu de chose près, autant de solidité que les fers pleins. J'ai assisté avec mon frère à plusieurs expériences, d'où il est résulté qu'un tube de neuf lignes de diamètre, et de moins d'une ligne d'épaisseur, offrait autant de résistance qu'un barreau massif de huit lignes de diamètre. Seulement il faut que le tube creux soit plein d'un mastic très-adhérent qui préserve l'intérieur de le rouille.

» En faisant nos excursions accoutumées autour du chef-lieu, nous nous sommes convaincus que la plus grande partie du Doubs est couverte de montagnes et de rochers; que ces montagnes, qui ne s'élèvent guère au-dessus de sept à huit cents toises, ont beaucoup de pâturages, de plantes médicinales, de sapins et d'autres bois résineux, d'eaux minérales et de fontaines abondantes d'une eau fort légère. Nous avons traversé de riantes vallées, et des gorges profondes qui paraissent d'abord inaccessibles; nous avons franchi des précipices, admiré des cascades, examiné en détail des forges, des moulins, des usines de toutes sortes; nous avons pénétré dans des grottes qui, par la variété des formes des concrétions qu'elles renferment, m'ont rappelé celles d'Arcis : jusqu'à la salle qui sert de retraite aux chauves-souris, tout m'y a paru semblable. Les plus curieuses de ces grottes sont celles d'Osselles et de Chenecey. On prétend qu'au fond de cette dernière, il y a une forêt pétrifiée; mon frère en doute fort.

» Je n'ai fait que passer à Montbéliard, peuplé d'environ quatre mille habitans. Je n'y ai rien vu de remarquable, mais je me suis senti tressaillir en pensant que c'est là que reçut le jour l'un des plus savans hommes du monde, Cuvier, dont j'ai suivi quelques leçons. Parlerai-je maintenant du saut du Doubs qui tombe en écume du haut d'un rocher perpendiculaire, à quatre-vingts pieds de profondeur? Parlerai-je de la fontaine Ronde qui naît au milieu d'une verte prairie, et offre constamment le même phénomène que les marées, s'élançant du sein de la terre par d'innombrables jets, et ne donnant ensuite qu'un simple filet d'eau qui bientôt redevient torrent, qu'au bout de quelque temps on voit près de tarir pour s'enfler de nouveau? Tout cela me ravissait d'aise et d'étonnement : eh bien! ces bons francs-comtois, ils allaient, ils venaient, ils passaient, repassaient, et ils ne voyaient pas ce beau travail de la nature.

» Nous ne sommes entrés dans la Haute-Saône que pour voir le Frais-Puits et les grottes d'Echenos, car ces petites villes offrent peu d'attrait aux voyageurs. Vesoul, la principale, siége de la préfecture, compte à peine six mille habitans, et ni ses campagnes, ni ses édifices n'appellent l'attention. Gray sur la Saône a mille habitans de moins, mais elle est plus commerçante; elle exporte des grains et des farines. Luxeuil a des eaux thermales; les Romains y avaient construit des salles de bain, dont les ruines subsistent encore. Des pilastres qu'on en a détachés décorent la façade de l'Hôtel-de-Ville. Partout le sol est coupé de collines et de montagnes, de bois et de pâturages; on y trouve des mines de fer, de la houille, du marbre, de l'albâtre et du granit. Ses forges, ses fonderies, ses verreries, ses papeteries, occupent une partie de la population; l'autre se livre à la culture de la terre et à l'éducation des troupeaux.

» Le Frais-Puits est une large fosse de douze à quinze toises d'ouverture; sa forme intérieure est celle d'un cône renversé. Au fond de ce cône est une fente de rocher par laquelle s'échappe un mince filet d'eau. Quand il a plu deux ou trois jours, cette source devient si abondante qu'elle s'élève à plus de vingt pieds de hauteur, sort comme un torrent et inonde toute la vallée, jusqu'à ce qu'elle tombe dans la Saône après un cours de deux lieues.

» La grotte d'Échenos renferme une grande quantité d'ossemens d'animaux, dont il paraît que les espèces sont perdues. Non loin de là se trouvent beaucoup de ruines d'anciens édifices romains et même gaulois. »

CHAPITRE XI.

MOSELLE, MEUSE, MEURTHE, VOSGES, OU LORRAINE, HAUTE-MARNE, AUBE, MARNE, ARDENNES, OU CHAMPAGNE; NORD OU FLANDRES; PAS-DE-CALAIS OU ARTOIS; SOMME, AISNE, OU PICARDIE; OISE, SEINE-ET-MARNE, ILE de FRANCE; LOIRET, EURE-ET-LOIR, ORLÉANAIS.

Nos voyageurs entrèrent par Sarreguemines dans le département de la Moselle, formé d'une partie de l'ancienne province des Trois Evêchés, Metz, Toul et Verdun et d'une partie de la Lorraine proprement dite. Ce pays qui dépendit long-temps du domaine de nos anciens rois, avait été annexé à l'Allemagne avec une portion de l'ancienne Austrasie; il redevint français en 1648. Ce département produit des grains, des fruits et des fourrages; ses coteaux sont plantés en vignobles, ses rivières sont poissonneuses, ses marais ont été défrichés et livrés à l'agriculture, mais les principales branches de son industrie se rapportent à l'exploitation des mines.

Les deux frères s'arrêtèrent quelque temps à Sarreguemines pour visiter la belle manufacture où l'on fabrique une espèce de porcelaine rouge, qui paraît être la même matière que celle des vases étrusques, et un porphyre artificiel qui n'est pas moins beau que le véritable porphyre; nous avons vu aux dernières expositions des candelabres magnifiques de ce porphyre. A très-peu de distance, Bitche, petite place forte, a des ateliers où l'on travaille le fer et l'acier. Entre ces deux places sont plusieurs villages dont toute l'industrie consiste à faire des tabatières de carton vernissé. On assure que le département expédie tous les ans cent mille douzaines au moins de ces tabatières.

Arrivés à Metz, nos voyageurs employèrent un jour à voir les fortifications que ceignent les divers bras de la Moselle, les vastes casernes, l'école d'application de l'artillerie et du génie; la cathédrale gothique dont le beau clocher s'élève à une hauteur d'environ quatre cents pieds, et supporte une cloche du poids de vingt-six mille livres, laquelle, dit-on, s'entend de deux lieues; l'hôtel de la préfecture; la bibliothèque publique de trente mille volumes, beaucoup plus nombreuse même suivant les habitans; les arsenaux, le collége, l'hôpital militaire, etc. Les nombreuses fabriques de cette ville, commerçante et populeuse quoiqu'elle soit place de guerre, attirèrent aussi leur attention.

Patrie du maréchal Fabert, de l'aéronaute Pilatre du Rozier et du fameux Custine, Metz a une population d'environ quarante-six mille ames. Elle a peu de restes d'antiquités, bien que les Romains y aient fait un long séjour. Seulement on fait voir dans la cathédrale une très-belle cuve de porphyre qui sert de fonts baptismaux et qu'on prétend avoir été baignoire de Jules-César.

Thionville où nos voyageurs firent une courte excursion, est une petite ville de six mille ames, assez bien bâtie, et pourvue de fortifications excellentes. On se souvient qu'au commencement de la révolution elle soutint contre les Prussiens et les Autrichiens un siége honorable, que les ennemis furent obligés de lever.

Une autre excursion à deux lieues de Metz leur fit voir les restes d'un superbe aqueduc, construit sous le consulat de Drusus, pour conduire les eaux de Gorze à la Neumachie de Metz. Cet aqueduc avait plus de onze mille toises de long; il traversait sur des arcades, dont quelques-unes hautes de soixante pieds subsistent encore, la vallée de Joui qui a 547 toises de largeur. Celle de l'aqueduc était partout de deux pieds huit pouces.

Le département voisin de la Meuse n'a que de petites villes; nos voyageurs n'y séjournèrent point. Montmédy, Stenay, importantes comme places fortes, n'ont rien de remarquable sous le rapport des arts ou de l'industrie. Sur la route de Verdun ils virent Varennes, où fut arrêté l'infortuné Louis XVI. Verdun, que la Meuse traverse, eut moins de gloire que Thionville. Bombardée par les Prussiens, elle ouvrit ses portes, et les partisans de l'ancien régime, regardant ces étrangers comme des amis sincères, envoyèrent leurs filles offrir des fleurs et des fruits au roi de Prusse. Quand les Français eurent repris Verdun, ces jeunes filles furent envoyées à l'échafaud.

Bar-le-Duc sur l'Ornain, chef-lieu du département, s'élève en amphithéâtre sur une petite éminence. Ses habitans, au nombre d'environ treize mille, sont industrieux et actifs. Ils fabriquent des toiles de coton, font d'excellentes confitures, et reçoivent des Vosges les planches de sapin et de chêne qu'ils expédient à Paris par l'Ornain et la Marne. Dorville et Alfred allèrent voir à l'église Saint-Pierre un morceau de sculpture dont le sujet est hideux, mais dont l'exécution est d'autant plus admirable qu'il est l'ouvrage d'un paysan nommé Richier. On dit à la vérité que Michel-Ange, ayant rencontré ce paysan, l'avait emmené à Rome et lui avait donné quelques leçons. Quoi qu'il en soit, ce morceau représente un cadavre rongé par les vers.

Saint-Michel, sur la Meuse, a huit mille habitans qui trafiquent en dentelles, en linge de table, en papier et en grains. L'église de Saint-Étienne renferme le pendant de squelette du Saint-Pierre de Bar; c'est un groupe de plusieurs figures autour du sépulcre de J. C. On l'attribue au même Richier.

Le brave Chevert, qui de simple soldat devint lieutenant-général, Oudinot, que Napoléon fit monter encore plus haut, le savant bénédictin

Dom Calmet sont tous nés dans le département de la Meuse.

Le sol de la Meurthe paraît plus fertile que celui de la Meuse et des Vosges; il doit cet avantage aux efforts de ses habitans, mais il est douteux que ces efforts soient couronnés d'un succès bien réel. On a fait des prairies artificielles, mais le bétail ne s'est point amélioré; on a planté beaucoup de vignes, mais le vin qu'elles donnent est d'une qualité médiocre. Les produits les plus estimés de la contrée, ce sont les bois, le lin, le chanvre, les grains et les fruits. Il ne faut pas omettre les salines, dont quelques-unes, exploitées pour compte du gouvernement, rendent des sommes très-considérables. La saline de Dieuze passe pour la plus belle de l'Europe. Vic a une mine très-riche de sel gemme.

Avant d'arriver à Nancy, nos voyageurs passèrent à Pont-à-Mousson, petite ville assez bien bâtie peuplée de près de sept mille habitans; ils y virent ses deux fabriques de sucre de betterave en plein rapport, et ses filatures de coton qui occupent un grand nombre d'ouvriers.

Nancy, capitale de la Lorraine et siége de la préfecture du département de la Meurthe, est une des villes les mieux bâties de France. Ceci pourtant, dit Dorville à son frère, ne doit s'entendre que de la ville neuve, ouvrage de Stanislas qui, à la place du trône de Pologne, reçut par un traité le duché de Lorraine, réversible à la France après sa mort. La ville vieille n'est qu'un amas de maisons sans apparence, jetées pour ainsi dire au hasard sur le sol ; mais la ville neuve a des rues très-belles, tirées au cordeau, et aboutissant à la grande place qu'ornent des fontaines de marbre et de superbes édifices. Les restes du prince bienfaisant à qui Nancy doit et ses embellissemens et ses institutions utiles, furent déposés chez les Franciscains, dans un mausolée, chef-d'œuvre de Girardon. Après la seconde invasion, en 1815, ils ont été transportés en Pologne.

Avant la révolution, continua Dorville, Nancy n'était guère habité que par des rentiers ou des gens pensionnés par la cour ; maintenant que le nombre des grands propriétaires a diminué, le commerce a ouvert aux habitans d'autres chemins pour aller à la fortune. Ils fabriquent des lainages, des étoffes de coton, de la faïence, du savon, des chandelles ; ils trafiquent aussi en graines et en vins. Cette ville a produit plusieurs hommes qui se sont illustrés dans les arts, dans la littérature, et dans la carrière militaire : le graveur Callot, le peintre Isabey, le père Maimbourg, St-Lambert, Palissot, Chompré, madame de Graffigny, les maréchaux Bassompiere et Serrurier, le ministre Choiseul, le général d'artillerie Drouot.

De Nancy nos voyageurs se rendirent à Lunéville, ancienne résidence de Stanislas, qu'il embellit d'un grand nombre de monumens. Nos voyageurs ne purent voir l'intérieur de l'ancien château dont on a fait une caserne de cavalerie; mais ils visitèrent l'église, le Champ-de-Mars, et surtout le manége couvert qui a trois cents pieds de long sur quatre-vingts de large, et dont la magnifique charpente en châtaignier n'a point de supports intérieurs. L'église renferme le tombeau de la marquise du Châtelet, célébrée par Voltaire. C'est dans Lunéville que fut conclu en 1801 le fameux traité par lequel les puissances belligérantes se dédommagèrent aux dépens de l'Italie et de l'Allemagne, de tout ce qu'elles prétendaient avoir perdu.

En entrant dans les Vosges, nos voyageurs s'arrêtèrent au village de Domremy, patrie de cette Jeanne d'Arc qui releva le sceptre de Charles VII, rendit aux Français le courage et l'espérance, fixa la victoire sous l'oriflamme, et, lâchement abandonnée de ceux qu'elle avait sauvés, périt par le supplice barbare que l'ignorance et la superstition infligeaient aux *sorciers*.

On voit encore à Domremy, près de l'église, la maison où Jeanne d'Arc reçut le jour; elle ne se distinguait des autres, il y a quelques années, que par un écusson placé au-dessus de la porte, et dans lequel on représentait l'héroïne couverte de son armure. Un anglais offrit six mille francs d'une chaumière qui tombait en ruines; il l'aurait transportée en Angleterre; on s'aperçut alors que cette chaumière était de quelque prix, et elle devint propriété nationale. Louis XVIII donna une somme à la commune pour restaurer la maison, et ériger un monument en l'honneur de celle qui l'avait habitée. La maisonnette fut restaurée, et au milieu d'une place dont elle fait le principal ornement, on a construit une fon-fontaine que surmonte le buste de Jeanne.

Après avoir payé à la libératrice de son pays le tribut de respect et d'admiration qui lui est dû, les deux frères continuèrent leur route, entrèrent dans la petite ville de Neufchâteau, où la Meuse qui avait disparu sous terre à quelque distance, se montre de nouveau, et forme devant les jardins de l'hôpital un vaste bassin d'où elle reprend son cours. Ils apprirent à Neufchâteau qu'il existait à Gran, éloigné de cinq ou six lieues, des restes considérables de monumens et d'édifices romains, tels que le camp de Julien, une voie romaine, un amphithéâtre, des colonnes, des conduits souterrains. Comme le temps ne leur permettait pas de s'y rendre, ils suivirent leur route vers Épinal, siége de la préfecture. C'est une ville de huit ou neuf mille ames, qui possède quelques fabriques, principalement des papeteries, et d'assez belles promenades.

Les autres villes du département sont peu importantes, à l'exception néanmoins de Mirecourt, peuplée de cinq à six mille ames et fameuse par les instrumens de musique qui sortent de ses ateliers.

Le département des Vosges se compose en partie de plaines fertiles ; tout le reste est couvert de montagnes dont le sol rocailleux résiste à la culture ; mais elles contiennent beaucoup de mines que les habitans savent exploiter ; des carrières de marbre, de granit, d'ardoises; des sources d'eaux minerales, du sel gemme, des pâturages abondans. Les eaux de Plombières jouissent d'une grande célébrité ; aussi attirent-elles non-seulement des malades, mais encore beaucoup de curieux. Les uns et les autres y trouvent des promenades superbes et des logemens commodes.

Des eaux de Plombières, nos deux voyageurs gagnèrent celles de Bourbonne-les-bains dans la Haute-Marne. La ville est petite et mal bâtie, mais on admire le vaste et superbe établissement d'eaux minérales, auquel est annexé un hôpital militaire de cinq cents lits. La température des eaux est de 30 à 48 degrés; elles sont efficaces contre certaines maladies, et pour la guérison des blessures. De là, ils prirent le chemin de Langres, patrie de Diderot, ville célèbre par sa coutellerie, qui, sous le rapport de la solidité, rivalise avec la coutellerie anglaise. Cette ville, extrêmement ancienne, est la plus grande et la plus peuplée du département, bien qu'elle n'ait qu'une sous-préfecture. Les Romains l'occupèrent pendant long-temps, et ce Julius Sabinus que les légions révoltées avaient proclamé empereur sous le règne de Vespasien, était de Langres, ainsi que sa femme Éponine, dont le supplice inutile est une tache à la mémoire de ce prince. Plus tard, Langres fut ruinée par Attila et ensuite par les Vandales, qui laissèrent pourtant subsister l'arc de triomphe de Constance-Chlore. Elle renferme aujourd'hui des établissemens utiles et de beaux édifices; sa bibliothèque publique se compose de trente mille volumes; sa promenade offre un superbe coup-d'œil sur les environs de la ville, et sa population est d'environ huit mille ames.

Chaumont, siége de la préfecture, n'en a guère que sept mille, mais la ville est jolie et heureusement située sur le penchant d'une colline, au bord de la Marne. Ce fut dans ses murs qu'en 1814 les ministres de Russie, de Prusse, d'Autriche et d'Angleterre renouvelèrent leurs traités pour la ruine de Napoléon. Ses fortifications ont été réparées sous la restauration. Chaumont a vu naître le célèbre sculpteur Bouchardon.

En prenant leur direction par Troyes, nos deux voyageurs remontèrent jusqu'à Joinville. Ils visitèrent le château qui vit naître le compagnon et l'historien de Saint-Louis, et qui plus tard fut le berceau du fameux cardinal de Lorraine, provocateur odieux de la Saint-Barthélemi. Ils laissèrent à leur droite, à deux lieues de Joinville, la petite ville de Vassy, où, en 1562, les gens du duc de Guise massacrèrent les protestans rassemblés dans une grange pour y célébrer les cérémonies de leur culte, et la ville de St-Dizier sur la Marne, là où cette rivière commence à être navigable. C'est à Saint-Dizier qu'on embarque pour Paris les fers en barre et les tôles que fournissent les forges de la Haute-

Marne, ainsi que les bois de construction et de charpente de ses forêts.

La première ville que nos voyageurs rencontrèrent en s'éloignant de la Haute-Marne, fut celle de Bar-sur-Aube, située dans une belle vallée, où le 7 février 1814, quinze mille Français battirent complètement quarante mille Austro-Russes. A quelques lieues au-dessous de Bar, Dorville, apercevant le château de Brienne, fit remarquer à son frère le lieu où Napoléon avait reçu les premières leçons de cet art où bientôt il laissa tous ses maîtres si loin derrière lui. L'école militaire de Brienne a été supprimée par la restauration.

Troyes, capitale de la Champagne, aujourd'hui siége de la préfecture de l'Aube, est située dans une plaine vaste et fertile que la Seine arrose. Cette ville est mal bâtie, elle a des rues tortueuses et sombres, et la plupart de ses maisons sont en bois, ce qui l'expose à de fréquens incendies. On y voit pourtant quelques beaux édifices : la cathédrale, l'église Saint-Martin, l'Hôtel-de-Ville, dû à Mansard. La bibliothèque publique se compose de plus de cinquante mille volumes et de cinq mille manuscrits. La salle de spectacle est belle; les promenades autour de la ville sont très-agréables, et le bâtiment qui enferme les boucheries est construit de telle manière, les courans d'air y sont si bien ménagés, que les mouches, dit-on, n'y entrent jamais, ce qui n'est pas un mince avantage.

Ce fut dans cette ville que, le 21 mai 1440, le roi d'Angleterre, Henri V, célébra son mariage avec Catherine de France, fille de Charles VI. Par le traité qui se fit à cette occasion, ce dernier s'engageait à reconnaître pour son suserain le roi d'Angleterre. Heureusement, Charles VII ne tint pas l'engagement de son père. La population de Troyes est d'environ quarante mille ames; elle était plus forte d'un tiers sous Henri IV. Le pape Urbain IV était fils d'un cordonnier de Troyes. Le spirituel et caustique Grosley était aussi de cette ville.

Le département de l'Aube comprend, à l'est et au sud, cette portion de la Champagne qu'on appelait autrefois *Champagne pouilleuse*, où le sol n'est qu'un fond de craie blanche que recouvrent à peine deux ou trois pouces de terre végétale. Vers le nord, la contrée s'améliore, et la vigne est cultivée avec succès. On y recueille, outre le vin, des grains, du lin, du chanvre, du foin qu'on expédie jusqu'à Paris, et de la navette dont on fait de l'huile. La pierre à bâtir y est rare, et c'est pour cette raison que presque toutes les maisons sont en bois. C'est des environs de Troyes qu'on tire une terre argileuse qu'on emploie pour les creusets. Qaant à la craie de la Champagne pouilleuse, on en a fait, sous le nom de *blanc d'Espagne*, un article important d'exportation.

Cette contrée avait autrefois un grand nombre d'abbayes : celle de Clairvaux, principale maison de l'ordre des Bernardins, à laquelle se trouvaient affiliés plus de huit cents monastères, tant en France qu'à l'étranger ; celle de Sellière, où Voltaire fut inhumé, et d'où ses restes ont été transportés au Panthéon ; celle du Paraclet, fondée par Abélard, et par lui donnée à Héloïse, qui, du vivant même du donateur, y fut la première abbesse d'une communauté religieuse, qui a subsisté jusqu'au dix-huitième siècle. Après la suppression du Paraclet, où cette femme célèbre avait établi une règle très-austère, son tombeau et celui d'Abélard furent transportés à Nogent, et de là au Musée des monumens français ; ce ne fut qu'en 1817 qu'on les plaça au cimetière du Père Lachaise.

Châlons, où nos voyageurs se rendirent en sortant de Troyes, est le chef-lieu du département de la Marne, bien que, sous tous les rapports, cette ville soit inférieure à celle de Rheims, qui n'est qu'une sous-préfecture du même département. Châlons a des rues étroites et des maisons de bois, sauf quelques exceptions ; elle a néanmoins quelques édifices dignes d'être visités. L'hôtel-de-Ville, dont quatre lions semblent garder l'entrée ; la cathédrale, l'église Notre-Dame, le pont sur la Marne, la Préfecture, la bibliothèque, de trente mille volumes, les promenades ont de quoi répondre à l'attente des voyageurs ; mais son principal établissement consiste en une école des Arts et Métiers, où trois cent cinquante élèves sont instruits et entretenus aux frais de l'État. La population de la ville s'élève à douze mille ames.

Ce fut dans les plaines de Châlons, dit Dorville à son frère, que l'empereur Aurélien défit son compétiteur Tétricus, que l'armée des Gaules avait proclamé empereur, et qu'environ deux siècles plus tard, en 451, les Francs, les Romains, les Bourguignons et les Goths réunis contre leur ennemi commun, défirent les hordes sauvages d'Attila.

La ville de Rheims où nous arriverons ce soir, continua Dorville, située sur la rive droite de la Vesle, au milieu d'une vallée qu'entourent des monticules chargés de vignes, était célèbre par ses écoles, dès les temps d'Adrien. Les empereurs l'avaient embellie d'arcs de triomphe, de temples, d'amphithéâtres; on en voit encore quelques restes. La ville moderne a des rues larges, des maisons bien construites, de beaux monumens tant sacrés que profanes, des manufactures nombreuses et elle fait un commerce considérable.

La cathédrale, bel édifice gothique, décoré de deux tours artistement travaillées, et orné d'un portail qu'on regarde comme le plus beau qu'il y ait en France, a toujours servi depuis Clovis à la cérémonie du sacre. On y admire la hardiesse des voûtes, la beauté des vitraux de couleur, et un tombeau de marbre blanc renfermant les restes de Jovinus qui de simple citoyen de Rheims devint consul de Rome en 366. Avant de quitter Rheims, nos voyageurs allèrent à Épernai qui en est peu éloigné, et qui est connu par ses vins et ses caves souterraines, taillées dans la craie. On y voit des bouteilles rangées par milliers.

Les Ardennes présentent presque partout un aspect agreste; des districts entiers sont couverts de bois ou de pâturages. D'autres offrent des carrières d'ardoise, de marbre ou de pierre à bâtir, ou bien des mines qui fournissent un fer qu'on façonne en outils de labourage ou en armes blanches. Mais l'objet le plus important pour le pays, c'est la tonte des brebis, dont la la laine très-fine donne la matière de ces beaux draps de Sédan si recherchés, non seulement en France mais encore chez tous nos voisins.

Sédan sur la Meuse est une place forte, clef de nos frontières septentrionales. La ville, peuplée d'environ quatorze mille ames, est percée de rues droites, larges, formées de belles maisons; elle a un beau pont, un arsenal où l'on conserve les armures de plusieurs de nos vieux guerriers, et un château dans lequel Turenne reçut le jour. Cette ville fut cédée à la France par le duc de Bouillon en 1642.

De Sédan, nos voyageurs gagnèrent Mézières, petite ville de quatre mille habitans, et siége de la préfecture, ce qu'elle doit sans doute à sa citadelle qui n'a jamais été prise. Charles-Quint ne put s'en rendre maître, bien qu'il en fît le siége en personne et qu'il eût sous ses ordres une armée nombreuse; mais elle était défendue par Bayard.

Ce fut à ce siége que les Espagnols, dit-on, firent usage des premières bombes, en 1521 ; mais il paraît que les Maures s'en étaient déjà servis en Espagne au siége d'Algéciras.

Charleville beaucoup plus considérable que Mezières n'en est séparée que par un pont sur la Meuse et une promenade assez courte. Les rues de Charleville sont tirées au cordeau, et les principales aboutissent à une grande place centrale entourée d'arcades et ornée d'une fontaine en marbre. Dorville et son frère visitèrent sa fonderie de canons, sa bibliothèque et son cabinet d'antiquités. Ils prirent ensuite la route de Rocroi, où le duc d'Enghien, plus connu sous le nom de grand Condé, battit complètement, en 1643, l'armée espagnole de beaucoup supérieure à la sienne.

Les quatre départemens que nous venons de visiter, dit Dorville, la Haute-Marne, l'Aube, la Marne et les Ardennes, forment l'ancienne Champagne, qui eut ses comtes souverains jusqu'en 1274. A cette époque, Philippe-le-Bel la réunit à la couronne, en épousant Jeanne de Navarre, fille unique de Henri III, comte de Champagne et roi de Navarre. La contrée que nous allons parcourir maintenant se compose de la Flandre française, et de la partie du Hainault qui fut cédée à la France par le traité des Pyrénées. Elle est toute hérissée de forteresses, ce qui ne l'empêche pas d'être commerçante, riche et populeuse. De tous les côtés tu verras les terres cultivées, des champs couverts de grains, de lin, de houblon, de colza, de chicorée, des bestiaux paissant dans les prairies, des carrières de houille qu'exploitent des centaines d'ouvriers, des usines, des moulins à moudre le grain, d'autres à extraire l'huile de colza, des ateliers où se tissent toutes les toiles depuis la toile à voiles jusqu'à la batiste; des femmes faisant de la dentelle ou s'occupant des soins de leurs ménage; lavant le devant de leur maison, couvrant d'un sable fin le parquet des appartemens. En un mot, tous ici s'occupent, tous travaillent; aussi l'industrie y est-elle poussée au plus haut point par l'habitude de faire, et cette industrie entretient l'aisance dans toutes les classes.

Avesnes, est une petite ville très-bien fortifiée, d'environ trois ou quatre mille habitans. Nos voyageurs furent surpris d'y trouver un monument précieux d'architecture gothique, la tour de l'église, haute de 300 pieds et reposant sur quatre piliers. Une très-belle route les conduisit à Maubeuge, ville de six ou sept mille ames, fameuse par ses fabriques d'armes, de clous et de fer fondu, et plus encore par la grande victoire que les Français y remportèrent sur les Autrichiens en 1793. De Maubeuge, ils se portèrent sur Cambrai, en passant par Denain où l'étoile du prince Eugène pâlit devant la fortune de Villars.

Cambrai, le *Camaracum* de César, ancienne métropole des Gaulois, prise par Clodion sur les Romains en 437, située sur l'Escaut, défendue par des remparts et une excellente citadelle, peuplée de dix-huit mille habitans, n'offrit à nos voyageurs que des édifices médiocres; mais quelques objets fixèrent leur attention. Ce fut d'abord l'horloge de l'hôtel-de-ville ; les connaisseurs l'admirent et l'on prétend qu'elle est l'ouvrage d'un berger. La cathédrale vint ensuite; ils y virent le tombeau de Fénélon. Ce monument, détruit à l'époque orageuse où rien n'était respecté, a été réédifié depuis. C'est à Cambrai que le fameux Dumouriez reçut le jour.

Au moment où nos voyageurs allaient monter en voiture pour se rendre à Douai, Bourguignon s'aperçut que les cercles en fer des deux roues, tout-à-fait usés et relâchés, retenaient à peine les jantes : se mettre en route en cet état, c'était s'exposer à un accident fâcheux. Dorville envoya chercher sur le champ des ouvriers ; il s'agissait de mettre des cercles neufs, et cela demandait au moins trente-six heures ; il fallut se résigner. Nous laissions derrière nous Valenciennes, dit-il à son frère ; tandis qu'on raccommodera notre chaise sous l'inspection de Bourguignon, nous en louerons une, et nous irons voir cette ancienne capitale du Hainaut ; Alfred parut très-satisfait de cet arrangement. Trois quarts d'heure ne s'étaient pas encore écoulés que déjà les deux frères se trouvaient sur la route de Valenciennes.

Valenciennes sur l'Escaut, bien que place de guerre, offre un séjour agréable : elle a de grandes places, des rues ouvertes, de beaux édifices, et des promenades délicieuses. Les Autrichiens la bombardèrent en 1793, et en ruinèrent une partie : c'est aujourd'hui le meilleur quartier de la ville. Mais ce qu'Alfred remarquait avec plus d'intérêt, c'était l'activité qui régnait dans toutes les classes, surtout chez les femmes, qu'il voyait travaillant sans relâche à faire de la dentelle, ou à filer le lin pour les fabricans de linons et de batiste. Le chroniqueur Froissard vit le jour à Valenciennes; la tragédienne Duchesnois était des environs.

Nos voyageurs ne pouvaient se trouver si près des mines de houille d'Anzin, les plus considérables du royaume, sans céder au désir de les aller voir de près. Des colonnes de vapeur blanchâtre indiquaient la présence des puits perpendiculaires par lesquels, à l'aide d'un panier et d'un cable, on descend à une grande profondeur; là sont les galeries d'où l'on tire la houille. Le village d'Anzin est très-peuplé, à cause du grand nombre d'ouvriers que ces mines emploient. On a donné aux enfans des mineurs une école d'enseignement mutuel.

Douai n'est pas moins peuplée que Valenciennes : chacune de ces villes compte à peu près vingt mille habitans. Douai a même plus d'étendue que cette population ne le demande. Elle fabrique des gaz, des dentelles, des toiles, de molletons; elle a des raffineries de sucre et de sel, une verrerie, une manufacture de grés.

Comme place de guerre, elle possède une école d'artillerie, un arsenal, une excellente fonderie de canon ; c'est dans cette ville qu'est né le ministre fameux de Louis XVI, Calonne, qui fit ordonner la convocation des notables. Jean de Bologne, élève distingué de Michel-Ange, y prit aussi naissance.

Lille, chef-lieu du département, est une ville presque moderne ; les anciens comtes de Flandre en jetèrent les fondemens vers l'an 1030. Louis XIV s'en rendit maître en 1667 ; reprise en 1708 par le prince Eugène, elle fut restituée à la France à la paix d'Utrecht. Les Autrichiens la bombardaient en 1792, et ils y causèrent beaucoup de ravage, ce qui ne l'empêche pas d'être aujourd'hui une des plus belles villes de France, et de conserver soixante-dix mille habitans. On y voit des rues bien alignées, des maisons élégantes, des hôtels somptueux, de vastes édifices, de riches monumens d'architecture, de grandes places, des promenades qu'ombragent de beaux arbres, des fabriques et des manufactures de toute espèce.

L'enceinte de Lille est très-irrégulière, ce qui tient aux accidens du sol sur lequel elle est bâtie. Vauban répara ses fortifications qu'il flanqua de bastions nouveaux, et il y construisit la citadelle qu'on y voit encore : c'est une des plus belles et des plus fortes de l'Europe. A deux lieues de Lille est Roubaix, ville toute manufacturière, de quinze mille habitans.

Cassel, que nos voyageurs traversèrent en allant à Dunkerque, jolie ville d'environ six mille ames, s'élève sur le penchant de la montagne qui porte le même nom. Ils s'y arrêtèrent le temps de gravir sur le sommet de cette montagne pittoresque, où l'on jouit d'un magnifique spectacle : c'est à la fois la mer et la plaine; la mer, à cinq ou six lieues de distance, toute sillonnée de navires aux voiles blanchâtres enflées par le vent; la plaine, toute couverte de villes, de villages, de maisons de campagne et de bosquets verdoyans. On compte assez distinctement trente-deux villes, plus de cent villages; et quand le temps est clair, vers l'heure où le soleil se couche, on aperçoit au-delà de la mer les tours bleuâtres de Douvres.

Dunkerque, peuplée de vingt-cinq mille ames, est une des villes les mieux bâties de ce département; ses maisons n'ont qu'un étage au-dessus du rez-de-chaussée; elles sont construites en brique, et blanchies au-dehors. Sur la place Dauphine, plantée de beaux arbres, nos voyageurs contemplèrent le buste de Jean Bart, le plus intrépide et le plus célèbre marin de son temps; ils montèrent ensuite sur la tour-de-ville, haute de 250 pieds; de là ils descendirent au port, qui est beau et vaste. La rade, le quai par lequel l'intérieur du port communique avec la ville, les deux bassins de construction, le champ-de-Mars, les magasins de la marine attirèrent tour à tour leur attention. Alfred eut le plaisir de voir réunis des vaisseaux espagnols, anglais, hollandais, danois, norwégiens; cette diversité de costumes, de langages, de mœurs, d'habitudes, a quelque chose qui plaît en agissant fortement sur l'imagination.

De Dunkerque à Calais la distance est courte; les deux frères y arrivèrent vers le milieu du jour. Le port a peu d'étendue; les bâtimens y arrivent par un canal formé par de longues jetées; les rues sont larges et droites; les ramparts plantés d'arbres forment des promenades d'où l'on aperçoit les côtes d'Angleterre. Une citadelle et plusieurs forts servent à la défense de Calais. L'hôtel-de-ville, sur la place d'Armes, a un phare et un beffroi; on y conserve le ballon sur lequel Blanchard arriva de Douvres. L'église a un autel en marbre d'Italie, décoré de statues; cet autel fut sauvé du naufrage d'un bâtiment génois qui périt sur la côte. Calais n'a que huit mille habitans; mais le concours d'anglais que chaque heure y amène, lui donne un air très-vivant; c'est une des sous-préfectures du Pas-de-Calais, lequel se compose de l'ancienne province d'Artois, et de la Basse-Picardie.

A St-Omer dont la population est de vingt-mille ames, nos voyageurs visitèrent les ruines de l'ancienne église de St-Bertin, et dans la cathédrale, les boiseries du chœur, le buffet d'orgues, le tombeau du saint dont la ville porte le nom, et la figure colossale qu'on nomme *le grand dieu de Thérouanne*, et qu'on croit être une ancienne idole transportée de cette dernière ville. Il y avait autrefois aux environs, des marais malsains sur lesquels on voyait des îles flottantes; ces marais desséchés ont été remplacés par le faubourg de Haut-Pont, tout peuplé de bateliers et de jardiniers; ce faubourg et celui de Lizel forment pour ainsi-dire une ville étrangère à St-Omer; leurs habitans n'ont de rapport avec ceux de la ville que pour la vente de leurs légumes.

Boulogne, où les deux frères firent une excursion, leur offrit une ville plus populeuse encore que Saint-Omer, un port agrandi et restauré par Napoléon, de belles promenades, un superbe établissement de bains de mer, un nombre infini de familles anglaises, beaucoup d'activité dans la ville basse, et une colonne en marbre gris de cent cinquante pieds de hauteur, érigée par l'armée à Napoléon, à l'époque où ce dernier menaçait d'invasion l'Angleterre.

En traversant près de Saint-Pol, petite ville renommée par ses brasseries, les plaines funestes d'Azincourt où périt en 1415 l'élite de l'armée française, nos deux voyageurs ne purent se défendre d'un sentiment profond de tristesse; heureusement, ils arrivèrent bientôt après aux champs de Lens, où en 1645, le grand Condé vengea sur les Autrichiens le désastre d'Azincourt.

Arras, située sur la Scarpe, et défendue par une bonne citadelle, ouvrage de Vauban, appartient à la France depuis 1640. C'est le siége de la préfecture, et elle est peuplée d'environ vingt-trois mille ames. La fabrication des dentelles y occupe toutes les femmes; on y fait aussi de très-belles toiles. La campagne des environs produit beaucoup de colza, dont on extrait l'huile sur les lieux mêmes; une fabrique de sucre de betterave emploie trois cents ouvriers; la bibliothèque publique a trente-cinq mille volumes.

Les habitans de ce département ont pour les fleurs un goût qui va jusqu'à la passion, goût innocent qui semble d'abord incompatible avec le goût non moins vif qu'ils témoignent, comme les anglais leurs voisins, pour les combats de coqs, où l'un des combattans périt toujours déchiré sous les griffes de l'autre.

Nos voyageurs entrèrent par Abbeville dans le département de la Somme, formé d'une partie de l'ancienne Picardie. C'était, il y a un siècle et demi, une des premières places manufacturières du royaume, pour ce qui concerne les draps; mais depuis long-temps ses manufactures sont tombées, et l'industrie de ses habitans ne s'exerce guère que sur les gros draps que l'on nomme *calmoucks*. Comme place de guerre, Abbeville n'est qu'au quatrième rang; sa population est de dix-neuf mille individus. La Somme y fait remonter des bâtimens de cent ou cent vingt tonneaux.

Amiens, aussi sur la Somme, renferme deux fois plus d'habitans qu'Abbeville; on en porte même le nombre à quarante-six mille. C'est une ville fort ancienne, autrefois métropole des *Ambiani*, et plus tard, capitale de la Picardie. Ce fut dans cette ville que fut conclu, en 1802, le traité fameux que les Anglais n'acceptèrent que pour se donner le temps de le rompre plus tard avec plus d'avantage. Comme toutes les grandes villes, Amiens a des établissemens publics, des édifices plus ou moins beaux ; mais ce qui attire le regard des étrangers et des voyageurs, c'est sa superbe cathédrale qui passe avec raison pour un des plus beaux monumens gothiques que la France possède. C'est surtout de la beauté des colonnes, au nombre de cent vingt-six, que l'œil est vivement frappé. Celles qui entourent le chœur sont adossées au mur ; on les appelle *colonnes sonnantes* parce que, lorsqu'on les frappe avec un corps dur, elles rendent un son semblable à celui d'une cloche. Il en est une surtout, *le pilier sonnant*, qui étonne par la force du son que le plus léger choc excite. Les stalles du chœur, au nombre de cent seize, sont autant de chefs-d'œuvre de menuiserie et de sculpture.

L'auteur de Vert-Vert, le fameux Pierre l'Ermite qui ébranla l'Europe par ses prédications, l'astronome Delambre, le maréchal d'Estrées et la fameuse Gabrielle, Voiture qui se fit par ses lettres prétentieuses une si grande réputation d'homme d'esprit, étaient tous d'Amiens. Cette ville fabriquait jadis des draps d'or et de soie;

elle fait aujourd'hui des velours de coton, des casimirs, des étoffes de laine, des pannes, etc., et des toiles justement estimées.

Le département de la Somme est fertile en fruits, en légumes et en grains; il supplée au vin par le cidre, et au bois par la tourbe. Les habitans passent pour laborieux, braves, sincères, mais pour brusques et entêtés. Le jeu de paume et la danse sont leurs amusemens favoris.

La première ville du département de l'Aisne qui s'offrit à nos deux voyageurs, fut celle de Saint-Quentin, la *Samarobriva* de César. Cette ville d'environ dix-huit mille habitans, est riche et commerçante; elle communique avec Amiens et la mer par la Somme, avec Paris par l'Oise et la Seine, avec le Nord par un canal qui se joint à l'Escaut près de Cambrai. Ce canal, long de douze lieues, traverse quatre mille toises de souterrains voûtés qu'éclairent des lucarnes. Saint-Quentin fabrique des toiles très-fines, des mousselines, des dentelles, des tulles en coton.

La Fère, sur la route de Laon, ne compte que trois mille ames; mais elle a une école d'artillerie, un arsenal, une poudrière et quelques fortifications qui en font un poste militaire important; elle est d'ailleurs agréablement située au confluent de l'Oise et de la Seine. C'est dans le voisinage de La Fère, au milieu de la forêt de Couci, qu'est le village de Saint-Gobin, célèbre par sa manufacture de glaces, la plus belle et la plus considérable de France. On envoie à Chauny, pour être polies, les glaces qu'on y coule et qui ont jusqu'à dix pieds de hauteur.

Laon (1), siége de la préfecture, n'a que sept ou huit mille habitans. Elle est bâtie sur les ruines de l'ancienne *Cébra*, au sommet d'une montagne isolée qui s'élève d'environ trois cents pieds au-dessus du sol environnant. Cette montagne qu'on aperçoit de tous les côtés à cinq ou six lieues de distance, a été pour ainsi dire jetée par la nature, au milieu d'une vaste plaine couverte de vignes, de jardins et d'habitations champêtres. Ce fut d'abord une forteresse gauloise; Clovis l'entoura de maisons, et Saint Rémi y fonda une église épiscopale. Plusieurs rois de la seconde race y ont résidé. Plus tard il y eut une école dont la réputation s'étendit par toute l'Europe; Abélard y enseignait la théologie. Ce fut à Laon qu'après le désastre de Waterloo, Napoléon prit, à la suite d'un conseil, tenu avec ses généraux, le parti désespéré d'abdiquer une seconde fois. Sachons lui gré de cette résolution : il voulut épargner à la France les horreurs de la guerre civile. La cathédrale est un vieux monument gothique flanqué de quatre tours.

A une lieue de Laon, à Presles-Thierny, et dans tous les villages des environs, on a découvert, en fouillant la terre, il y a peu d'années, une innombrable quantité de tombeaux romains.

(1) On prononce Lan.

Tous les squelettes qu'on y trouve sont, dit-on, de haute stature, d'environ cinq pieds six pouces, et même davantage.

Soissons n'est pas moins ancienne que Laon ; c'était avant la conquête des Gaules la métropole des *Suessones*. Après la sanglante défaite du romain Siagrius en 480, Clovis y établit le siége de son nouvel empire. Cette ville, de sept ou huit mille ames, sert d'entrepôt au commerce des grains de la contrée ; elle trafique en cuirs, en cordes et en bois ; ses environs sont rians et fertiles, mais elle n'a point d'édifices remarquables.

Nos voyageurs ne s'arrêtèrent point à Soissons, ils continuèrent leur route en se dirigeant sur Compiègne, qui appartient au département voisin de l'Oise ; de sorte qu'ils ne virent ni La Ferté-Milon sur l'Ourcq, patrie de Racine, ni Château-Thierry sur la Marne, qui fut celle de La Fontaine, ni Villers-Cotterets, où naquit l'élégant mais fade Dumoustier, dont l'ouvrage a produit tant de mauvaises copies.

Compiègne est une ville ancienne qui existait du temps de César, mais qui n'a eu de l'importance que sous les successeurs de Charlemagne. Louis-le-Bel et Louis-le-Fainéant y furent inhumés dans l'église de Saint-Corneille, qui reçut de Pépin-le-Bref le premier orgue qu'on eût vu en France ; ce prince le tenait lui-même de l'empereur d'Orient, Constantin Copronyme. La ville est assise sur une colline, au confluent de l'Oise et de l'Aisne, près d'une vaste forêt où le gibier abonde. Elle avait autrefois des remparts. Les Anglais en firent le siége en 1430; la fameuse Jeanne d'Arc s'y était jetée pour la défendre; elle fut prise dans une sortie. Les étrangers remarquent le beau pont sur l'Oise, les promenades et surtout le château royal, qui depuis peu d'années a été restauré et embelli.

Les deux frères firent, de Compiègne, une excursion à Noyon, patrie du fameux réformateur Calvin, et peuplée de six mille habitans, qui fabriquent des toiles et des mousselines, ou cultivent la terre, de laquelle ils retirent des grains et beaucoup d'artichauts, qu'on exporte à Paris. L'ancien évêque de Noyon avait à Pont-l'Évêque, à une lieue de la ville, des jardins magnifiques et une maison digne des jardins. Clermont, sur la route de Beauvais, n'est remarquable que parce que l'astronome Cassini y a reçu la naissance.

Beauvais, chef-lieu du département de l'Oise et peuplée de treize mille habitans, est presque toute bâtie en bois. Sa cathédrale n'a pas été terminée. L'Hôtel-de-Ville, de construction moderne, est un édifice remarquable. Beauvais a soutenu plusieurs siéges; le plus fameux, par la résistance des assiégés, a eu lieu vers la fin du quinzième siècle (1). Quatre-vingt mille Bourguignons tenaient la ville bloquée; les habitans se défendirent avec

---

(1) En 1472.

courage; les femmes même prirent les armes, et s'en servirent avec honneur. Jeanne Hachette, l'une d'elles, s'empara d'un drapeau qu'un soldat ennemi, qu'elle tua, plantait sur la muraille. Beauvais fabriquait autrefois des tapisseries pour tentures; elle ne fournit plus aujourd'hui que de la tapisserie pour meubles, des foulards de laine et des draps communs.

Senlis, par où Dorville voulait sortir du département de l'Oise pour entrer dans celui de Seine-et-Marne, n'a rien de remarquable, si ce n'est le clocher de sa cathédrale, qui s'élève à une grande hauteur. Elle n'a guère plus de quatre mille habitans, qui font le commerce des grains et du bois. Quelques-uns fabriquent des toiles, ont des filatures de coton, ou s'occupent du blanchiment des toiles. Les eaux de la Nonette, qui arrosent les murs de la ville, ont, dit-on, des qualités particulières propres au lavage des laines.

Dans les environs de Senlis, s'étendent, sur un rayon presque circulaire, les forêts d'Ermenonville, de Pontarmé et de Chantilly. On ne voit plus à Chantilly ce château superbe qu'y possédaient les princes de Condé. Le palais et le parc ont été détruits pendant la révolution; il ne reste que les écuries, le chenil et le petit palais. Le dernier prince de cette maison illustre a fondé un hôpital dans le village, dont les habitans font des indiennes, de la dentelle, de la tabletterie et de la porcelaine.

Ermenonville, son château et son parc étaient devenus fameux depuis que M. de Girardin y avait donné asile à Jean-Jacques Rousseau. On assure que, fatigué de la vie, l'auteur d'*Émile* s'empoisonna; il fut inhumé dans l'île des peupliers. On lisait sur sa tombe: *Ici repose l'homme de la nature et de la vérité*, ce qui serait exact si des paradoxes pouvaient être la vérité. Les restes de cet homme célèbre furent transportés au Panthéon. A peu de distance d'Ermenonville, est Mortfontaine, où Joseph Bonaparte se retira lorsqu'il eut perdu le trône d'Espagne.

Nos voyageurs pénétrèrent dans l'ancienne Brie du côté de Meaux, qui en était la capitale, et qui n'est aujourd'hui qu'une sous-préfecture du département de Seine-et-Marne. Souvent prise, reprise et plusieurs fois dévastée, elle a trouvé dans sa situation au milieu d'un pays fertile le moyen de se relever de ses ruines. Elle est commerçante, et elle exporte des grains, des bestiaux et des fromages. Sa cathédrale renferme le tombeau de Bossuet; une statue qui représente ce même prélat orne le jardin de l'évêché; les curieux visitent dans ce jardin l'allée d'ifs où il méditait et composait ses discours.

Melun, ville ancienne, que la Seine divise en trois parties, chef-lieu de la préfecture, compte sept mille habitans et n'offre rien de remarquable. On y voit les ruines du château qui fut habité par la reine Blanche et par plusieurs rois

Fontainebleau.

de France. Fontainebleau a des rues larges, d'assez belles maisons, quelques édifices publics, et neuf mille habitans. La grande route de Paris à Lyon traverse cette ville qui, toutefois, serait bien moins connue, sans le château royal qu'elle possède. Ce château commencé par François Ier, et terminé sous Louis XV, forme une masse triangulaire qui se compose de cinq corps de bâtimens, séparés l'un de l'autre par des cours et des galeries. Construits à diverses époques ces bâtimens sont chacun d'un style particulier, et les connaisseurs y retrouvent cette progression de goût qui est l'ouvrage des siècles.

Dorville et son frère passèrent un jour entier dans les jardins, dans le parc et aux environs. Ils admirèrent plusieurs statues en bronze, les canaux remplis de poissons d'une grosseur prodigieuse, la Diane arrêtant un cerf, l'Apollon de la pièce d'eau, les grottes, les cascades, etc. A l'entrée de la forêt du côté du midi, ils virent un obélisque de forme gothique. Au village d'Avon, ils visitèrent le tombeau de Monaldeschi, que Christine de Suède fit poignarder sous ses yeux, dans une galerie du château. Ils arrivèrent jusqu'à l'ermitage de Franchard, où l'on a creusé un puits qui a deux cents pieds de profondeur. En parcourant ces lieux presque sauvages, hérissés de rochers entre lesquels croissent des arbres superbes, on pourrait se croire dans les forêts de l'Amérique.

Ce fut à Fontainebleau que Napoléon alla recevoir sa seconde épouse ; ce fut aussi là qu'il fit à l'armée ses adieux touchans.

Le département de Seine et Marne est formé de la Brie et d'une partie du Gâtinois ; il produit des grains, nourrit des bestiaux et fournit Paris de gibier et de poisson. Quant à ses fabriques, a peu d'exceptions près, elles se réduisent à quelques tanneries, et à quelques ateliers d'où sortent des lainages communs.

Voilà Montargis, dit Dorville à son frère, en lui montrant du doigt un clocher, et voici la forêt où fut assassiné maître Aubry sous le règne de Charles VIII. Tu connais, et qui ne la connaît ? l'histoire du chien fidèle qui chercha, découvrit le meurtrier de son maître, le combattit en champ clos et le terrassa. Le climat de cette petite ville passait autrefois pour très sain. Plusieurs reines de France ont aimé le séjour du château que Charles V y avait fait construire, et qu'on a démoli en 1810. Depuis que le canal de Briare y reçoit le Loing, l'air y a perdu de sa pureté. Montargis a vu naître la fameuse madame Guyon, amie de Fénélon, et vivement persécutée par Bossuet qui eut presque autant d'intolérance que d'éloquence et de savoir. C'est aussi la patrie de Girodet, l'un de nos premiers peintres. La petite ville de Lorris, à très-peu de distance, a donné le jour à Guillaume de Lorris, auteur du roman de *la Rose*, œuvre précieuse du treizième siècle.

Orléans, où nos deux voyageurs ne purent arriver que le soir, est une ville grande et populeuse, qui dut son antique splendeur à l'empereur Aurélien dont elle prit le nom à la place de celui de *Genabum* qu'elle portait au temps de la conquête. Elle a quelques belles rues et un assez grand nombre de monumens publics parmi lesquels il faut distinguer la cathédrale; mais les quartiers anciens sont mal bâtis, et beaucoup de maisons y sont en bois. La bibliothèque publique renferme plus de cinquante mille volumes. Un monument élevé en l'honneur de Jeanne, sur l'ancien pont de la Loire, fut abattu pendant la révolution; on lui a consacré plus tard une statue qui décore la place du Martroy. Cette ville fait quelque commerce; elle expédie les vins des contrées voisines qu'on y entrepose, et les denrées coloniales que Nantes lui envoie. A ces deux articles elle joint ses propres produits, tels que ses vinaigres et les sucres raffinés; beaucoup d'habitans s'occupent aussi de filature de coton, de fabrique de couvertures, de tannerie et de bonneterie.

A peu de distance d'Orléans, on voit, dans le parc d'un château, le Loiret sortir de terre. Cette petite rivière qui donne son nom au département, se jette dans la Loire après un cours de deux lieues, durant lequel ses eaux offrent toujours le même volume. Elles sont assez abondantes pour faire tourner un grand nombre d'usines et de moulins, et elles ont, dit-on, la propriété de n'être jamais prises par le froid. Un peu au-dessus de la ville, sur la rive droite du fleuve, est la petite ville de Meun, où naquit Jean Clopinel, dit *de Meung*, spirituel et malin continuateur du roman de *la Rose*.

En suivant le cours de la Loire nos voyageurs arrivèrent à Blois, capitale de l'ancien Blaisois, chef-lieu du département de Loir-et-Cher. C'est une ville fort ancienne, où se trouvent beaucoup de quartiers mal construits; quelques habitations modernes, bâties sur le quai, portent le nom de ville basse; cette partie communique avec le faubourg par un beau pont orné d'une pyramide haute de cent pieds. Des ordres absurdes avaient été donnés en 1793 pour que ce pont fût abattu, et les démolitions avaient commencé; heureusement elles furent suspendues, et en 1804 le pont fut rétabli. Blois a une population de treize ou quatorze mille habitans qui exportent des vins, des eaux-de-vie, des cuirs, de la coutellerie et de la bonneterie.

Le château de Blois, dont on a fait des casernes, rappelle bien des souvenirs. On montra aux deux frères la salle où s'assemblaient les États, et la place où le duc de Guise fut assasiné par ordre du roi. Ce fut à Blois que naquit Louis XII, et que Henri IV célébra son mariage; ce fut aussi dans le château de Blois que se retira l'impératrice Marie-Louise, en 1814, avec le titre illusoire de régente. Les environs de Blois sont ravissans; c'est surtout l'ancien château de Chambord qui attire l'attention des voyageurs.

Chambord, commencé par François Ier, achevé seulement sous Louis XIV, offre une masse immense d'édifices qui, avec leurs tours et leurs tourelles, leurs dômes, leurs terrasses, ressemblent à une ville gothique plutôt qu'à un château. On y compte 440 salles ou chambres, et treize escaliers en spirale, enfermés dans des tourelles; on y admire aussi l'escalier de François Ier, par lequel deux personnes peuvent à la fois, l'une monter, l'autre descendre, sans se rencontrer et sans se voir. Louis XV avait donné Chambord et son parc de huit ou neuf lieues de tour, au maréchal de Saxe, qui y vécut en prince. Napoléon le donna plus tard à Berthier, devenu prince de Wagram. Après la mort de Berthier, ses héritiers ont mis ce domaine en vente; l'acquisition en fut faite aux dépens des contribuables, au prix de treize cent mille francs, et il fut offert au duc de Bordeaux par quelques courtisans qui se firent un mérite du mérite des autres.

De toutes les provinces qu'Alfred avait parcourues, il n'en trouvait pas de plus agréable que celle du Maine, où l'aridité de quelques cantons fait mieux ressortir la fertilité de ceux que la nature a favorisés davantage. Les environs du Mans surtout lui parurent délicieux. Le Mans, en effet, situé au confluent de deux rivières, jouit de tous les agrémens d'une belle campagne, et profite d'un sol fécondé par les eaux. Cette ville, lui dit son frère, était déjà ancienne quand les Romains s'y établirent. Plus tard, dévastée par les Normands, elle se releva de ses ruines par les soins de Guillaume-le-Conquérant. C'est aujourd'hui une ville riche, peuplée de vingt mille ames, et décorée de beaux édifices et de promenades superbes; sa cathédrale dont les constructions, commencées au neuvième siècle, n'ont été terminées qu'au seizième, est un monument curieux de l'architecture gothique de six siècles consécutifs. Alfred visita la bibliothèque publique qu'il trouva belle, et plusieurs manufactures de toile, de lainages et de bougies. Ce fut près de cette ville que se déclara la démence de Charles VI.

Dans leurs diverses excursions, les deux frères visitèrent Château-de-Loir, au confluent du Loir et de l'Ive, petite ville qui jadis soutint un siége de sept ans, contre un certain Hubert, comte du Maine ; le Lude qui n'a de curieux que son château flanqué de grosses tours, et orné de de belles sculptures, autrefois possédé par le duc de Roquelaure, qui s'était constitué le bouffon de Louis XIV; la Flèche, ville de six mille ames, bien percée, bien bâtie, et située dans un vallon charmant où l'on respire l'air le plus pur. A la place du magnifique collége qui existait autrefois à La Flèche (1), et d'où sortirent Descartes, le prince Eugène, le chancelier Voisins, et beaucoup d'autres qui se sont illustrés comme eux dans la carrière des lettres ou dans celle des

---

(1) Il avait été fondé par Henri IV, en 1603.

armes, le gouvernement de Napoléon a établi une école militaire; c'est l'une des plus belles maisons d'éducation de ce genre qu'il y ait en France. Les habitans ont quelques fabriques de mousselines et de grosses toiles.

Nos voyageurs sortirent du Haut-Maine en passant par Sablé, ville qui s'élève en amphithéâtre sur une éminence dont la Sarthe baigne le pied, et qu'un vieux château fort couronne. Le département de la Mayenne, où ils pénétrèrent peu de temps après, se compose du Bas-Maine, dont le sol peu fertile exige, pour produire, le travail opiniâtre du cultivateur; encore les grains qu'on y récolte suffisent-ils à peine à la consommation du pays; en revanche le lin et le chanvre croissent en abondance, et fournissent aux fabricans la matière sur laquelle s'exerce leur industrie. On dit que ce fut un comte de Laval qui, par suite de son mariage avec Béatrix de Flandre, attira dans ses domaines un grand nombre de tisserands flamands, et que c'est seulement depuis cette époque que la fabrication des toiles forme la principale occupation des Bas-Manceaux.

La ville de Laval, siége de la préfecture et peuplée d'environ seize ou dix-huit mille ames, n'offre aux voyageurs qui ne cherchent que les ouvrages de l'art rien qui puisse piquer leur curiosité; mais c'est la première ville de France pour la fabrication des toiles grises et blanches, des mouchoirs, du linge de table, des étamines et d'autres étoffes de laine et de coton. Ambroise Paré était né à Laval. On sait que, chirurgien habile, il dut à ses talens, qui le rendaient nécessaire, l'exception qui le sauva du massacre des protestans. Charles IX le tint caché au Louvre pendant l'horrible boucherie.

Mayenne est la seconde ville du département ; elle a deux mille habitans qui se livrent comme ceux du chef-lieu, à la filature du lin, au tissage et au blanchiment. Elle a aussi quelques papeteries. Château-Gonthier, ville de six mille ames, a le même genre d'industrie. La petite ville de Craon, entre Château-Gonthier et Laval, ne fait aucun commerce, et n'a ni belles maisons, ni monumens publics : c'est le lieu où naquit le célèbre Volney.

De Mayenne nos voyageurs prirent la route d'Alençon, chef-lieu du département de l'Orne. Cette ville, située au confluent de la Sarthe et de la Briante qui vont se jeter ensemble dans le Loir, est d'un aspect agréable. Elle est bien percée, a des maisons commodes, un grand hôtel-de-ville, quelques édifices, une bibliothèque et surtout des manufactures d'où sortent ces dentelles si renommées, sous le nom de point d'Alençon. On y fait aussi des mousselines rayées et brodées, des bazins piqués, des calicots, etc. et l'on y tient des foires célèbres pour la vente des chevaux et du gros bétail. Une mine des environs fournissait autrefois un cristal fort brillant, dont on faisait de faux bijoux; la mine paraît épuisée ou près de s'épuiser.

Argentan sur l'Orne compte six mille habitans qui fabriquent beaucoup de toile de ménage. Les femmes font de la dentelle, les campagnards engraissent beaucoup de volaille. Les petites villes de l'Aigle, de Mortagne, de la Ferté-Macé n'ont pour habitans que des tisserands et des fileurs; quelques-uns fabriquent des peignes et des tabatières.

Le département d'Eure-et-Loir, dit Dorville à son frère en arrivant à Nogent-le-Rotrou, nous offrira peu de chose à voir. La Beauce dont il se compose est très fertile en grains, et Paris lui doit en partie sa subsistance; mais si le pays est important sous le rapport de l'économie politique, il intéresse peu des voyageurs, qui, après avoir vu tant de magnifiques paysages, tant de riantes campagnes, trouveront un peu monotone l'aspect des champs de blé qui se succèdent sans interruption. Il n'en est pas de même sous un autre point de vue : nous entrons dans une contrée fameuse autrefois dans les Gaules. C'était sous les murs de Dreux et de Chartres, que les Druides tenaient leurs assemblées générales. Les lieux, il est vrai, ont changé de face, car alors d'épaisses forêts couvraient le sol, aujourd'hui sa surface est nue; seulement nous pourrons voir quelque monument druidique, c'est-à-dire des blocs de pierre posés lourdement les uns sur les autres; nous pourrons aussi dire, en approchant de Chartres : cette terre où nos pieds se posent fut autrefois foulée sous les pieds d'un druide, peut-être aussi par ceux de la victime qu'il traînait à l'autel.

Tu as remarqué en passant, continua Dorville, cette cascade que forme dans la ville le ruisseau qui la traverse : c'est tout ce que Nogent a de remarquable. Mais tourne les yeux vers ce coteau; vois-tu ce château gothique qui le surmonte? C'est là que le sage Sully, ministre du meilleur des rois, a passé les dernières années de sa vie. La révolution a respecté son tombeau.

Chartres, où nos voyageurs arrivèrent le soir, est une ville extrêmement ancienne, et par conséquent fort mal construite. Elle est divisée en ville haute et en ville basse. Celle-ci, sur le bord de l'Eure, offre des constructions plus régulières, une belle place et quelques édifices. L'autre n'a que des rues tortueuses, étroites, obscures, et des maisons incommodes; mais on y voit la cathédrale, une grande place et des promenades assez belles. Ce fut dans cette cathédrale que Henri IV reçut l'onction sainte, Rheims se trouvant alors au pouvoir des ligueurs. Dans les temps modernes, on l'a enrichie d'un beau groupe en marbre, qui représente une *Assomption*. Ce que cet édifice a de plus remarquable, ce sont ses deux clochers et le chœur. L'un de ces clochers, remarquable par sa masse pyramidale, s'élève à trois cent quarante-deux pieds au-dessus du sol; l'autre, beaucoup plus léger, et d'un travail plus hardi, a trois cent soixante-dix-huit pieds d'élévation. Le chœur est orné de sculptures très-délicatement travaillées.

Cette ville, dont la population est de quinze mille habitans, a produit plusieurs hommes qui se sont distingués dans la carrière des sciences, des armes ou des arts. Rotrou, l'académicien; Dussault, Colin d'Harleville, Régnier, Godeau, le musicien Philidor, l'ancien maire de Paris Pétion, le général Marceau qui, soldat à seize ans, devint général à vingt-trois, étaient tous de Chartres ou des environs. Les Chartrains ont érigé un obélisque au brave Marceau.

Lorsque la curiosité d'Alfred eut été pleinement satisfaite, on s'occupa du départ. Demain, dit Dorville, au point du jour, nous prendrons congé des Manceaux et des Chartrains pour retourner à Paris; et afin qu'on ne dise pas que nous rentrons les mains vides, j'ai chargé Bourguignon de faire provision des produits du pays, c'est-à-dire de ces bons pâtés de Chartres, en si douce odeur chez les amateurs de bonne chère; nous les joindrons aux fruits du Mans, à ces deux volailles truffées que nous emportons.

Ce résultat de notre long voyage, ajouta Dorville en riant, plaira peut-être à M. d'Ormessan plus que les connaissances que tu as acquises; mais je suis sûr que ta mère, en te recevant dans ses bras, s'applaudira de sa condescendance, et qu'elle sera fière de son fils.

FIN.

TABLE

DES MATIÈRES.

INTRODUCTION. Page	1
CHAPITRE Ier. Coup d'œil sur Paris.	13
CHAP. II. Environs de Paris, Seine-et-Oise.	56
CHAP. III. Eure, Seine-Inférieure, Calvados, Manche, Orne, ou ancienne Normandie.	83
CHAP. IV. Ille-et-Vilaine, Côtes-du-Nord, Finistère, Morbihan, Loire-Inférieure (ancienne Bretagne.)	118
CHAP. V. Maine-et-Loire ou Anjou, Indre-et-Loire ou Touraine, Vienne, Deux-Sèvres, Vendée ou l'ancien Poitou.	143
CHAP. VI. La Charente-Inférieure ou Saintonge, la Charente ou Angoumois, la Dordogne ou Périgord, la Gironde, le Lot-et-Garonne ou Guienne.	169
CHAP. VII. Gers, Landes ou ancienne Gascogne, Basses-Pyrénées ou Béarn, Hautes-Pyrénées ou Bigorre, Haute-Garonne ou Languedoc, Arriège ou comté de Foix, Pyrénées-Orientales ou Roussillon.	188
CHAP. VIII. L'Aude, la Haute-Garonne, l'Hérault, la Lozère, l'Ardèche, le Gard, la Haute-Loire ou ancien Languedoc, le Lot ou Quercy, l'Aveyron ou Rouergue.	222

TABLE.

Chap. ix. Vaucluse, Bouches-du-Rhône, Var, Basses-Alpes ou ancienne Provence, Hautes-Alpes, Drôme, Isère ou Dauphiné, Ain ou ancienne Bresse, Rhône, Loire ou Lyonnais, Puy-de-Dôme, Cantal ou Auvergne, Corrèze, Haute-Vienne ou Limousin, Creuse ou Marche.   266

Chap. x. Indre, Cher ou ancien Berry, Allier ou Bourbonnais, Nièvre ou Nivernois, Yonne, Côte-d'Or, Saône-et-Loire ou Bourgogne, Jura, Doubs, Haute-Saône ou Franche-Comté, Haut-Rhin, Bas-Rhin ou Alsace.   308

Chap. xi. Moselle, Meuse, Meurthe, Vosges ou Lorraine, Haute-Marne, Aube, Marne, Ardennes ou Champagne, Nord ou Flandres, Pas-de-Calais ou Artois, Somme, Aisne ou Picardie, Oise, Seine-et-Marne ou Ile-de-France, Loiret, Eure-et-Loir, ou Orléanais.   336

FIN DE LA TABLE.

www.ingramcontent.com/pod-product-compliance
Lightning Source LLC
Chambersburg PA
CBHW060604170426
43201CB00009B/889